国际金融法论丛

投资型众筹的法律逻辑

彭 冰 著

The Logic of Crowdfunding Law

图书在版编目(CIP)数据

投资型众筹的法律逻辑/彭冰著. —北京:北京大学出版社,2017.2
(国际金融法论丛)
ISBN 978-7-301-28114-7

Ⅰ. ①投… Ⅱ. ①彭… Ⅲ. ①融资—金融法—研究—中国 Ⅳ. ①D922.280.4

中国版本图书馆 CIP 数据核字(2017)第 032982 号

书　　　名	投资型众筹的法律逻辑 TOUZIXING ZHONGCHOU DE FALÜ LUOJI
著作责任者	彭　冰　著
责任编辑	王　晶
标准书号	ISBN 978-7-301-28114-7
出版发行	北京大学出版社
地　　　址	北京市海淀区成府路 205 号　100871
网　　　址	http://www.pup.cn
电子信箱	law@pup.pku.edu.cn
新浪微博	@北京大学出版社　@北大出版社法律图书
电　　　话	邮购部 62752015　发行部 62750672　编辑部 62752027
印　刷　者	三河市博文印刷有限公司
经　销　者	新华书店
	965 毫米×1300 毫米　16 开本　20.75 印张　340 千字 2017 年 2 月第 1 版　2018 年 11 月第 3 次印刷
定　　　价	48.00 元

未经许可,不得以任何方式复制或抄袭本书之部分或全部内容。
版权所有,侵权必究
举报电话:010-62752024　电子信箱:fd@pup.pku.edu.cn
图书如有印装质量问题,请与出版部联系,电话:010-62756370

总　　序

一、法律方法与经济问题

本套专著有一个共同的特点,就是作者们不约而同地采用法律方法研究经济问题。过去我们在二十多年的时间内,多看到用经济学的方法分析法律问题。特别是国外法学界开展的轰轰烈烈的"法律的经济分析",已有若干部专著翻译成为中文。而现在,在中国的大学和研究机构里,法律研究工作者开始进入经济学、公共管理学和工商管理学的领域,用法律的方法来研究这些边缘领域的问题。

在社会科学几个相近的领域,例如经济学、公共管理学、工商管理学和社会学等领域,都有法律研究的论文和著作,这种跨学科的研究成果,也越来越多了。在中国政府将"依法治国"定为基本国策之后,采用法律的思维与方法分析目前的经济改革问题也非常有意义。其意义就在于,我们所说的"依法治国",不仅仅是表现在一个宏观的口号上,而是要将"依法治国"作为可以实际操作的、用来实际分析经济问题的、作为经济政策设计基础的法律方法。

全国人大常委和全国人大财经委员会委员、北大前校长吴树青老师曾经问我,依照《宪法》,"债转股"是否应该提交全国人大财经委员会讨论?我说需要研究一下法律,才能回答。此后,国务院关于《国有股减持与成立社保基金》的办法出台,又有人问我,这么大的财政支付转移,是否应该经过全国人大财经委员会开会讨论?我回答说,需要研究法律。直到我在写这个序的时候，相关的法律研究工作还在进行。我希望从法律制度变迁的角度和我国财经法制程序演进的过程中找出符合法律的答案。

不断遇到类似问题，使我开始研究与思考经济学家们提出的问题："全国人大财经委员会的职权范围究竟是什么？""全国人大财经委员会对于国家重大财政支付转移是否有权审议？"从法律的角度来研究这些经济学问题，本身就构成了一个重要的法律制度程序化和司法化的法学课题。

二、经济学家敏感，法学家稳重

还记得有一次，一位金融业界人士对我说："改革十多年来，讨论经济改革的问题，几乎都是经济学者的声音，这不奇怪。目前，讨论《证券法》或公司治理的问题，也几乎都是经济学者的声音，这也不奇怪。奇怪的是，所有这些问题的讨论中，几乎听不到法学家的声音！"说到这里，这位朋友几乎用质问的口气对我说，"你们法学家们关心什么？为什么听不到声音？你们都干什么去了？"

我一下子被他的语气盖住了！当时我想不出用什么简单办法向他来解释。尽管我不完全同意他的看法，因为这里可能有他个人信息渠道的问题，也可能有社会媒体关注的偏好问题，但还有可能是更深层的问题，例如，在改革过程中，许多法律制度和程序都尚未定型，如果采用法律的方法，可能会增加改革的成本，特别是时间方面的成本等。

本套专著的作者们都是研究法律的，他们也可以称为年轻的"法学家"了，因为，他们已经发表了相当一批研究成果，从事法学专业研究的时间几乎都在10年以上。他们长期研究的成果，似乎可以部分地回答前面那位朋友的问题了。法学家可能没有经济学家那样敏感，但是，法学家多数比较稳重。法学家的发言将影响经济政策与制度的设计，也影响经济操作与运行。经济发展要考虑效率，但是不能仅仅考虑效率，还要考虑到多数人的公平与程序的正义。我们的政府和社会可能都需要一段时间接受和适应法学家的分析方法和论证方法。

三、研究成果的意义

邀我写序的这套专著的作者们，经过三年多时间的专门研究，又经过一段时间的修改，才拿出这样厚重的成果来。我看到这些成果时，就像看到美国最高法院门前的铜铸灯柱底下基座的铜龟，给人以一种稳重、缓慢、深思熟虑的感觉。中国古代在比美国更早几千年的时候，政法合一的朝廷大殿,就有汉白玉雕刻的石龟。龟背上驮着记录历史的石碑,同样给人以庄严、持久、正义的印象。中外司法与法学研究在历史上流传至今,给人的形象方面的印象和感觉是非常类似的,这种感觉在今天还有。

在不太讲究政治经济学基本理念的时光中,又是在变动未定型的过渡时期,经济学家关于对策性的看法是敏捷和回应迅速的。在回应中有许多是充满了智慧的解决方案和温和的中庸选择。相比之下,法学领域的回应还显得少些,也慢一些。有一个可能的答案,也是从本套研究性专著中解读到的:经济学家们谈论的是"物"(商品与交易),法学家谈论的是"人"(权利与义务)。

现实情况也是如此。市场中的"物",无论是动产,还是不动产,几乎都成为商品,早已流通。现在,更加上升了一个台阶,市场将作为商品的物,进化到了证券化的虚拟资产的形态了。但是,法学这边的情况呢?《物权法》还在起草过程之中,能否在年内通过,目前还是一个未知数。但是,立法的稳重并不影响市场的发展,法学家们在实务性工作方面,特别在市场中的交易契约设计方面,已经在研究具体的问题,在这方面的成果,也已相当可观。

经济学家对问题的讨论,观点可以是多元化的,也有争论。但是,总的方法还是建立在一个统一的理论框架下和一致的假设前提下的。但是,法律则不同。法律天生就是对抗性的,生来就有正方与反方。抗辩是法律运作的方式,法律的逻辑和理念就是在这种对抗之中发展的。对抗性的法学,本身也导致了它的成果在外界人士看起来充满矛盾性和冲突性。甚至让他们感到,这群人搞的不是科学,而是一种抗辩的技术。

四、国际与国内金融法的融合

如果有人要我用一句话来表达什么是国际金融法,我就会说,它是一幅没有国界,只有金融中心与边缘关系的地图。如果说,国内金融法与国际金融法还有什么区别的话,那只是时间上的区别了,我国加入WTO后,区别将越来越缩小。

如果我们承认一美元在美国和在亚洲都等于一美元的话,国际金融的国界就越来越失去意义。而美元市场上中心与边缘的流通关系,就变得越来越有意义。任何国家国界之内的法律制度如果符合金融流通与发展规律的话,这个国家的经济与社会发展就会顺利,否则就曲折。荷兰的人口是俄罗斯人口的10%,但是,荷兰的金融规模超过俄罗斯的规模。

英国人口6000万，是印度人口的6%，但是，伦敦金融市场的规模比印度大若干倍。这就是金融中心与边缘之间的关系之一。所以，区别国内与国际金融市场，在法律规则方面已经不如以往那样重要，重要的是发展中国家中的大国，如何抵御西方金融中心的垄断，将以美元为基础的金融中心从一极化发展为多极化。

具体到我国，研究国际金融法与国内金融法是不可分的，而且这个领域范围之广袤，课题之宏大，数据之丰富，关系之复杂，都是非常吸引人的。特别是年轻人。这个天文般宏伟的领域，特别适合青年人研究与学习。因为，在这个领域比其他法学领域出新成果的机会要更大，创新成果也相对较多。这套专著的出版，就是一个例证。

本来这套专著的作者们要我写个小序，他们的书稿引发了上面一些话语，我感到有些喧宾夺主了。我感谢作者们以加速折旧的生活方式，写出了这样多的研究成果。学者们的生活，分为两个阶段，在学习的时候，取之于社会；而做研究的时间，特别是出成果的时候，是学者用之于社会和回馈于人民。

愿这些专业研究对金融业内人士有所帮助，对金融体制改革有所贡献。

吴志攀　谨志
2004年6月28日

前　　言

一、从 AlphaGo 到众筹

2016年12月29日晚,在网上围棋平台奕城网,一个名叫"Master"的新账户突然发力,连续挑战多位职业棋手。当晚,Master 十战十胜。此后几天,Master 横扫网上各大围棋平台,并连续战胜多位顶尖围棋棋手,包括聂卫平九段、古力九段、朴廷桓九段等世界顶级围棋大师。至2017年1月4日晚,Master 在取得了60连胜的战绩后,宣布自己就是 AlphaGo。[1]

AlphaGo 是谷歌公司(Google)开发的一款围棋人工智能程序,主要工作原理是深度学习。2016年 AlphaGo 曾与世界围棋冠军、韩国的职业九段李世石进行了人机大战,并以4∶1的总比分获胜。

虽然一直有人宣称 AlphaGo 只是弱人工智能,只是计算能力较强而已,离强人工智能还差十万八千里。[2]但 AlphaGo 在围棋上的胜利,还是不免让人浮想联翩:既然机器已经具有这么强大的计算能力,能否用来解决一些一直困扰人类的问题?

例如,人类社会中总是存在着资金分布的不均匀,有些人有多余资金闲置,有些人有好主意想创业却缺乏资金。如果能让这两类人融通资金,对交易双方、对

---

[1] 包靖:《60连胜,谜底揭晓!Master 宣布自己是 AlphaGo》,载腾讯体育,http://sports.qq.com/a/20170105/000559.htm,最后访问日期2017年1月10日。

[2] 夏永红:《不用恐慌,新 AlphaGo 离强人工智能还有十万八千里》,载新浪综合,http://tech.sina.com.cn/it/2017-01-07/doc-ifxzkfuk2751496.shtml,最后访问日期2017年1月10日。

整个社会应该都是多赢局面。但因为存在信息不对称问题,资金闲置方无法识别资金短缺方的风险,此类直接融资交易总是很难发生。为了保护投资者,各国法律都对面向公众的直接融资活动加以重重限制,包括强制融资者做信息披露或者政府要对融资者进行实质审查等等。这给融资者带来了沉重负担。创业企业和中小企业尤其无力承担直接融资的成本,面临融资困难的窘境。

如果机器智能发展到一定程度,出现类似 AlphaGo 这样的风险识别程序,上述直接融资中的信息不对称问题是否就可以迎刃而解?

设想在那个时候,任何一个资金短缺方将资金需求信息发布在某个平台上,平台立刻通过风险识别程序对其评估和定价,资金闲置方根据平台的定价选择是否提供资金、提供多少资金。甚至进一步,投资选择也可以通过程序自动完成,资金闲置方只需要事前选择好自己的投资偏好即可。

没错,这个概念就是众筹(crowdfunding),就是融资者通过网络向公众募集小额资金,是一种随着互联网和相关技术进步,在新时代重新兴起的直接融资方式。自 2012 年美国通过《工商初创企业推动法》(Jumpstart Our Business Startups Act,以下简称《JOBS 法》)为众筹设立了专门的证券发行豁免制度以来,众筹已经风行全球。各国纷纷修改法律,为众筹开辟道路。2013 年,意大利率先发布《众筹法》,成为世界上第一个众筹法生效的国家;2014 年,英国和法国也相继发布相关立法,将众筹合法化;德国政府则向国会提交了众筹立法的草案,并于 2015 年 7 月获得国会批准。在东亚,日本和韩国也步美国后尘,分别修改了相关法律,设置了股权众筹豁免。

二、众筹立法的模式选择

中国要不要为此修改法律?在 2015 年 4 月提交全国人大第一次审议的《证券法修订草案》中,修法者设置了一个众筹条款。《草案》第 13 条规定:"通过证券经营机构或者国务院证券监督管理机构认可的其他机构以互联网等众筹方式公开发行证券,发行人和投资者均符合国务院证券监督管理机构规定的条件的,可以豁免注册或者核准。"不过目前证券法修订工作进展缓慢,最终能否设立众筹豁免还在未定之数。

问题是怎么改?中国与各国一样都面临中小企业融资困难这一世界性难题,如果众筹是解决中小企业融资难的捷径,中国没有理由弃之不理。

但技术真的解决了直接融资中的信息不对称问题吗？本书其实就是从这一问题出发,对各国的众筹立法,尤其是美国的众筹立法展开研究。

目前来看,各国众筹立法都没有盲目相信技术能够解决信息不对称问题。各国都仍然在传统证券法的框架和理论下,对众筹活动的各个方面施加监管。当然,各国对众筹监管的重点有所不同,这可能是出于各国立法者的不同认识。但无论是对发行人的信息披露要求和发行额度限制,还是对众筹平台的监管职责要求,以及对投资者的资质要求,都是传统证券法已经有的手段。像投资额度控制这样的创新监管手段虽然是在众筹监管中首次得到采用,但也是传统证券理论自然发展的结果。

因此,我们可以说:目前各国的众筹立法仍然对众筹活动处于观察阶段,虽然支持者一直宣称技术是众筹的基础,但立法者并没有相信技术能够解决众筹中的信息不对称问题。立法者在众筹立法中,不过是在试验和创新各种传统的证券监管手段,试图在投资者保护和便利企业融资之间达成新的平衡。

三、技术进步与法律修改

毫无疑问,技术进步带来了人类行为的变化,作为人类行为规范的法律当然也需要作出相应修改。传统证券法对直接融资行为的规制,是基于直接融资活动中广泛存在的信息不对称问题而设计的解决方案。如果众筹采取的互联网及相关技术能够消除直接融资中的信息不对称问题,这些法律规制手段当然也就没有适用的必要。

问题在于:目前众筹技术展现了某种可能性,但似乎还没有令人信服的成熟模式出现,法律当然也就不能贸然采取行动。所以我们现在看到的各国众筹立法,都只是小心翼翼的试探,通过融资额度限制、投资额度限制等手段控制风险,鼓励众筹平台在风险可控的范围内进行创新实验。

类似的例子也出现在其他法律领域。以交通法规为例,汽车的出现改变了人类出行方式,关于交通的法规也就从步行和马车时代进入了汽车时代。汽车作为一种高速行驶工具,在加快了人类出行速度的同时,也给行人、其他车辆和驾驶者带来了新的危险。因此,人类社会围绕汽车设计了一套复杂的交通法律体系。

首先,驾驶者必须具备一定的驾驶技能,必须通过驾驶技术测试,获得许可,才允许开车出行。甚至对于不同车辆、使用车辆的不同方式,还设计有不同的测试和不同的许可。例如,大客车和小汽车的驾照是不一样的,开出租车的司机与开家庭自用车辆的司机,也要通过不同的测试。

其次,对于汽车行驶,法律设计了复杂的规范,包括左右行驶、红绿灯信号、某些道路限速等等。

这套复杂的交通法律规制无疑加重了驾车出行的成本。但实际上,人类社会仍然面临汽车带来的巨大风险:在目前这样的和平年代,每年因交通事故死亡的人数居各类死亡原因之首。按照世界卫生组织2015年10月发布的《2015年全球道路安全现状报告》,每年全球约有125万人死于道路交通事故,远远超过因暴力犯罪和战争而死亡的人数。2012年全球有47.5万人因个人暴力和犯罪被杀,2014年因地区和国家冲突在战争中丧生的人刚刚超过10万人。

现在,无人驾驶技术来了。

无人驾驶的主要原理在于电脑系统通过车载传感系统感知道路环境,自动规划行车路线并控制车辆到达预定目标;同时系统通过车载传感器感知周围环境,并根据感知所获得的道路、车辆位置和障碍物信息,控制车辆的转向和速度,从而使车辆能够安全、可靠地在道路上行驶。

计算机系统不会受到人类情绪波动的影响,也不会感觉疲倦。可以想象:在完全自动驾驶的情况下,车辆完全由电脑控制,这将减少人类司机在驾驶中的各种失误,交通事故率将大幅度降低,有效减少因交通事故死亡的人数,给人类社会带来巨大福祉。

因此,无论是国家还是商业公司,都对无人驾驶技术非常感兴趣。无人驾驶技术成为目前最为热门的技术领域。

2015年6月26日,Google无人驾驶车正式开上美国加州的公路进行测试。

2016年1月15日,美国联邦政府宣布,计划在未来10年拨款40亿美元,加速无人驾驶汽车的发展,希望借此减少交通事故死亡率和交通拥堵状况。

2016年1月29日,英国交通部宣布,准许无人驾驶汽车在伦敦街头上路测试。从2016年7月起,"格林威治自动化交通环境项目"的第一辆无人驾驶车将在伦敦东南部的泰晤士河格林威治半岛的道路上试车。

在中国,百度在2015年12月14日宣布正式成立自动驾驶事业部,计划三年实现无人驾驶汽车的商用化,五年实现量产。

看起来,无人驾驶技术的成熟应用指日可待。

显然，无人驾驶技术会对现有交通法规带来巨大挑战：首先，在无人驾驶技术下，车辆由电脑控制而不是由坐在其上的人类控制，现有交通法规中对于司机驾驶技术的要求将是不必要的。在无人驾驶技术下，目前对司机技术要求的准入制度，将由对车辆的技术标准代替，这个时候坐在无人驾驶汽车上的人不是控制车辆的司机，而是乘客——对于乘客，显然不可能有准入要求。

其次，目前对于道路交通管理的一系列法规，包括红绿灯制度、限速制度、左右行驶制度等，在无人驾驶的情况下，是否还有必要，或者是否需要进行大幅度修改，都是值得考虑的事情。

各国如何应对无人驾驶技术带来的法律挑战？目前来看，各国针对无人驾驶既非一棒打死限制发展，也非全面放开放弃监管，而是采取了谨慎小心的态度，在限制其危害的情况下，适当允许其发展。其中，美国内华达州对无人驾驶汽车的立法最为典型。

2011年6月29日，内华达州通过了一项法律，允许在内华达州运营无人驾驶汽车，该法于2012年3月1日生效。2012年5月，内华达州汽车管理局将无人驾驶汽车的第一张牌照，发给了一辆采用Google无人驾驶技术的丰田普锐斯。

内华达州的无人驾驶汽车法律主要涉及多个方面的内容，但核心是将无人驾驶汽车限制于测试阶段[1]，并且要求无人驾驶汽车的上路测试必须在严密控制之下，防止发生危险。

该法设立了测试许可证制度。首先，任何上路的无人驾驶汽车必须经管理部门统一审核并颁发许可证，反之，则为非法并将受到处罚。其次，申请许可证必须提供行驶记录和证明。为了确保该记录的客观性与真实性，申请者需要提供显示包括行人、物体以及速度等行驶环境的先前所有的测试记录，且还应有汽车抛锚在内的各种困难及其处理方式。再次，对行驶的地理环境和气候进行分类。该分类的目的在于使申请者确认已测试和未测试的环境，以申请扩大测试的范围，但前提是车辆的程序或系统要有改进以便驾驭汽车。除此以外，该法还对测试证的使用期限、

---

[1] 内华达州的汽车管理局（Department of Motor Vehicles，DMV）明确在其官网上宣布：目前阶段仅仅接受无人驾驶汽车测试的申请，无人驾驶不适用于公众。http://www.dm-vnv.com/autonomous.htm，最后访问日期2016年12月20日。

撤销等诸多方面进行了规定。[1]

可见,立法者对于技术进步的态度,无论是在无人驾驶还是在众筹领域,几乎都是一致的:欢迎技术进步,但谨慎修改法律;在风险可控的情况下,允许创新发展,实验多种可能性;最终,如果技术能够展现其可靠性,法律才会据此作出修改。

法律修改的落后性是因为法律负有保护社会公共利益的职责,不得不小心翼翼,所以法律人一直是一个成熟社会中的保守力量。

对于我国的众筹立法,也应当采取这种态度。一方面,应该积极鼓励创新,可以在现有法律的框架内,甚至修改现有法律,给出一定的创新空间;但另一方面,也要注意控制风险,积极履行监管职责,不能等到风险蔓延危机四伏时,才出来治理整顿,最后一棍子打死。

遗憾的是,我国此前对众筹采取的似乎就是后一种态度。当P2P等借贷型众筹在中国出现并且兴起的时候,监管者视而不见,除了简单的风险提示之外,监管者对这种赤裸裸违反现行金融法律的非法集资行为放任不管。结果就是:各种类型的P2P平台野蛮生长,各种线下的民间借贷公司都搬到线上,成为所谓的互联网金融创新。最终风险爆发,不断有P2P平台倒闭,甚至跑路,政府于是展开了互联网金融风险的治理整顿。

先纵容你野蛮生长,再对你治理整顿,这是中国"摸着石头过河"的传统改革思维。也许在面临金融创新时,这种思维模式不可避免。但这是典型的"懒政"!这种发展逻辑显然也带来了巨大成本:不仅仅是网贷机构资金链断裂跑路给投资者带来了巨大损失,也使得众多真正的创业者在没有规范指引下放纵自己、最终身陷囹圄——这些人甘冒风险创业创新,本来可能是熊彼特所谓的"企业家",是一个社会最宝贵的人力财富,却因为没有外部规范约束,被迫在刀尖上行走。这会扼杀整个社会的创业创新热忱。

因此,如何设置一个既鼓励金融创新又能控制和防范风险的监管机制,是整个社会都必须思索的事情。本书对众筹立法的研究,希望能够提供某种思路。

四、本书框架和致谢

本书主要讨论了投资型众筹的法律逻辑。

---

[1] 陈晓林:《无人驾驶汽车对现行法律的挑战与应对》,载《理论学刊》2016年第1期。

投资型众筹(以下简称众筹)虽然带来了改善创业企业和小企业融资的可能,却直接与现行证券法相冲突(第二章)。因此,核心问题是技术能否解决直接融资中的信息不对称问题(第三章)?目前来看,技术在未来有解决信息不对称的可能性,但现在还不完善。本书研究了各国关于众筹的立法,发现没有一个国家仅仅因为相信技术而全面豁免众筹融资,都或多或少保留了一些传统监管手段。

美国在众筹方面实验了各种可能性,因此,本书主要部分是对美国四种众筹模式的详细探讨(参见图0.1),包括:公募型众筹(第四章)、私募型众筹(第五章)、众筹的小额豁免模式(第六章)、区域性众筹即州内众筹豁免(第七章)。然后,本书简单讨论和对比了英国、法国和意大利的众筹立法,并对中国公募型众筹立法的方向做了简单分析(第八章)。

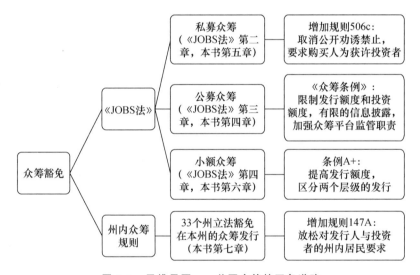

图0.1 思维导图——美国众筹的四条道路

不过,P2P网贷作为一种借贷型众筹,在中国实践中有所变形,发展非常迅速,也带来了巨大的风险,因此,对中国P2P网贷监管,本书专门列了一章进行分析(第九章)。

本书前面的讨论有可能比较专业,实际上,如果对证券法不是太有兴趣的读者,可以直接阅读本书的结语部分,那是作者在2015年于深圳做的一次演讲,本书的核心逻辑在这篇演讲中已经说得比较清楚了。

本书要感谢几位学生帮助我收集和编写了一些资料,尤其是第一章的几个众筹案例和第三章关于技术的讨论,他们是:蒋曾鸿妮、杨济玮、孔维园和严婉怡。

　　最应该感谢的是我的妻子董炯博士,没有她的督促和承担了繁重的家务,这本书也许永远都写不完。还要感谢可爱的彭乐诒小朋友,在写作过程中,我们俩互相鼓励,一起克服各自严重的拖延症。

　　当然,本书中可能存在的错误和不完善,都是作者本人的责任。

彭　冰

2017 年 1 月 15 日

于北京大学陈明楼

目　录

第一章　众筹的兴起　　　　　　　　　　　　　　　　1
　第一节　三个众筹案例　　　　　　　　　　　　　　3
　第二节　众筹的历史　　　　　　　　　　　　　　　9
　第三节　众筹的分类　　　　　　　　　　　　　　　13
　第四节　投资型众筹的兴起　　　　　　　　　　　　17

第二章　投资型众筹的法律障碍　　　　　　　　　　　21
　第一节　投资型众筹面临的法律障碍　　　　　　　　24
　第二节　现行法为什么要限制向公众融资　　　　　　36
　第三节　中小企业融资困境与投资型众筹　　　　　　48

第三章　众筹能够解决信息不对称问题吗　　　　　　　57
　第一节　众筹与信息不对称　　　　　　　　　　　　59
　第二节　平台的功能：大数据和人工智能　　　　　　69

第四章　公募型众筹豁免制度　　　　　　　　　　　　79
　第一节　美国众筹法的立法过程　　　　　　　　　　81
　第二节　公募型众筹的法律制度　　　　　　　　　　87
　第三节　集资平台监管　　　　　　　　　　　　　　99
　第四节　投资限额　　　　　　　　　　　　　　　　109
　第五节　理论争议：公募众筹的失败　　　　　　　　119

第五章　私募型众筹豁免制度　　　　　　　　　　　　129
　第一节　私募型众筹的出现　　　　　　　　　　　　132

第二节　取消公开劝诱禁止制度　　　　　　　　　　138
　　第三节　私募众筹的优势　　　　　　　　　　　　　155
　　第四节　中国私募众筹制度的构建　　　　　　　　　159

第六章　众筹的小额豁免模式　　　　　　　　　　　　　179
　　第一节　小额豁免及其问题　　　　　　　　　　　　181
　　第二节　小额豁免模式的众筹——条例A＋与其他　　195
　　第三节　中国如何借鉴小额豁免制度　　　　　　　　207

第七章　区域性众筹——州内众筹豁免制度　　　　　　　209
　　第一节　蓝天法：美国联邦与州在证券监管上的分工　213
　　第二节　州内众筹豁免制度　　　　　　　　　　　　219
　　第三节　SEC的修改　　　　　　　　　　　　　　　230

第八章　众筹的国际经验与中国借鉴　　　　　　　　　　237
　　第一节　众筹的国际经验比较　　　　　　　　　　　239
　　第二节　在中国创设股权众筹　　　　　　　　　　　253

第九章　借贷型众筹在中国　　　　　　　　　　　　　　259
　　第一节　借贷型众筹在中国的变型　　　　　　　　　262
　　第二节　P2P网贷与非法集资　　　　　　　　　　　265
　　第三节　P2P网贷监管办法的解读　　　　　　　　　273
　　第四节　P2P网贷监管模式研究　　　　　　　　　　277
　　第五节　互联网金融风险整治观察　　　　　　　　　286

结　语　股权众筹的法律与商业逻辑　　　　　　　　　　301

第一章 众筹的兴起

第一节 三个众筹案例

一、Kiva 的故事

在全球化时代,发展中国家中仍然存在不少贫困人口。很多穷人并不是没有致富技能,而是缺乏创业的启动资金。他们没有任何资产可用于抵押,也缺乏信用记录,无法从正规金融机构获得贷款,只能向私人借贷,结果往往陷入高利贷陷阱,最终越来越穷。[1]

为了帮助这些贫困人口,两个毕业于斯坦福大学的学生(Jessica Jackley and Matt Flannery)于 2005 年在美国旧金山创办了一家网站 Kiva.org。Kiva 在斯瓦西希语中是"交易"的意思。Kiva 致力于提供慈善金融服务——其利用网络从普通人那里获取资金,然后将资金借给发展中国家中需要资金的创业者。

一开始,Kiva 采取的是与当地小额贷款机构合作的模式。当 Kiva 到达某一目标国家后,先寻找当地合作伙伴——通常是当地的小额贷款机构、学校、社会企业、非营利组织等,也和 Paypal、Visa、当地银行等机构在交易层面合作。当地合作伙伴负责在本地区内寻找值得投资的企业项目和个人贷款需求,并推荐给 Kiva。Kiva 筛选后将项目发布到 Kiva.org 上,项目一般会有 30 天的时间筹集资金。当项目得到足够的出借人认购后,Kiva 将款项交给当地合作伙伴,后者再将款项出借给当地借款人。贷款到期时,当地合作伙伴负责收取还款,并按照 Kiva 要求将款项汇还给贷款人。[2]

具体而言,该模式一般经过以下步骤[3]:

(1)当地合作伙伴挑选借款人;

(2)当地合作伙伴收集借款人信息,将借款请求发布到 Kiva 的伙伴管理系统中(申请者需要的金额从 25 美元到 500 美元不等);

(3)Kiva 发布借款信息(Kiva 会将借款人的详细信息公布在 Kiva

---

[1] 赫尔南多·德·索托:《资本的秘密》,王晓冬译,江苏人民出版社 2001 年版,第 5—7 页。
[2] 参见维基百科:"Kiva",https://en.wikipedia.org/wiki/Kiva_(organization)#Kiva_City_program,最后访问日期 2016 年 10 月 11 日。
[3] 同上。

网站上,包括申请人的照片、业务计划等),有 30 天的时间等待出借人认领;

(4)如果有足够的出借人认领,成功筹集到 100% 的借款金额,Kiva 就会将贷款资金发给当地合作伙伴;

(5)当地合作伙伴将款项发给借款人;

(6)当地合作伙伴从借款人处收取还款,将借款人的还款请求上传到 Kiva,并按照 Kiva 的要求汇款;

(7)当地合作伙伴在借款结束时上传借款人的最近情况。

Kiva 和出借人不收取任何的利息,但是 Kiva 的当地合作伙伴要收取费用,平均费用为 20%—25%。这是因为这种运营模式会有大量的运营成本,譬如贷款项目筛选、借款人信用核查、款项出借和收取等操作都需要大量的人力和经济支出。

为了进一步降低借贷成本,Kiva 于 2012 年新推出了 Kiva Zip 模式。Kiva Zip 是"点对点"金融模式的进一步创新。该模式绕开了第三方当地合作伙伴,在 Kiva 网站上通过众筹从个人出借人处筹措资金,再通过移动支付与 Paypal 向创业企业家,尤其是那些处于金字塔底端并从事有积极社会意义的小企业家,直接提供零利率贷款。[1]

为了保障贷款的偿还和资金的有效利用,Kiva 对当地合作伙伴以及合作伙伴提供的项目都有严格而有效的筛选制度,除了使用更为常见的银行信用历史核查,还利用以社区为基础的同伴信用审核(peer credit review)来补充典型信用核查的缺失,或弥补常见信用核查的不足。譬如,一个借款人若是可以找到社区里 15 个有良好信用记录的人来证明其过去良好的借贷记录,那么 Kiva 便愿意考虑为其项目提供贷款。另外,Kiva 大量使用公开征集来的、由社会组织与个人组成的"信托人"(Trustee)后援团,为其甄别衡量借款人信用以及其所从事事业的社会环境意义,信托人包括如退伍军人家庭组织、环境保护组织等社会组织,也包括企业、个人等。[2]

偿还贷款不是 Kiva 借贷项目的最后一步,当地合作伙伴和借款人会

---

[1] 曾舒婷、路培贤:《科技+全球化+同理心=Kiva——独家专访 Kiva.org 主席 Premal Shah》,参见 http://mp.weixin.qq.com/s?__biz=MzA3MzA5NDI5Mg==&mid=205727180&idx=3&sn=df7ec0a6689d9e25c5c38fa2653bea51&scene=21,最后访问日期 2016 年 10 月 11 日。

[2] 同上。

保持长期联系,跟进其项目进展,在 Kiva 网站上及时更新借款人的"故事",让慈善出借人对他们支持的项目,增加人性化情感的了解,让他们与借款人之间形成个人情谊和伙伴关系。比如,菲律宾的小企业借款人会在 Kiva 网站上分享,他们使用贷款在台风肆虐后重建家园的故事。

通过合作伙伴、社交媒体、贷款支付周期等环节研发,Kiva 用较少的运营成本支撑了相对庞大的贷款网络,Kiva 的传统模式达到 99% 的偿还率。[1]

根据 Kiva 官网的数据,截至 2016 年 10 月 11 日,通过 Kiva 提供的贷款金额为 9.25 亿美元;参与的国家有 82 个;在 Kiva 借款的人数为 210 万,在 Kiva 上出借款项的人数为 160 万;整体贷款的回报率为 97.1%(归还本金的比例)。另外,81% 的 Kiva 借款人为女性。在 Kiva 官网中,可以发现总筹款数前十位的国家全部是亚非拉发展中国家。[2]

二、Kickstater 的故事

Kickstarter 成立于 2009 年 4 月 28 日,公司总部设在纽约,创始人是陈佩里(Perry Chen),以及 Yancey Strickler 和 Charles Adler。Kickstarter 是一个通过互联网,专为具有创意方案的企业和个人筹资的众筹平台。

陈佩里自己拥有一支乐队,他对在资金匮乏时组织巡回演出或者录制音乐的困窘有深刻体会,其创办 Kickstarter 网站的目的,是希望能够发动艺术家粉丝后援团和支持者捐赠小额资金,以积少成多的捐赠方式帮助艺术家完成项目,同时艺术家可以用项目的相关礼品回馈捐赠者,例如作品 CD 或者电影 DVD、相关 T 恤等。随着网站的发展,Kickstarter 支持的项目不再局限于艺术类型,也包括了一些有创意的商业产品。目前,kickstarter 网站的创意性活动分为十五项,包括:音乐、游戏、时尚、电影等。

Kickstarter 的商业模式含有赞助与预售混合的性质[3]:

(1)创业者首先展示自己的创意和构想,介绍项目及团队情况,以及

---

[1] 参见 Kiva 官网:https://www.kiva.org/about,最后访问日期 2016 年 10 月 11 日。
[2] 同上。
[3] 参见维基百科:https://en.wikipedia.org/wiki/Kickstarter,最后访问日期 2016 年 10 月 11 日。

潜在风险。

(2) kickstarter 审核创业者的申请,包括创业者的身份及项目所属的类别。

(3) 项目发布。被平台审核通过的项目可以发布在众筹平台上,其中,项目的融资时间和融资额度是比较重要的两项内容。一般而言,投资者投资的金额越多,其被许诺的回报也会越高。此时,创业者可以进行一系列的路演活动来推介自己的项目,如利用 facebook、twiteer、微博、博客等社交平台进行广泛宣传,让更多潜在的投资者了解项目信息。

(4) 当设定的融资时间达到时,预设融资额度被认购完成的项目即为成功,创业者将获得资金。到了设定的融资时间,所融的资金超过预设额度则成为超募项目;反之,如果融资没有达到预设的额度,则项目众筹失败,投资者的资金将会被退还。

比如:加州的马金·卡拉汉希望创作一部关于半人半妖的新漫画,第一期的创作和宣传费用预计需要 1500 美元。她给网站写了一封申请信,希望有人能够提供小额捐款。捐款者可以得到的回报是:捐 5 美元可以得到一册带有作者签名的漫画书,捐 100 美元可以得到一个以漫画故事中主人公为饰物的包。只有当收到的捐款超过 1500 美元,她的许诺才会兑现。结果,她在很短的时间里就拥有了这笔捐款。[1]

Kickstarter 的特点在于:对项目审核较为严格,当项目没有达到预先设定的融资标准时,会将资金退还给投资者。在收费方式上,对项目统一收取 5% 的费用,对支付服务另外收取 3%—5% 的费用。Kickstarter 不会对其生产的项目或产品主张所有权。网站上的项目信息将被永久存档并对公众开放。筹资完成后,项目和媒体评论将不能被编辑改变或从网站上删除。

截至 2016 年 10 月 11 日,Kickstarter 平台成功筹资的项目共 113251 个;项目承诺的总额为 2652595926 美元(26.5 亿);大多数成功筹资的项目募集资金少于 1 万美元,但是该数额一直在增长,个别项目最高的筹款额曾经达到过千万美元级别。筹资失败的项目数量为 203319 个。[2]

---

[1] 参见百度百科:http://baike.baidu.com/link?url=LoOH37wUWo8F89yzqVDC-mnOyr-zvVgvJpO_3u3Ivzt2vjpZsDRALEfFBQVBQI0JBHcGLadGugfUY1iLIz3NuBXE6fGN5vb-MIe97B62wbcgi,最后访问日期 2016 年 10 月 11 日。

[2] Kickstarter 官网每日更新数据,参见 https://www.kickstarter.com/help/stats。

三、Lending Club 的故事

Lending Club 则是另一个创业故事。[1]

美国人 Laplanche 在使用信用卡时发现,尽管他信用不错,仍然需要支付 18% 的信用卡利率。他意识到,信用卡公司并不是基于持卡人的个人风险定价,而是对所有客户收取同样的利率,用信用好的客户来补贴信用较差的客户。他认识到,如果能够把前 10% 或者 20% 信用度好的客户区分出来,他就能给这些人提供更低的贷款利率。

2007 年,Laplanche 创办了 Lending Club,并通过 Facebook 进行推广。

Lending Club 的核心业务模式是通过平台沟通借款人和出借人,平台对借款人的借款请求进行严格筛选。据说,将近 90% 的借款申请都会被拒绝,借款人必须满足相当充分的要求,才有可能获得贷款,例如,借款人的 FICO 信用分[2]必须在 660 分以上,债务对收入比率应当低于 35%(不包括住房抵押贷款)等。

在业务模式上,Lending Club 经过了一段变化过程,一开始,Lending Club 为了避免在美国各州申请专业放贷人牌照,与犹他州的 WebBank 银行合作,由 WebBank 作为名义上的出借人,向借款人发放贷款,然后平台再向银行买入贷款债权并转让给投资人。

2008 年,Lending Club 向美国证监会注册之后,采取了票券发行的模式来筹措借贷资金。该交易模式延续至今,具体如下:

(1)借款人希望在平台借款时,首先需要向平台发送借款请求,请求中应该包含借款人的相关信息,如借款人的 FICO 分数、信用级别、借款目的、借款期限、借款金额、借款进度、借款人收入、月还款额、债务收入比、就业状况、信用记录等。

(2)平台对借款人的借款请求进行审查,给出自己的信用评级。

---

[1] 本部分内容主要来自 Peter Renton:《Lending Club 简史:P2P 借贷如何改变金融,你我如何从中受益?》,第一财经新金融研究中心译,中国经济出版社 2013 年版。

[2] FICO 信用分是由美国个人消费信用评估公司 Fair, Isaac & Company 开发出的一种个人信用评级法,在美国得到广泛的运用。FICO 信用分模型利用数据,首先确定刻画消费者的信用、品德,以及支付能力的指标,再把各个指标分成若干个档次以及各个档次的得分,然后计算每个指标的加权,最后得到消费者的总得分。FICO 信用分的打分范围是 300—850。

(3) 平台将审查通过的借款请求放置在平台网页上供投资人认购。投资者可以浏览借款列表选择自己认可的借款请求并投资,也可以根据自己的偏好设定投资组合,授权网站按照自己选择的投资组合偏好自动投资。投资人和借款人全是匿名,双方在交易过程中并不清楚对方的真实身份。

(4) 待各个投资者承诺的出借金额累加达到了借款人所需的总金额,或自借款请求在列表发布日起已累计达 14 天,借款人资金募集就完成或结束。

(5) 在借款请求被投资者足额认购的情况下,WebBank 会向借款人发放贷款,然后将贷款债权转让给 Lending Club,后者发行票券给认购的投资者(该票券写明只有在借款人还款时才按照约定支付本金和利息,Prime Consumer Notes),用资金向 WebBank 支付贷款。

(6) 此后,Lending Club 每月以电子转账方式从借款人手中取得还款,扣除管理费和其他费用后,在每个投资者的账户中贷记余额。在借款人出现违约时,平台会自行或者聘用第三方收款公司追索债权,但平台本身不承担借款人的信用风险。[1]

平台向借款人收取筹款发起费,向投资人收取服务费。

截至 2016 年 6 月 30 日,Lending Club 上季度的贷款余额为 19.6 亿美元。自 Lending Club 成立以来,通过平台发放的贷款总数约 120 万笔,贷款总额约为 160 亿美元,平均每笔发放的贷款额度约为 1.4 万美元,坏账比例平均在 4.23% 左右。从贷款用途来看,约有 45% 的贷款是为了偿付既有贷款的再融资,约 15% 是为了偿还信用卡,剩余比例的贷款中大部分是为了消费进行的借贷,仅有 1.65% 的贷款是基于商业投资目的。[2]

四、小结

这三个故事中的网站平台,都利用互联网沟通社会中的资金闲置方和资金短缺方,便利了资金融通。资金短缺方获得了需要的资金,可以完

---

[1] Peter Renton:《Lending Club 简史:P2P 借贷如何改变金融,你我如何从中受益?》,第一财经新金融研究中心译,中国经济出版社 2013 年版,第 5—12 页。
[2] 参见 Lending club 官网:https://www.lendingclub.com/info/demand-and-credit-profile.action,最后访问日期 2016 年 10 月 19 日。

成自己的梦想——创业以摆脱穷困或者完成某个艺术创意项目。在 Lending Club 案例中,尽管借款人只是希望降低个人贷款利率,看起来并没有那么高尚的理由,但网站平台通过对借款人的信用甄别,降低了消费信贷的利率,在金融危机盛行的 2008 年,解决了消费者贷款的困难,受到了消费者的欢迎。

实际上,任何社会中都存在资金闲置方,只是资金短缺方很难发现他们,也很难获得他们的信任。在上面所说的三个故事中,网站都利用互联网的便利,成就了资金闲置方和短缺方的相互发现。需要注意的是:互联网仅仅降低了信息传递的成本,使得相关信息的传递变得更为容易,这几个网站的成功,核心在于平台对融资项目甄别和审查,帮助资金闲置方进行了风险识别。

在 Kiva 案例中,需要资金的创业者远在异域的发展中国家,与提供资金的出资人距离遥远,甚至可能还存在语言差异,出资人不可能现场考察创业者项目的可行性,甚至连在网络上与创业者交流可能都存在语言障碍。因此,Kiva 需要寻求当地的合作伙伴,负责在本地挑选项目,以及在提供资金后帮忙回收本金。在 Kickstarter 和 Lending Club 案例中,平台也都对融资项目进行了严格审查。在 Lending Club 提交的申请,90% 都因为不符合条件而被拒绝。平台这种严格的项目审查,减少了出资方的风险识别成本,有助于融资交易的达成并获取预期收益。

这三个案例中的融资模式,就是所谓的众筹。从这三个案例可以看出,众筹的核心特点是利用互联网平台,向大众募集资金。但如果扣除互联网这个新兴因素,向大众募集资金,绝不是一个新的想法。实际上,很多人在小时候可能都有个奇妙的想法:如果全国 10 亿人,每人给我 1 块钱就好了。这对每个人来说,没什么损失,我却可以因此而暴富。

自古以来就有的乞讨,或者向公众募捐,也都是向公众募集小额资金的融资模式,并不新鲜,大家都很熟悉。

众筹的历史其实很悠久,需要考虑的是,为什么在互联网时代众筹会重新兴起呢?

第二节 众筹的历史

向公众募集小额资金,绝不是一个新兴商业模式。实际上,这项活动自古以来就很盛行。最古老的众筹,应该就是乞讨了。除此之外,向公众募捐也是一项传统的众筹活动。

一、乞丐的历史

众筹并不是一种全新的融资模式。如果扣除互联网因素,向公众募集小额资金的融资模式,在人类社会中一直存在。最典型的,也是最为大家所熟知的众筹模式,就是乞讨。一个乞丐以其悲惨的形象或者悲惨的遭遇打动行人,博取同情,以获得公众的小额资助。

除了没有使用互联网外,乞讨几乎满足众筹的所有特征。而众所周知,乞讨作为一种人类社会的现象,自古就存在,至少已经有好几千年的历史。

在中国古代,乞丐产生于何时已经难以确考,或许在夏商时代已经产生。在《左传》《国语》等书籍中记载了春秋时期的乞丐故事。例如,晋国公子重耳因避骊姬之乱而亡奔天下,亦尝乞食于村野之人。齐国名相管仲曾被鲁国囚禁,在发送回齐国的路上,经过一个叫绮乌的地方,也曾向当地军士求乞丐食……[1]

就西方文献而言,著名的荷马史诗中已有关于乞丐的文字,在《奥德赛》第十七卷"奥德修斯求乞家宅探察行恶人"便有这样的描写:"他这样说完,把一只破囊背到肩上,上面布满破窟窿,绳子代替背索,欧迈奥斯又给他一根合手的拐杖……"

这说明,在公元前11世纪到9世纪"荷马时代"的古希腊,乞丐已成为社会的常见现象,贵族们斥之为"一帮可怜又讨厌,扫尽餐桌的饕餮"。[2]

二、众筹美国自由女神像

在21世纪之前最为著名的众筹项目应该是建造美国纽约的自由女神像。[3]

1865年,年轻的法国雕塑家巴特勒迪(Bartholdi)受法国学者、政治

---

[1] 周德钧:《乞丐的历史》,中国文史出版社2005年版,第9—10页。
[2] 同上书,第10页。
[3] 本部分内容参见斯蒂芬·德森纳:《众筹:互联网融资权威指南》,陈艳译,中国人民大学出版社2015年版,第4页。

活动家拉沃拉叶(Laboulaye)启迪,决定制作一个雕塑,作为献给美国独立100周年纪念的礼物。该雕塑将是一个巨大的女神像,命名为"自由照亮世界"。雕像的费用将由法国人民支付,美国人民则负责资助和建设安放雕像的基座。巴特勒迪成立了一个法国—美国联盟,由法国和美国的支持者组成,负责筹钱建造雕像。

不过,筹款活动并不顺利。随着日期的临近,法国方面并没有筹措到足额资金。1880年,巴特勒迪想出了一个发行"自由雕像"彩票的主意。当时法国法律允许为了慈善或者艺术的原因发行彩票,这次彩票发行也得到了法国政府批准。除了奖金之外,奖品还有雕像的小成品。彩票发行顺利,虽然花费了一些时间,法国方面的资金最终众筹成功。

在美国方面,筹资更不顺利。美国国会和纽约市都拒绝为雕像基座提供资金。当雕像的部件建好后,巴特勒迪将它们运到了美国展览,以吸引游客捐款,却仍然无法筹措到足够的资金。

1883年,当美国国会再次否决为基座提供资金的提案后,普利策(Joseph Pulitzer)决定自己行动(对,就是后来设立新闻界最高奖普利策奖的那位)。他当时是《纽约世界报》的发行人。他在他的报纸上开展了募捐活动,但一开始效果并不理想。

随着日期的逼近,普利策先生展开了新一轮募捐。这次他决定提供一些激励,"每一个向基座基金捐款的人都应该感到骄傲,并将得到一个雕像模型作为纪念,以证明其对此伟大作品有所贡献"。奖品分为两个层次:捐助1美元的人将得到一座6英寸的雕像纪念品,捐助5美元的将得到一个12英寸的雕像纪念品。雕像模型上还将刻上捐赠人的名字。事实证明这次筹款非常成功。筹款活动席卷全国,资金蜂拥而入。《纽约世界报》的销量也随之大增,一度甚至成为西半球阅读量最大的报纸。

三、众筹在当代的兴起

既然众筹自古就有,为什么还要说众筹作为一种新的融资模式在互联网时代重新兴起?

一次众筹活动的成功依赖于几个因素:(1) 筹资信息能够迅速传递给社会公众;(2) 社会公众能够信任该筹资信息;(3) 社会公众能够方便地进行小额支付。这分别涉及信息传递的成本、获取信任的成本和小额资金支付的成本。

在大众传媒兴起之前,信息传递成本、获得信任成本和小额资金支付的成本都很高昂。乞讨活动能否成功,关键在于乞丐占据的位置。在人群来往密集的街角,信息传递成本和小额资金支付的成本都会大幅度下降。重复看到同一个乞丐可能会降低人们的同情心,人流密集的位置会增加第一次遇到该乞丐的陌生人群数量,能够降低获取信任的成本。所以,在关于乞讨的各种传说中,乞丐们争斗的主要原因往往是乞讨的位置。

随着报纸等大众媒体在19世纪出现,信息传递的成本已经大幅度降低。在上述自由女神像的众筹案例中,美国人普利策利用报纸这一大众媒体将筹款的信息迅速传递至全国公众,激发了公众参与,获得了成功。但与此同时,小额资金支付的成本却没有降低。因此,尽管我们经常在大众媒体中看到各种捐款资助消息,除了一些特殊情况外,却很少参与,就是因为考虑到去邮局或者银行汇出小额资金过于麻烦。

同时,获取信任的成本也并没有随着大众传媒的出现而降低。甚至,一些犯罪团伙还利用新型传媒展开诈骗活动。

2016年,山东考生徐玉玉以568分的高考成绩被南京邮电大学录取。2016年8月19日下午4点30分左右,她接到了一通陌生电话,对方声称有一笔2600元助学金要发放给她。在这通陌生电话之前,徐玉玉曾接到过教育部门发放助学金的通知。"18日,女儿接到了教育部门的电话,让她办理了助学金的相关手续,说钱过几天就能发下来。"徐玉玉的母亲李自云告诉记者,由于前一天接到的教育部门电话是真的,所以当时他们并没有怀疑这个电话的真伪。

按照对方要求,徐玉玉将准备交学费的9900元打入了骗子提供的账号……发现被骗后,徐玉玉万分难过,当晚就和家人去派出所报了案。在回家的路上,徐玉玉突然晕厥,不省人事,虽经医院全力抢救,但仍不幸去世。

2016年8月23日,临沂公安部门成立专案组,全力侦破此案。
8月28日,全部涉案嫌疑人悉数到案。[1]

在这个悲惨的电信诈骗案例中,电话降低了信息传递的成本,但同时也便利了诈骗分子行骗。电信诈骗正是利用了信息传递和资金支付成本

---

〔1〕 参见百度百科:http://baike.baidu.com/link?url=qyndqX7FdRKziOP5Hi4OLDVl_mfT_v5yxI9LmYuN6nZ7pMAUmWbj3IBRLIROnAvO5wcbAFSO5zGRCbhixLMZhqWy9qnBd8Neb5rZ6JT1W4ovm53JsPZHkWKWdoI0XO8N,最后访问日期2016年10月11日。

的降低来方便其诈骗活动的展开。可以看到,电话这一便捷的信息传递工具,并没有降低获取信任的成本。

实际上,正是因为获取信任的成本过高,法律才对面向公众筹资的活动予以规制。1933年,美国颁布《证券法》,建立了现代证券法律制度,其核心就是规定:向公众发行证券筹集资金的活动,必须受到严格监管。传统的众筹活动也因此在法律规制下逐渐衰落。

随着互联网时代的到来,信息传递成本和小额支付的成本都大幅度降低。利用互联网无远弗届的特性,信息传递非常迅速,成本几乎可以忽略不计。一条吸引眼球的消息可以迅速传遍全球。同时,随着第三方支付的出现,小额支付也变得越来越简单低廉。

更为重要的是,在Web2.0时代,信息的传递不仅仅是单向的,还可以是双向的。这就使得信息的传递者和接受者之间,以及信息的接受者相互之间的交流变得可能。这种交流不但有助于信息的传递,还可能有助于对信息的吸收和验证,因此也许可以大幅度降低获取信任的成本。例如,在网络购物中,买家的评论就有助于对卖家的鉴别。

此外,大数据、人工智能等技术,都在很大程度上有助于克服信息不对称问题所带来的信任成本。这才是众筹在互联网时代重新兴起的主要原因。

第三节 众筹的分类

一、众筹的一般流程

众筹是一种直接融资方式,主要通过互联网沟通融资人和投资者,促成双方交易,有人总结了众筹的一般流程[1]:

(1)筹资人向平台提交详细的说明材料,介绍项目的内容、进展安排、对投资者的回报以及必要的风险提示。股权众筹中筹资人需要提交的资料比较多,通常包括一份完整的商业计划书和拟出让股份的数量、价格。商业计划书描述公司的基本经营状况、发展计划、预期收入和盈利等

---

[1] 参见零壹财经、零壹数据:《众筹服务行业白皮书(2014)》,中国经济出版社2014年版,第14—15页;成琳、吕宁斯:《中国股权众筹平台的规范化路径——以"大家投"为例》,载《金融法苑》总第89辑(2014),中国金融出版社2014年版。

事项。

（2）平台对项目资料进行审核。出于可行性等方面的考虑,平台可能会要求筹资人额外提交相关的技能证明证书、筹资人本身的履历、经营人证明,甚至产品原型等材料。在股权众筹的情况下,平台还会要求筹资人提交企业营业证书、公司财务报表等材料。

（3）项目上线展示。项目通过平台审核之后,筹资人制作项目宣传材料,上线展示,正式接受投资人的投资。不同平台可能有不同的处理方式。例如"点名时间"在项目通过平台审核后,会有一个"预热"环节,先将项目公开供用户浏览和讨论,试探市场反应热度之后,再决定是否进行公开募集。

（4）投资人投资。投资人浏览项目的材料,自行决定是否投资以及投资多少。如果项目在筹资期限内成功筹资到目标金额,则项目成功,筹资人获得资金。如果募集的资金多于目标金额,则会采用多种手段筛选投资人,多余的款项会退回投资人。也有的平台在此时允许筹资人提高融资目标额度。如果在规定的时间内,项目无法募集到目标金额,则一般情况下,项目会被终止,所有已经支付的资金会被退还给投资人,项目失败。

（5）资金运用。筹资成功后,筹资人按照约定使用募集资金,或者从事约定的慈善活动,或者从事约定的产品生产。在股权众筹的情况下,平台还会指定合作的律师事务所或者投资公司来处理股权转移、投资合同签订和信息披露等工作。在投资合同签订后,筹资人需要建立定期的信息沟通制度向投资人汇报公司经营情况,并在公司盈利时进行分红。

二、众筹的模式

按照众筹中给予出资人回报的不同,众筹基本上可以划分为四种模式:捐赠型众筹、预购型或回报型众筹(Reward or Pre-Purchase model)、借贷型众筹和股权型众筹(后两者合称"投资型众筹")。[1]

1. 捐赠型众筹

捐赠型众筹是指不给出资人回报,出资人基于捐赠目的提供资金,像本书前面所说的 Kiva 就属于捐赠型众筹。当然,如何捐赠,不同平台会

---

[1] 参见 C. Steven Bradford, "Crowdfunding and The Federal Securities Laws", 2012 Columbia Business Law Review 1 (2012).

有不同安排。一般的捐赠可能包括了本金,而像 Kiva 那样的平台,投资者捐赠的只是贷款的利息,仍然要求归还本金,而对资金使用者来说,其不但需要归还本金,甚至还需要支付一定的费用以覆盖交易成本。

捐赠型众筹由来已久,在互联网时代,信息传递变得更为迅速,诸如微信等社交媒体的运用,又使得信息在熟人之间传递,降低了信任成本。通过互联网募捐,也就变得更为普遍和简单。京东众筹、蚂蚁众筹、腾讯众筹等,都开展了公益性网络众筹活动。但由于缺乏监管,捐赠型众筹在中国的开展存在诸多问题,平台对项目的审查责任和对资金使用的监管责任,都缺乏详细规定。一些项目的真实性也经常受到质疑。

2016 年 3 月 16 日,中华人民共和国第十二届全国人民代表大会第四次会议审议通过了《中华人民共和国慈善法》,于 2016 年 9 月 1 日正式实施,其中对通过网络展开的公开募捐活动作出了明确规定。

我国《慈善法》规定:慈善组织开展公开募捐,应当取得公开募捐资格。公开募捐,可以采用各种方式,其中包括通过广播、电视、报刊和互联网等媒体发布募捐信息。慈善组织通过互联网开展公开募捐的,应当在国务院民政部统一或者指定的慈善信息平台发布募捐信息,并可以同时在其网站发布募捐信息。不具有公开募捐资格的组织或者个人,基于慈善目的募捐,只能与具有公开募捐资格的慈善组织合作,由该慈善组织开展公开募捐并管理募得款物。

2016 年 8 月 30 日,民政部、工业和信息化部等机构联合发布《公开募捐平台服务管理办法》,其中规定:通过互联网提供公开募捐平台服务的网络服务提供者应当依法由民政部指定。各级民政部门依法对慈善组织通过平台发布公开募捐信息、开展公开募捐的行为实施监督管理。

8 月 31 日,民政部还发布了《关于指定首批慈善组织互联网募捐信息平台的公告》,宣布指定 13 家平台为首批互联网募捐信息平台,包括腾讯公益、淘宝公益、轻松筹等。[1]

2. 预购型众筹/回报型众筹

预购型众筹以公众预付货款购买产品为模式汇集资金,或者在回报型众筹中,虽未明确为产品预购,但付款人乐见项目成功,自己也贡献其中,例如在电影或者视频中列名其上。前面所讨论的 Kickstarter 就是典

---

[1] 《民政部关于指定首批慈善组织互联网募捐信息平台的公告》,http://www.mca.gov.cn/article/zwgk/tzl/201608/20160800001648.shtml,最后访问日期 2016 年 10 月 20 日。

型的预购型众筹模式。

预购型众筹一般可以直接适用合同法或者产品质量法等相关法律,因为并不具有投资性质,往往并不受向公众募集资金的法律管制。实际上,现实中所有商品的销售都是针对社会公众的。除了少数受到管制的商品销售需要获得许可外,多数商品销售并不需要受到像公众投资活动那样的监管。预购型众筹只是将商品销售的同时或者事后付款改为了事前付款,虽然增加了商品购买的风险(例如不能按时或者按照预订标准提供商品),但这是传统的合同履约风险,《合同法》和《产品质量法》即足以处理,并不需要特别规制。

3. 投资型众筹

借贷型众筹中投资者以借贷形式提供资金,目的是获得利息回报。典型的借贷型众筹就是所谓的 P2P 网贷(peer to peer lending)。在这种模式下,借款人向网贷平台提出借款申请,网贷平台审核通过后,标明其风险程度,将借款信息发布在网站上。出借人自愿选择是否出借以及愿意出借的金额。当出借人认购满了借款金额之后,该笔借贷就算成功。网贷平台将从出借人账户扣除其认购的资金并转移给借款人。前面所说的 Lending Club 就是美国目前最大的 P2P 网贷平台。

股权型众筹与借贷型众筹不同,筹资者没有固定还本付息的承诺,投资者直接以股权为投资形式,希望未来能够获得分红或者股权的增值。处于创业期的小企业,现金流很少,很难满足按时还本付息的要求,更需要股本这样的长期资本投入。在很多国家,天使投资和风险投资虽然提供了股本投入,但创业企业和小企业的融资仍然存在巨大缺口。按照估算,即使在美国这样天使投资和风险投资比较发达的国家,创业企业的融资缺口也达到 600 亿美元左右。因此,如果股权型众筹能够克服传统信息不对称的障碍,为创业企业提供所需的股本资金,那是各国立法者都期盼的事情。

在这两种众筹模式中,资金提供者都以获得投资收益为目的提供资金,理论上都属于证券法的管辖范围。实际上,在美国,Lending Club 已经向美国证券交易委员会(SEC)申请注册,平台上发生的每一笔借贷活动都被视为证券发行,需要进行信息披露。

针对投资型众筹,美国在 2012 年颁布《工商初创企业推动法》

(Jumpstart Our Business Startups Act,以下简称《JOBS法》)[1],其中第三章被命名为"众筹法",创设了投资型众筹的豁免制度,将公募型众筹合法化。各国相继仿效,形成了众筹立法的热潮。

2013年,意大利率先在欧盟发布众筹法;2014年,英国和法国也相继发布相关立法,将投资型众筹合法化;德国政府则向国会提交了众筹立法的草案,并于2015年7月获得国会批准。在东亚,日本和韩国也步美国后尘,分别修改了相关法律,设置了投资型众筹豁免。

第四节 投资型众筹的兴起

一、众筹在全球的发展

2013年,世界银行曾经发布报告,认为众筹在发展中国家将会得到迅速发展。按照该报告统计,紧随发达国家的步伐,发展中国家也同步发展起了众筹市场。报告估计,到2025年,发展中国家的众筹投资规模将达到每年960亿美元。

统计表明,自众筹融资兴起以来,截至2014年底,各类众筹平台在全球融资162亿美元左右。其中借贷型众筹融资规模最大,接近110亿美元;股权型众筹11.1亿美元,回报型众筹13.3亿美元,捐助型众筹19.4亿美元。2014年比2013年众筹融资金额增长167%。[2]

二、众筹在中国的发展

1. 借贷型众筹

根据零壹财经研究院发布的《2016年中国P2P网贷年度报告》[3],截至2016年年末,国内正常运营的平台数量仅余1625家,占行业累计上

---

[1] 该法中文译本由荣浩、顾晨翻译,发表于《互联网金融与法律》第6期,全文可参见北京大学金融法中心网站,http://www.finlaw.pku.edu.cn/hulianwangjinrongyufalv/guokan-Detail/4251。

[2] 参见Massolution, 2015 CF Crowdfunding Industry Report: Market Trends, Composition and Crowdfunding Platforms, available at http://reports.crowdsourcing.org/index.php?route=product/product&product_id=54,最后访问日期2016年10月20日。

[3] 零壹财经:《2016中国P2P网贷年度报告》,http://www.01caijing.com/article/12992.htm,最后访问日期2017年1月20日。

线平台的33%;累计问题平台3201家,其中2016年有1106家,同比减少15.4%。2016年交易额接近两万亿,为19544亿元,累计交易额保守估计为3.36万亿元;年末贷款余额(本金部分)达到8303亿元,同比增长95.4%;年平均借款期限和投资利率分别为231天和9.93%;活跃借款人和投资人分别在572万人和998万人左右。

2. 股权型众筹和其他

根据零壹财经研究院最新发布的《互联网众筹半年报》[1],截至2016年6月30日,国内累计上线的互联网众筹平台共有414家,正常平台267家,占64.5%;停运、倒闭或转型的平台至少有147家,约占35.5%。

正常运营的平台中,以股权众筹为主,约有136家,占51.6%。涉及产品众筹业务的有62家,占比23.5%;兼有两种业务的平台有37家。另有汽车众筹平台17家,单纯的公益众筹和房产众筹平台分别为7家和5家。

从交易量上来看,截至2016年6月末,产品众筹累计成功筹款金额达到49.6亿元,累计支持人次约为3237万;股权众筹累计筹资规模在100—120亿元左右;工业众筹累计18亿元左右。

三、投资型众筹的兴起

从上述数据可以看出,相比捐赠型众筹、回报型或预售型众筹,借贷型众筹和股权型众筹更有发展潜力。

这是因为捐赠型众筹要求投资人无偿提供资金,显然受制于出资人的慈善心。虽然说人人皆有恻隐之心,但真要掏出真金白银,毕竟会有所限制。回报型或预售型众筹,出资人提供资金的目的在于项目成功、获得产品消费,这就受制于筹资人拟生产的产品受欢迎的程度。以某当红影星主演的电影作为众筹项目,固然可能吸引该影星的众多影迷,但那些非影迷可能就兴趣缺乏,不愿出资了。

因此,无论是捐赠型众筹还是预售型众筹,规模都会受到限制。而在借贷型众筹和股权型众筹中,投资人寻求的是投资回报,更符合人类逐利的本性,也不会受限于产品本身的受欢迎程度——即使你不喜欢某当红影星,当你发现该电影具有广阔市场前景,可能带来丰厚投资回报时,你

---

[1] 零壹财经:《互联网众筹半年报》,http://www.01caijing.com/news/4974.htm,最后访问日期2017年1月20日。

也会毫不犹豫地投资。因此,在理论上,相比其他众筹模式,借贷型众筹和股权型众筹可能吸引的投资者范围更大,发展前景也更好。

中国实践的发展也证明了这一点:借贷型众筹和股权型众筹平台不仅在数量上超出捐赠型众筹与预售型众筹平台,在筹资规模上也要远远领先。

然而,无论是借贷型众筹还是股权型众筹,在性质上都属于以未来收益引诱投资者投入资金,此类行为一般被视为投资行为。多数国家都通过立法,对向公众投资者筹集资金的行为予以严格监管。因此,借贷型众筹和股权型众筹这类投资型众筹,面向公众投资者吸取资金,在法律上面临重重障碍。

第二章 投资型众筹的法律障碍

第二章 投资型众筹的法律障碍

投资型众筹虽然具有不受出资人兴趣限制的优势,但向公众筹集资金的行为却被法律严格限制。

经常阅读中国财经新闻的人可能都很熟悉一个词汇——"非法集资"。[1] 非法集资罪名主要打击的就是向公众投资者吸取资金的行为。按照最高人民法院的司法解释,违反国家金融管理法律规定,向社会公众(包括单位和个人)吸收资金的行为,就构成了非法集资。这一罪名在中国经济实践中被广泛适用,在孙大午案和吴英案之后也引发了很大争议。

非法集资是违反向公众集资行为监管要求的后果。虽然非法集资在中国引发很大争议,但实际上,不仅仅是中国,各国对于向公众集资行为都予以了严格监管,违反相关监管规则的行为,也都会受到相应的行政处罚或者刑罚,虽然并不一定都冠以非法集资的名义。例如,在美国,证券法几乎对所有直接融资行为予以监管,未经注册向公众发行证券筹集资金的行为,就会构成非法发行证券,如果是故意违反,就可能构成犯罪。

投资型众筹通过互联网众筹平台发布项目信息,向公众筹集小额资金,并予以一定回报(借贷型众筹是固定收益承诺,股权众筹约定的是非固定收益),基本上符合向公众集资的特征,如果没有经过有权机构许可,就可能构成非法集资。但实际上,现行的向公众集资的许可程序门槛很高,投资型众筹基本上无法获得许可;同时这套向公众集资的正规程序也成本很高,即使降低门槛,投资型众筹也几乎不可能支付其高昂的成本。因此,如果现行法律没有任何修改,从事投资型众筹就是在"玩火",虽然不一定会构成犯罪(因为追究犯罪行为有一定的标准,例如涉案金额、人数等),但一定是违法行为。一旦资金链断裂,或者引发群体事件,平台就很可能被追究责任。

那现行法是否应该作出修改,为投资型众筹留出合法运作的空间呢?这是各国立法者都要仔细掂量的问题,因为中小企业融资困难是各国政府都面临的难题。这也是本书要讨论的主题。

本章分三节,第一节主要介绍投资型众筹面临的法律障碍;第二节则分析现行法律为什么会设置这些障碍,其理论基础在哪;第三节讨论为什么要修改现行法,为投资型众筹留出合法空间。

---

[1] 关于非法集资的研究,请参见彭冰:《非法集资活动规制研究》,载《中国法学》2007年第4期。

第一节 投资型众筹面临的法律障碍

一、现行法对于向公众集资行为的监管要求

向公众集资,主要可以分为两种类型,一类是集资来自己使用,一般称之为直接融资;另一类是集合公众资金,用以投资或者放贷给资金的真正使用者,集资者在这里只是起到中介作用,一般称之为间接融资。对于这两种不同的融资结构,法律也相应发展出了两套不同的集资监管制度。

(一)直接融资的法律制度

1. 公开发行许可

对于直接融资行为,法律一般通过证券法予以调整。我国《证券法》第10条明确规定:公开发行证券,必须符合法律、行政法规规定的条件,并依法报经法定机构核准,未经核准,任何单位和个人不得公开发行证券。美国《证券法》第5条也有类似规定:除非注册文件生效,任何人直接或者间接发行证券都是非法的。虽然注册制和核准制有所不同,但在性质上都是行政许可——未经特许一般不得从事该活动。

那在什么时候,公开发行证券可以获得许可呢?按照证券法,必须符合法定条件,同时,核准之后发行还必须遵守法定程序要求。公开发行必须符合法定条件要求,是中国证券发行许可核准制和美国注册制的主要区别。我国《证券法》第13条以及中国证监会的相关规章,明确规定了公开发行股票的条件,其中包括:(1)具备健全且运行良好的组织机构;(2)具有持续盈利能力,财务状况良好;(3)最近三年财务会计文件无虚假记载,无其他重大违法行为等。其中最为困扰发行申请人的就是具有持续盈利能力要求,因为这涉及对发行人的投资价值判断,要求核准机构必须审查发行申请人的实质条件,判断其是否有投资价值。为了解决这一问题,《证券法》设置了证券发行审核委员会,试图帮助中国证监会就发行条件中的各项实质要求作出专业判断。相比之下,美国注册制则不对发行申请人的实质条件作出判断,美国证监会只对发行申请文件作形式审查。

但注册制并非完全不审,只是审查的重点从对发行申请人是否具有持续盈利能力等价值判断,转向了对发行申请人信息披露是否完备的关注。是的,各国证券法虽然在发行条件上侧重有所不同,有些像中国这样

关心发行人是否能够挣钱，保证投资者有回报，也有些只关注发行人是否说实话，不对投资价值作判断，但都对公开发行本身作出了严格要求，也就是所谓的强制信息披露制度。

2. 强制信息披露制度

强制信息披露制度是现代证券法的核心监管原则，由美国《证券法》1933年确立，为各国所仿效。1933年，经历过1929年大萧条和股灾的美国政府，试图通过立法来规范资本市场的发展。当时困扰立法者的就是如何规范证券融资活动。一种思路就如现在中国采纳的方式，政府需要对发行人是否具有投资价值作出判断，更重要的是要防止骗子来融资，这需要政府设立机构，严格审查发行申请人的各种条件。政府虽然可能事先发现一些骗子，但完全不善于作投资价值判断。因此，虽然在1933年之前美国各州已经相继颁布了一些州内证券监管法规，但既无能力作投资价值判断，也因为监管权力限于州界，无力发现和打击骗子的跨州证券发行。现在联邦立法，如果将州内的证券法扩展为联邦法，是否就可以避免跨州的骗子？当时主导立法的罗斯福总统没有采纳这种主张，而是采取了另一种思路：强制信息披露。罗斯福总统赞同当时美国最高法院大法官布兰代斯在多年前的一句名言：阳光是最好的杀虫剂，灯光是最好的警察。当一切都公开在阳光之下时，骗子自然会躲避到黑暗中去。因此，在罗斯福总统的支持下，美国1933年颁布的《证券法》以强制信息披露作为核心监管哲学，要求所有公开发行证券的人，都必须充分披露信息。罗斯福总统在签署《证券法》时有句名言：我们要保护任何公民自愿做傻子的权利。[1]

自1933年美国证券法颁布之后，美国证券市场蓬勃发展，虽然这是否是强制信息披露制度的功劳还不能确定，但各国此后的证券立法都沿袭了美国这套监管哲学。中国虽然在发行审核上采取了实质审查制度，但在对证券发行人的监管上，也同样以强制信息披露制度作为核心要求。

但是需要注意，强制信息披露制度并不仅仅是简单的信息披露要求。公开发行证券融资的企业，不仅仅在发行时需要按照要求充分披露信息，在发行结束之后，还要持续披露信息。持续披露信息的要求分为两类：一类是定期报告。按照我国证券法和监管要求，公开发行证券融资后

---

[1] 关于这段历史，请参见乔尔·塞里格曼：《华尔街的变迁：证券交易委员会及现代公司融资制度演进》（第三版），徐雅萍等译，中国财政经济出版社2009年版，第69—98页。

的上市公司，必须每季度披露季度报告，每半年披露半年度报告，每年结束之后要披露年度报告。另一类是临时报告，即当发行人发生可能对股价产生较大影响的重大事件时，即使没有到定期报告披露时间，上市公司也应当立即将有关重大事件的情况进行公告，让投资者及时知晓。

发行人的这些信息披露，也不是想怎么披露就怎么披露。可想而知，如果法律仅仅要求发行人披露信息，各个发行人肯定会选择对自己有利的信息披露，对自己不利的信息则隐瞒不说。例如，每年年底都会有各种律师事务所排名，相关律所都会选择对自己有利的排名进行披露。这个律所会披露自己是年度总收入排名前五名，那个律所就会披露自己是年度人均收入排名前五名，其他律所也会披露自己是年度项目数量最多前五名。无论如何，总有一款排名对本所有利、适合本所披露。但问题是，如果所有律所都这么披露，客户就没有办法比较各律所的优劣，没法选择最适合自己的律所了。同样，如果公开发行证券融资的发行人也选择对自己最有利的信息进行披露，投资人就没有办法比较各个不同的投资机会，没法识别风险，作出准确的投资决策。因此，在信息披露上，监管者一般会有统一的内容要求，列举出各种信息项目，要求所有发行人都必须依据此要求逐项披露，不论相关信息是否对自己有利。

同时，为了保证这些信息的真实性，一般都会要求相关证券中介机构对这些信息予以验证。例如，财务信息应当经过专业的会计师事务所审计，与法律相关的信息应当经过律师验证。法律明确规定了保荐人、承销商、证券中介机构必须对相关信息负责。

抛开我国核准制里面的价值判断不算，我国的核准制和美国的注册制，都需要监管者对信息披露的齐备性、一致性和可理解性进行审查，保障信息披露的格式、内容和公开方式的统一。

在信息披露之后，还需要保障这些信息能够为公众投资者所了解。公众投资者其实并无能力和精力消化这些强制披露的信息。例如，中国证监会前主席肖钢曾经在一篇文章谈到，按照中国证监会的调查，在中国能够读懂上市公司发布的年度报告的投资者，不到2%。因此，与强制信息披露制度相配套的，还有证券中介机构监管和反欺诈法律责任制度。

3. 证券中介机构监管

证券中介机构主要分为两大类：信誉中介和信息中介。信誉中介帮助验证发行人披露的信息，包括审计师、律师和承销商等；信息中介帮助投资者理解和消化信息，包括投资咨询机构、证券评级机构等。

强制信息披露制度要求发行人充分披露信息,其基本假设是投资者会在掌握和理解这些信息的基础上作出理智投资判断,并对自己的投资决策承担责任。但实际上,公众投资者在信息的识别和理解上存在重大缺陷:公众投资者既无力辨别和验证信息的真假,也几乎没有能力和意愿去理解披露信息。因此,1933年美国《证券法》刚刚生效,当时的耶鲁法学院教授道格拉斯(后来的美国证监会主席和最高法院大法官)就撰文批评,认为强制信息披露不足以保护公众投资者——他们根本读不懂这些披露的信息。这个问题后来几乎成为对证券法强制信息披露制度的经典批评,每当证券市场发生危机时,都会被人提出来质疑现行证券法的有效性。

证券中介制度就是用来解决公众投资者在验证信息和理解信息方面的不足。

从证券发行开始,发行人按照强制信息披露制度要求所披露的所有信息,几乎都是经过各种专业人士验证过的信息。审计师审核财务方面信息的合规性和真实性;律师保证披露所涉及的信息在法律上的有效性,包括发行人经营行为的合法性;资产评估师保证资产评估价值的公允性;等等。当然,最重要的还是保荐人和承销商,他们通过保荐发行人和承销其发行的证券,对发行人披露信息的真实性和商业模式的合理性都作出了某种担保。

这些专业人士和机构实际上是将自己的信誉部分出借给了发行人,以帮助发行人验证披露信息的真实性。发行人也许只融一次资,但这些中介机构往往是资本市场的多次博弈者,他们未来的收益往往依赖于其市场信誉。因此,他们出借信誉的担保往往更可靠。

实际上,法律往往也对这些信誉中介机构的职责有明确规定。我国《证券法》要求保荐人必须诚实守信、勤勉尽责,对发行人的申请文件和信息披露材料进行审慎核查;证券公司承销证券,应当对公开发行募集文件的真实性、准确性、完整性进行核查,发现有虚假记载、误导性陈述或者重大遗漏的,不得进行销售活动;其他所有为证券发行出具有关文件的证券服务机构和人员,必须严格履行法定职责,保证所出具文件的真实性、准确性和完整性。

强制信息披露制度要求披露的信息可能极为复杂,包括了各种财务信息,公众投资者往往并没有能力阅读和理解这些信息。但一些证券中介机构起到了信息中介的作用:他们会通过自身的专业能力来阅读和消化这些信息,然后向公众投资者提供简化的结论,帮助投资者作出有效的投资决策。例如,投资咨询机构在阅读和消化相关上市公司公布的年报之后,给出简单的结论:买入或者卖出,或者继续持有。虽然公众投资者可能不能理解年报上各种复杂的信息,但买入或者卖出的意见,总是能听得懂的。当企业公开发行债券时,往往会邀请证券评级机构对债券评级。企业能否偿付债券,涉及复杂的企业信用风险问题,但评级机构的评级结果一般是符号排列,诸如AAA或者B+等,简单直观,公众投资者都能够理解。

此外,还有一些机构投资者通过自己的交易,将相关信息直接反映到股票价格中,使得公众投资者按照市场价格购买的证券,往往就已经反映了相关信息,不需要投资者自己再去研究相关信息对股价的影响了。按照金融学理论,当一个市场的证券价格能够迅速反映相关信息时,这个市场就是有效的。诺贝尔经济学奖获得者法玛(Eugene Fama)甚至根据证券价格反映信息的速度,对证券市场的有效性进行了区分:证券价格能够反映过去所有价格信息的,为弱势有效市场;证券价格能够迅速反映所有公开信息的,为准强势有效市场;证券价格能够迅速反映所有相关信息,无论该信息是否公开的,为强势有效市场。在一个准强势有效市场,因为所有公开信息都会通过机构投资者的交易迅速反映到证券价格中,所以公众投资者其实根本就不需要阅读和理解相关披露信息。这些通过自己交易将信息反映到证券价格中的交易者,其实也是一种信息中介。

为了保障这些证券中介机构更好地履行职责,各国证券监管机构都对证券中介机构予以监管。在中国,保荐人和承销商都必须经过监管机构许可才能取得资质,审计师、律师和资产评估师等从事证券业务活动,也需要接受相应监管;投资咨询机构也需要获得许可才能从事相关业务,并接受相应监管。

同时,这些证券中介机构还需要对其从事的业务承担相应的法律责任。例如,我国《证券法》规定,当发行人、上市公司的信息披露文件有虚假记载、误导性陈述或者重大遗漏,致使投资者在证券交易中遭受损失的,不但发行人、上市公司本身要承担赔偿责任,保荐人、承销的证券公司应当与发行人、上市公司承担连带赔偿责任,但是能够证明自己没有过错的除外。[1] 证券服务机构为证券的发行、上市、交易等证券业务活动制

---

[1] 我国《证券法》第69条。

作、出具审计报告、资产评估报告、财务顾问报告、资信评级报告或者法律意见书等文件,这些文件中有虚假记载、误导性陈述或者重大遗漏,给他人造成损失的,应当与发行人、上市公司承担连带赔偿责任,但是能够证明自己没有过错的除外。[1]

这些法律责任设置是特殊的,采取了过错推定责任的形式:在出现虚假信息披露时,参与的相关证券中介机构必须证明自己勤勉尽责没有过错,否则就要承担连带赔偿责任。这样的责任安排,加重了证券中介机构的职责,会促使其更加勤勉尽责。

4. 反欺诈法律责任制度

实际上,仅有强制信息披露制度和帮助消化信息的证券中介机构是不够的,如果没有严格的法律责任制度辅助,强制信息披露要求可能流于形式,甚至可能被滥用来操纵市场。上面已经介绍了证券法在证券中介机构的职责方面,采取了过错推定责任的形式,以促使证券中介机构勤勉尽责。在此之外,证券法其实还规定了一套特殊的证券反欺诈制度,以保障证券市场信息披露的有效和公平。

这套证券反欺诈制度是在传统民法规范的欺诈行为之外特别规定了几类证券欺诈行为,比较典型的是:虚假陈述、内幕交易和操纵市场。

强制信息披露制度要求披露的信息必须真实、准确、完整,如果允许发行人可以披露虚假信息,强制信息披露制度就是没有意义的。传统民法对于虚假披露的处理往往局限于已经明确披露的存在错误的信息,还需要交易方证明因为信赖这些错误信息导致损失。但强制信息披露下,筹资者(发行人)不仅仅要真实披露愿意披露的信息,对自己不利的信息,如果在披露范围内,也需要披露。重大遗漏,即有选择地披露对自己有利的信息、遗漏重大信息,传统民法的反欺诈制度往往很难处理。证券法则直接规定了虚假陈述的法律责任,并将虚假记载、误导性陈述和重大遗漏直接规定为虚假陈述行为。在法律责任上则要求发行人、上市公司对虚假陈述承担严格责任,直接责任人和各种相关证券中介机构承担过错推定责任。

内幕交易主要处理的是信息披露中的公平性问题。在信息传递过程中,有些人基于其在市场结构中的优势位置,可能在公开披露前就获得了这些信息,例如上市公司的高级管理人员,或者监管机构的工作人员,如

---

[1] 我国《证券法》第169条。

果允许这些人利用这些信息获利,对市场上的其他投资者非常不公平,甚至会影响这些投资者对市场交易公平性的信心。因此,证券法施加特别限制,规定证券交易内幕信息的知情人和非法获取内幕信息的人,在内幕信息公开前,不得买卖该公司的证券,或者泄露该信息,或者建议他人买卖该证券。[1]

操纵市场主要处理的是市场信息。很多投资者交易证券依据的可能不仅仅是证券发行人的信息,还依据该证券相关的价格和供需关系(交易量),因此有些人试图操纵证券价格或者证券交易量,以及其他相关信息,以影响和误导公众投资者,让他们作出错误投资判断。证券法明确禁止任何人以各种手段操纵证券市场。[2]

公开发行的许可、强制信息披露制度、证券中介机构监管和严格的反欺诈制度,这些构成了证券公开发行监管的核心,在保护投资者的同时,也提高了企业公开融资的成本。

(二)间接融资的法律制度

间接融资制度主要是为了解决直接融资中的信息不对称问题。直接融资尽管有法律的严格监管,但仍然受制于信息不对称问题,融资者很难获得公众投资者的信任。因此,市场上就产生了金融中介机构,帮助沟通资金短缺方和资金闲置方。比较典型的金融中介机构有商业银行、保险公司和投资基金。

金融中介机构的目的是以自己的信用取代资金短缺方的信用,以获取社会公众的信任,收集社会公众手中的闲散资金。但取得社会公众的信任并不容易。以商业银行为例,商业银行通过为公众开设活期存款账户的方式获得公众的闲散资金,然后用这些资金去发放贷款,沟通了资金的短缺方和资金闲置方。但公众如何能够信任商业银行呢?尽管商业银行通过提供活期账户,允许存款人随时提取存款,提供支付结算服务,为存款人提供了安全和方便的资金存取服务。但在为存款人提供流动性的同时,商业银行也暴露在资产和负债不匹配的危险之下。商业银行的负债端,吸收资金的来源是大量活期存款,都是短期负债,流动性很强,存款人随时可以提取。商业银行的资产端则主要是发放贷款形成的债权,都有固定期限,到期之前很难要求借款人归还,流动性很差。商业银行这种

---

[1] 我国《证券法》第76条。
[2] 我国《证券法》第77条。

资产和负债的不匹配,一般被称为金融脆弱性,表现为自古以来商业银行就随时面临的挤兑风险,即只要存款人对商业银行的信心动摇,都去提取存款,商业银行就会立刻面临清偿困难,往往随着挤兑而倒闭。

然而,商业银行本身的资产质量并不透明,也很难明确标示其安全性,公众对商业银行的信心完全是虚幻的,很难维持,挤兑风险宛如一把随时悬在商业银行头上的剑,很可能一个谣言的传播就会导致公众挤兑。为了维持公众对商业银行的信心,各国都致力于建立严格的银行监管制度,以维持公众的信心。这些监管制度包括了严格的市场准入要求、审慎的经营监管和特殊的市场退出制度。

其中,为了保护健康的银行应对存款挤兑,英国最早发展出所谓"最后贷款人制度"(the Last Resort),要求中央银行在商业银行面临流动性问题时,提供贷款支持,以避免健康银行倒闭和风险传染。此后,以美国为首的国家在1933年率先建立了存款保险制度。通过建立存款保险基金,宣布对加入该保险的商业银行一定金额以下的存款人予以安全保障——即使该商业银行忽然破产,存款人的存款也会由保险基金予以直接提前兑付。这种保险安排能够极大地保护公众信心,因为存款安全得到了保障,存款人也不会听到风吹草动就去银行挤兑。所以,自从1933年美国存款保险制度设立以来,银行挤兑的事情就很少发生了。

但最后贷款人制度和存款保险制度也可能带来坏处:商业银行消除了挤兑威胁,银行家们就可能去从事高风险的业务,反正即使搞糟了,也有中央银行支持或者存款保险兜底。因此,为了保护存款保险基金的安全,也为了商业银行的经营安全,监管者设立了严格的市场准入制度:任何人要开设吸收公众存款的商业银行,都必须经过许可。我国《商业银行法》第11条规定:设立商业银行,应当经国务院银行业监督管理机构审查批准,未经批准,任何单位和个人不得从事吸收公众存款等商业银行业务。

保险公司、投资基金也面临和商业银行类似的问题。我国《保险法》第67条规定:设立保险公司应当经国务院保险监督管理机构批准;第7条规定,在中国境内从事保险业务,由依法设立的保险公司以及法律法规规定的其他保险组织经营,其他单位和个人不得经营保险业务。我国《证券投资基金法》第12条规定,公开募集基金的基金管理人,只能由基金管理公司或者按照规定核准的其他机构担任;第13条规定,设立管理公开募集基金的基金管理公司,必须经国务院证券监督管理机构批准;第51

条规定,公开募集基金,应当经国务院证券监督管理机构注册,未经注册,不得公开或者变相公开募集基金。

但仅仅有严格的市场准入还是不够的,实际上,这些金融中介机构设立之后,在运营过程中还要持续接受监管。商业银行在经营过程中需要遵守一系列监管要求,其中最著名的就是资本充足率监管。我国《商业银行法》明确规定:商业银行贷款,资本充足率不得低于8%。所谓资本充足率是商业银行持有的资本与商业银行风险加权资产之间的比率:资本充足率=(资本—扣除项)/(风险加权资产+12.5倍的市场风险资本)。分子是商业银行的资本金,要扣除一些规定的项目,例如商誉、商业银行对未并表金融机构的资本投资等。分母是商业银行的资产,但需要经过风险加权计算。监管者对不同的资产赋予了不同的风险权重,例如商业银行持有的现金,风险权重为0,对中央政府的债券,风险权重也是0,但商业银行对企业和个人的债权及其他资产的风险权重为100%,个人住房抵押贷款因为有房屋做抵押,监管者将个人住房抵押贷款的风险权重设置为50%。作为分母计算的时候,应该就各项资产乘以相应的风险权重,然后加总。

可以看出,资本充足率监管要求商业银行在持有风险资产时必须准备有相应的资本金,这是因为股东落后于债权人受偿,当商业银行的贷款发生损失(也就是资产出现风险)时,将首先用资本金来填补损失。这种监管要求将迫使商业银行不能过度承担风险,否则就必须相应扩大资本金,可以有效降低商业银行的杠杆率。

除此之外,商业银行应当审慎经营,监管者还规定了商业银行不得向关系人发放信用贷款等监管要求。

监管机构对保险公司也采取了类似的监管要求,保险公司监管中最重要的手段是最低偿付能力要求。我国《保险法》规定,保险公司应当具有与其业务规模和风险程度相适应的最低偿付能力。保险公司的认可资产减去认可负债的差额不得低于监管机构规定的数额。[1]

当这些金融机构经营失败时,因为其面临众多公众债权人,也不会按照一般企业破产程序处理,往往需要采用特殊的市场退出制度。前面提到的商业银行存款保险制度就是一种在商业银行破产时的特殊安排。我

---

[1] 我国《保险法》第101条。

国《保险法》也规定,人寿保险公司不得自行解散。[1] 在被撤销或者被依法宣告破产时,其持有的人寿保险合同及责任准备金,必须转让给其他经营有人寿保险业务的保险公司;不能同其他保险公司达成转让协议的,由保险监管者指定经营有人寿保险业务的保险公司接受转让。[2]

因此,作为沟通资金短缺方和资金富裕方的金融中介机构,无论是设立还是运营或退出,都必须接受严格监管。

二、投资型众筹面临的法律障碍

依据上文对现行金融法律制度的分析,在我国,向公众直接募集资金的行为,受到《证券法》的严格监管,必须符合法定条件,经过中国证监会的核准,才可以进行。金融中介机构虽然有很多种类型,但这些金融中介机构的设立必须经过许可,运营也受到严格监管。实际上,即使获得许可和监管的金融中介机构,也并非都可以向公众吸收资金。按照中国现行金融法律要求,只有商业银行、保险公司和公募型证券投资基金才可以直接从公众处吸收资金。除此之外的金融中介机构,即使获得许可设立,但按照监管要求,也不允许其从公众处吸收资金,例如信托公司虽然是许可设立的金融机构,但监管者严格禁止其从公众处吸收资金。[3]

投资型众筹通过互联网平台吸收资金,鉴于互联网无远弗届的性质,往往构成了公开募集和向公众吸收资金。因此,投资型众筹以未来的投资收益引诱投资者投入资金,虽然不受制于投资者对众筹产品的兴趣,也不求助于投资者的恻隐之心,但却受制于上述直接融资或者间接融资的法律制度。

从融资者角度来看,融资者通过众筹平台向公众吸收资金,构成了直接融资中的公开发行。

融资者如果有固定还本付息的承诺,例如在借贷型众筹模式中,借款人通过平台向公众发出借款请求,包括了借款金额、承诺利息、期限等信息,实际上构成了融资者公开发行债券。如果真的按照现行法对于发行债券的监管模式,这几乎不可能获得许可。如果借款人是个人,在我国现行法下,个人不允许公开发行债券,根本就没有个人发行债券的许可程

---

[1] 我国《保险法》第89条。
[2] 我国《保险法》第92条。
[3] 我国《信托公司集合资金信托计划管理规定》(2009年)第5条和第6条。

序。如果借款人是企业，则现行法对于企业债券的发行有严格的监管要求：企业发行企业债券必须按照规定由发改委或者中国人民银行审批[1]，在银行间债券市场发行的企业中期或者短期融资券，只能采用私募发行方式。公开发行公司债券，则必须符合《证券法》的条件要求：股份公司的净资产不低于人民币3000万元，有限公司的净资产不低于人民币6000万元；累计债券余额不超过公司净资产的40%；最近3年平均可分配利润足以支付公司债券1年的利息等。[2]非公开发行公司债券，虽然没有明确的条件要求，但应当向合格投资者发行，不得采用广告、公开劝诱和变相公开方式。

在借贷型众筹模式下，借款人基本上不可能满足上述条件获得发行许可。首先，在借贷型众筹模式中，借款人往往是满足生活急需的个人，在现行法下，其没有发行债券的途径。即使借款人是企业，由于互联网平台可以由公众公开浏览，借贷企业通过互联网平台发布信息来借贷的行为本身将被视为公开发行，或者至少是采取了广告、公开劝诱的公开发行方式。但由于这些借贷企业往往规模较小、借贷金额也不大，其本身既不满足《证券法》对公开发行公司债券的条件，也因为获取公开发行核准的成本太高而不值得去获得许可。

实际上，在美国，从事借贷型众筹的P2P平台就面临这样的监管困境。承诺固定回报的公开借贷，属于美国《证券法》上的票券(note)，是证券的一种。公开发行证券，必须在美国证券监管机构——SEC注册，否则构成非法发行。但要求每一个平台的借款人都去注册，显然很不现实。为了合规，美国两个著名的P2P平台都改变了自己的经营模式，以Lending Club为例，其将借贷过程修改为：(1)借款人在平台提交借款请求；(2)平台审核通过后公布该借款请求；(3)出资人认购；(4)在出资人足额认购后，由一家犹他州的商业银行向借款人出借款项；(5)平台购买该银行发放贷款之后的债权；(6)平台向认购人出售以该债权为支付根据的票券，获得认购人的资金，用于支付向银行购买贷款债权的资金。在这个模式下，平台成为票券的发行人，每一次借款，都构成了平台的一次证券公开发行。幸好美国证券注册有所谓简化的储架发行制度(shelf registration)，平台可以一次注册多次发行，只需要事后提交相关的发行信息

---

[1] 参见我国《企业债券管理条例》。
[2] 参见我国《证券法》第16条。

披露即可。即使如此,也给 P2P 平台的运营带来了巨大的经营成本。据说,此后美国 P2P 平台的数量不多,就与注册要求设置了很高的市场准入门槛有关。[1]

融资者如果没有固定还本付息的承诺,只是以不确定的未来收益吸引投资者,就构成了所谓的股权型众筹。在股权型众筹模式下,融资者还是在公开发行证券,在没有注册或者核准豁免的情况下,要求这些融资者必须经过注册程序或者获得监管者核准,几乎是不可能的事情。这是因为这些融资者的融资额度并不大,根本就不足以支付公开注册或者公开发行的成本。根据美国证监会的研究,在美国一个企业首次公开发行(IPO)的固定成本要在 250 万美元左右。在中国,IPO 的固定成本也要在 700 万人民币左右。小额的融资需求根本不可能负担得起这样高额的成本。另外,在中国核准制下,公开发行要求必须披露三年或者两年的财务报表,还有各种实质的公司治理要求与财务条件,创业企业和小企业根本就无法获得公开发行许可。

从互联网平台角度来看,如果互联网平台仅仅是帮助融资者发布融资信息,其在法律上可能涉及两个角色:一个是承销商,一个是投资咨询。互联网平台帮助筹资者公开发行证券,通过在平台发布信息,吸引出资人认购,这一行为本身类似承销。同时,平台往往还对融资信息进行审查,甚至标明不同的风险等级,有时对某些融资信息还在网站上重点推介,这就构成了对证券的推荐。按照我们前面对证券中介机构的介绍,从事证券承销和证券投资咨询业务都必须获得监管机构的许可,并且要接受监管。但按照证券中介机构的监管要求,互联网众筹平台往往很难满足监管要求。为此,美国《JOBS 法》中,对于众筹平台专门设置了一个新的证券中介机构的角色:集资门户(funding portal)。作为互联网众筹平台,其必须在 SEC 注册为集资门户,履行一定的监管职责,并加入券商自律组织。然而在中国,目前法律并无修改,承销商的许可和证券投资咨询机构的许可,都只能按照原有的许可程序进行。在这种模式下,承销商资格一般只有证券公司或者金融机构才可能获得。申请证券投资咨询业务则必须具备人员资质、最低资本要求等条件。[2] 互联网众筹平台几乎没有可

---

[1] 参见 Andrew Verstein, "The Misregulation of Person-to-Person Lending", 45 *U. C. Davis Law Review* 445(2011).

[2] 参见我国《证券、期货投资咨询管理暂行办法》。

能获得这两种许可,并接受相应的监管。

在不能获得公开发行许可的情况下,投资型众筹的融资者随时可能面临非法集资的指控,平台为非法集资活动提供了便利,也可能面临非法集资共犯的指控。同时,平台在未经许可下从事承销和证券投资咨询活动,也可能面临非法经营的指控。

换句话说,在传统法律体系下,投资型众筹面临重重的法律障碍。对此,有两个问题需要讨论:第一,传统法律为什么要对向公众集资活动加以监管限制?第二,现行法律上对公众集资的限制,是否有必要对投资型众筹网开一面?

第二节 现行法为什么要限制向公众融资

在人类社会的任何一个时点上,资金在不同人之间的分布总是不均匀的:有些人资金有盈余,有些人则面临资金短缺。为什么资金会分布不均匀?可能有各种原因:政治的、社会的、经济的等。例如,初始分配不公,有些人是"富二代",生下来就很富有;社会分配不公,某些人受到了另一些人的剥夺;或者基于效率考虑,允许勤劳的人先富起来等。原因不一而足,无论一个社会采取何种政治制度,资金分布不均匀的现实总是客观存在的。即使不考虑其他因素,假设一群人每个月都领同样的工资,但由于每个人的消费习惯不同,到月底的时候也会出现资金盈余者(勤俭者)和资金短缺者(月光族)。

在资金分布不均匀的情况下,资金短缺方有向资金盈余方支付回报以融入资金的需求;资金盈余方因为资金闲置,也有动力提供资金给短缺方,以获得资金使用的回报。如此一来,既有供给方也有需求方,是否双方就可以一拍即合,资金融通交易就此很方便地发生了呢?

一、信任与金融:金融的基本逻辑

实际上不是这样。从理论上来讲,资金融通交易的发生是很困难的。对于资金盈余方来说,提供资金给资金短缺方等于放弃了对于资金的控制,虽有对方提供回报的承诺,但实际上面临很大的风险:万一资金短缺方不愿意履行承诺怎么办?万一资金短缺方虽然愿意履行承诺,但因为经营失败没有能力履行承诺怎么办?

(一)融资交易中的信息不对称问题

资金盈余方和资金短缺方在信息上的不对称,客观上导致了这种风险不可避免,甚至在某种程度上决定了这种风险永远无法得到满意的解决。经济学家认为,这种信息不对称导致了融资交易在事前会发生所谓的逆向选择,在事后容易产生道德风险。

1. 逆向选择

交易的发生总要双方达成协议,核心是价格。融资交易以资金盈余方提供资金,资金短缺方使用资金、未来给付回报为内容。给付回报即为交易价格。融资交易可能有多种交易安排,给付何种回报、如何给付,在不同交易结构下有不同设计。以最为简单的借贷交易为例,资金盈余方提供资金,资金短缺方在约定的时间段内拥有了该资金的使用权,承诺的是到期后归还本金,并支付利息作为资金使用的代价。利息就是借贷交易中资金的价格。

尽管相比其他融资安排,借贷中对于固定还本付息的承诺已经极大减少了出借人(资金盈余方)的风险——无论资金短缺方对资金的使用是否成功,其必须在约定的时间还本付息,借贷是一个硬约束。但仍然可以想象,出借方承担了很大的风险:借款人是否会愿意还款;他是否会拿了款就逃之夭夭;如果借款人对资金的使用不成功,到期无能力还款怎么办?借款人如果宣布破产怎么办?……因此,出借人往往需要根据借款人的风险水平,确定不同的借款价格——利息。

但由于信息不对称的存在,出借人往往很难判断借款人的风险。借款人是否有意愿还款、资金投入的项目是否可靠、借款人的财务状况等信息,往往都由借款人自身掌握,出借人很难获得这些信息。即使借款人主动提供这些信息,出借人也需要评估这些信息的真假,更需要通过分析这些信息,判断借款人的风险水平。换句话说,出借人需要根据每个借款人的实际情况分别定价。但在多数情况下,一般公众并不具备这种信息辨别和分析的能力。在这种情况下,要么出借人根本就不提供资金,要么出借人就只能面对所有借款人统一定价——以所有借款人的平均风险水平,给出一个统一的价格。

假设存在 ABCDE 等 5 个借款人,相对应的风险水平分别为 10%、20%、30%、40%、50%。如果出借人甲能够区别借款人的不同风险,就可以分别定价,索取不同的利息,融资交易就能够很容易地发生。但由于信息不对称,甲无法分辨不同借款人的风险,其最好的定价策略是根据这 5

个人的平均风险水平,索要一个平均的价格,例如30%。对于甲来说,这是在信息不对称情况下最安全的定价方法。但不同借款人对这个价格会有不同的反应。风险水平低于30%的借款人A和B会离开这个市场,不向甲借款,因为这个定价超出了其风险水平,换句话说,价格高了。A和B会去寻找能够真正辨别其风险的出借人,获得公平价格。而风险水平高于30%的借款人则会积极向甲借款,因为对他们来说价格低了,是优惠的交易。随着AB离开,甲面临的借款人群体平均风险水平进一步上升,达到了40%,甲因此会在下一轮融资交易中提高定价,要求40%的风险补偿。随着价格的提高,可以想象,实际风险水平只有30%的借款人C也会离开这个市场,从而再次提升甲面临的借款人群体的平均风险水平。在这样一个定价策略下,这种恶性循环会一直持续下去,直到出借人甲因为平均风险水平太高,而直接放弃借贷为止。由于信息不对称,这是一个"劣币驱逐良币"的过程,也即逆向选择的过程。

如果不能解决信息不对称的问题,出借人不能区别借款人的不同风险分别定价,这个过程就总会存在,融资交易市场也就无法真正发展起来。

2. 道德风险

即使假设出借人甲能够在事前克服信息不对称问题,按照不同借款人的风险水平给予相应定价,在融资交易发生后,由于信息不对称仍然存在,出借人甲则会面临借款人不信守承诺的风险,经济学家称之为道德风险(Moral Hazard)。在提供融资后,资金提供方(资金盈余方)和资金使用方(资金短缺方)之间仍然存在信息不对称。此时对于资金提供方来说,最重要的信息就是资金使用方如何使用资金、风险状况如何、资金短缺方的诚信水平是否发生变化等。这些信息仍然主要由资金使用方拥有,资金提供方并不能掌握。

例如,排除借款人拿到款项就直接潜逃的可能性,借款人仍然可能会在成功获得借款后,通过某些行为加大出借人的风险。例如,借款人并不按照事前约定的用途使用资金,而是将资金投入风险更高、因而回报也更高的项目;或者借款人尽管使用资金,但并未像以前那样勤勉尽责。在借贷这种融资安排下,借款人由于承担的是固定还本付息义务,其有动力去承担比在借款前更大的风险,如果成功,获得的更多收益在扣除固定利息后是自己的;但如果失败,则由于有限责任的保护,借款人本身除了资本损失,并无更多负担,债权人则必须承担出借款项无法收回的损失。

借款人使用的是别人的资金,往往不像使用自有资金那么谨慎。甚至从某种角度来看,由于资金的使用需要付出大量辛苦的劳动,对于借款人来说,最优的选择也许不是拿来借款后投入项目努力工作,而是直接去买彩票或者赌博——如果运气好,中了大奖,则扣除债权人的利息外,借款人还可以获得巨额的回报;如果没有中奖,也主要是债权人的损失。

在其他融资安排下,如果不采用固定回报的硬约束,资金使用方就更有动力在获得资金后减少自己的辛苦劳动,从而增加了资金提供方的风险。例如,在股权融资安排下,资金提供方没有固定利息回报承诺,而是以股权和公司利润分配作为资金代价。可以想象,当股东(即资金提供方)不能通过行使股权或者采取其他方式积极监督公司管理层(资金使用方)时,当股东投入资金后,公司管理层一定会放松工作强度,通过更多的休闲,或者更多的职务消费,来逃避或减轻自己的职责,增加自己的私利。

因此,在融资交易发生后,资金提供方必须通过对资金使用方的密切监督来获得足够的信息,控制使用方的卸责行为。但和事前的风险分析问题一样,多数资金提供方并不具有这种事后密切监督的能力,或者是因为缺乏足够的时间和精力,或者是因为没有监督的手段和技术。考虑到这种资金使用方卸责的可能性和资金提供方的监督乏力,很多资金盈余方在事前就会拒绝提供资金,或者过高评估资金短缺方的风险水平,从而导致事前的逆向选择问题更加严重。

(二)信任与融资交易

信息不对称使得融资交易在事前面临逆向选择,在事后面临道德风险。在现实世界中,信息不对称问题总是客观存在的,这两大难题无法全部克服。如此一来,融资交易是否根本就不会发生?

现实情况显然并非如此糟糕。环视四周,大量的借贷在亲友之间发生。在大城市房价普遍上涨的今天,工作没多久的年轻白领由父母出钱或者向父母、亲友借贷支付购买住房首付款的情况很普遍。在信息不对称的情况下,父母或者亲友为什么愿意提供或者出借资金?当然,相比陌生人,父母或者亲友对于借款人有更多了解,信息不对称难题有所缓解。但远在家乡的父母或亲友,对于借款人购买住房所在地的房价未来发展趋势、对于借款人未来工资收入的上涨水平,可能仍然缺乏足够的信息——这些也是决定未来还款能力的重要风险因素。但即使不了解、不充分掌握所有这些信息,不能对借款人借款后的行为进行密切监控,父母或者亲友仍然愿意借款的重要基础,就是信任。

只有资金盈余方对资金安全有足够的信任,他才会愿意提供资金。信任是支撑金融市场正常运转的基础。在信任的支持下,即使资金盈余方不能掌握充分信息,他也愿意提供资金。但问题是,信任既然这么重要,如何产生?

对此各个学科都展开了研究。信任被区分为不同种类。按照信任的来源,信任可以被区分为"情感型信任"(affective trust)和"认知型信任"(cognitive trust)。前者是基于本性、情绪等因素而形成,往往存在于亲友、爱人之类的特殊关系中。与之相反,认知型信任则是理性计算的结果——信任者基于某种成本收益考虑,自愿承担信任别人的风险。

按照信任的类型,信任也可以被区分为"概括型信任"(generalized trust)和"特别型信任"(specific trust)。前者是道德性的信任,信任特定对象的品格、诚信;后者是技术性的信任,只是对特定对象的某些能力表示认可。这两种分类尽管相互平行,但在某种程度上也相互关联。情感型信任往往与概括型信任相联系,认知型信任则往往产生特别型信任。[1]

社会学家认为,信任的产生主要有三种途径:特殊关系(characteristic-based)、持续互动(process-based)和制度支持(institutionally-based)。基于人类本性,人对于父母、兄弟姐妹等总是比对外人要更信任一些。同样是外人,对于熟悉的、有着长期交往的外人,人们也会更为信任。但通过特殊关系和持续互动建立起来信任总是范围有限,想要在更大范围内建立对陌生人的信任就需要制度支持。其中社会规范、法律在其中都会起到一定的作用。例如,在合同法的支持下,我们可以信任一个陌生人的有效承诺,因为如果他违约,我们就可以申请法院强制执行。[2]

如上文所述,信息不对称问题在融资交易中表现得最为突出,所以,融资交易中信任关系的建立也更为重要。传统社会中,融资交易发生所需要的信任主要通过特殊关系和持续互动来建立,例如我们经常看到的亲友之间的借贷或者局限于某些区域的民间借贷。但随着社会的发展和经济的进步,融资需求的规模越来越大,亲友间的借贷或者民间借贷已经不能满足资金稀缺者的需求,而必须向社会公众寻求更大规模的资金,因

---

[1] 参见 Ronald J. Colombo, "Trust and Financial Regulation", http://ssrn.com/abstract=1481327,最后访问日期 2017 年 2 月 10 日。

[2] 同上。

此,通过制度支持来建立信任就显得越来越重要,对法律的需求也就逐渐增大。

(三) 大规模融资与信任

随着社会的发展和经济的进步,资金的需求规模逐步增大。建一个三峡水电工程,需要的资金规模可能上万亿;自主创办一个网站,也可能需要上百万的前期资金投入。这样的资金规模,除了"富二代",多数人往往无法通过亲友间的借贷来解决。第一,亲友无法提供足够的资金量;第二,即使某个亲友拥有这么多资金,他可能出于风险分散的考虑,也不愿意借贷这么大规模的资金给一个人。因此,资金需求者必须向社会公众、向陌生人筹集资金。

相比向亲友等熟人去筹集资金,向社会公众筹资所面临的信息不对称问题更为严重,信任也更难建立。首先,社会公众与筹资者往往是陌生人,相互不熟悉,很难产生信任。其次,由于是面向社会公众集资,资金提供者人数众多,容易导致"集体行动的困难"——每个人都希望"搭便车",让别人去承担收集信息、分析风险和监控的成本,自己只要观察别人的行为坐享其成即可。如果大家都这么想,实际上就没有人会去真正地做这些事情。另外,当有广泛的社会公众参与提供资金时,该融资交易就体现出一定的公共性。当交易失败,资金提供者无法收回资金时,可能产生广泛的社会影响,政府往往不能坐视不管。

在陌生人之间建立信任关系,往往依赖于制度支持。这种信任一般是所谓的"认知型信任"或者"特别型信任"。相比"情感型信任"或者"概括型信任",这种信任比较脆弱,很容易崩溃。最近几年发生的温州民间借贷市场危机就很典型。在社会规范的支持下,温州民间借贷市场的规模较大,温州企业主可以很容易地从当地民众手中筹集到短期发展资金。尽管受地域限制,这些融资交易多是陌生人之间的交易。但当整体经济下滑时,资金提供者就极为紧张,一有关于借款企业主的谣言传出,资金提供者往往就立刻冲向借贷企业,争夺企业财产,以挽回自己的借款。一个企业主的"跑路",可能就会动摇当地整个民间借贷市场的秩序。

信任和信息不对称有关,在大规模融资中,信息不对称的问题更难得到解决。首先,从理论上说,信息不对称可以通过资金需求者主动提供充分的信息来解决。但资金需求者即使向社会公众提供了信息,也会面临两个问题:这些信息是否充分,资金需求者是否隐瞒了不利的信息? 即使这些信息充分,如何验证其真实性?

其次,社会公众往往不具备风险分析的能力。因此,即使解决了上述两个问题,资金需求者提供了充分和真实的信息,社会公众也可能不具备阅读、消化这些信息的能力。想想中国市场上有多少股民能够读懂招股说明书吧。

再次,社会公众提供资金还面临风险承担能力问题。融资交易总是存在市场风险,资金需求者可能创业失败,无力清偿债务。社会公众一般资金有限,往往无法通过组合投资的方式分散风险。

另外,社会公众因为人数众多,存在"搭便车"现象,也因为能力问题,往往无法在融资发生之后,对资金需求者进行事后监控,不能控制道德风险。

因为这些障碍的存在,大规模融资市场的自发形成是很困难的。从历史上来看,除了英美少数几个国家,多数国家都无法建立起大规模的直接融资市场。美国法律学者布莱克(Bernard S. Black)甚至说:"一个证券市场的存在,在某种程度上根本不可思议。投资者付给陌生人大笔金钱换来完全无形的权利,它们的价值完全取决于投资者得到的信息质量和发行人的诚实。"[1]

二、金融中介机构

针对信息不对称问题,市场也发展出一些解决办法。

一个比较简单的办法是市场发展出一些专业性的中介机构,帮助解决融资交易的信息不对称问题。例如,针对资金需求者自动披露信息的真实性和完整性问题,市场的一些专业机构可以通过提供专业服务,以自己的信誉替代资金需求者的信誉。这些专业中介机构一般被称为"信誉中介机构",包括投资银行、审计师和律师等。

还有投资咨询机构这样的"信息中介机构",主要处理公众投资者缺乏风险分析能力的问题。这些均在上文有所讨论(参见本书第26—29页)。

但上述专业性的中介机构都只能解决信息不对称问题中的某些部分,不能彻底解决社会公众在融资交易中面临的各种担忧,也无法解决大规模融资交易中信任很难建立这一根本问题。要想解决这一问题,还需要另一类中介机构——金融中介机构。与上述专业性中介机构不同,金

---

[1] 伯纳德·S.布莱克:《强大证券市场的法律和制度前提》,洪艳蓉译,载《金融法苑》2003年第7期。

融中介机构试图直接介入资金提供者和资金需求者之间的关系,隔断两者之间的直接关联,以自身的信用替代资金需求者的信用,从而便利资金融通。因此,人们习惯上把这种通过金融中介机构进行的资金融通方式称为"间接融资"。

最典型的金融中介机构是商业银行,我们可以商业银行为例看看金融中介机构如何便利资金融通。商业银行的商业模式很简单:一方面,商业银行通过向社会公众吸收存款,获得资金;另一方面,商业银行利用此资金向企业提供贷款,获得利息收入。商业银行的利润主要是贷款利息和存款利息之间的差价。在这种商业模式中,存款人是资金提供方,借款企业是资金需求方,但是这两者并未直接发生交易,而是各自与商业银行交易。作为资金提供方的存款人不需要收集和分析借款企业的信息,也不需要监控借款企业,他只需要信任商业银行即可。借款企业也不需要费力在市场上寻找资金,他只需要满足商业银行的贷款条件即可。而商业银行之所以能够做这事,依赖于两个因素:(1) 它有专业的风险分析和监控能力,因此,比起社会公众,它更有能力辨别借款企业的风险,分别定价;(2) 它是市场的多次博弈者,更为注重市场信誉,容易获得存款人的信任。

金融中介机构从总体上来说,具有两个方面的优势:(1) 其具有专业性的能力,能够克服信息不对称问题。一般而言,无论哪种金融中介机构,基本上都具有专业的信息收集能力、风险分析能力和监控能力,在某种程度上可以克服信息不对称障碍。(2) 具有规模化效果。金融中介机构集中为融资交易服务,其具有的上述各种专业化能力可以得到集中使用,节约了社会资源。另一方面,金融中介机构通过积聚社会闲散资金可以汇集起较大规模的资金,可以起到组合投资分散风险的作用。例如,某个具体借款企业是否还款往往是很难估计的,但商业银行可以通过向大量的、不同行业的借款企业发放贷款来分散违约风险。这是单个的社会公众无法做到的。

从各国金融制度的发展经验来看,金融中介机构的兴起在各国金融制度的发展中都起到了最为重要的作用。世界上的多数国家都不能像英美那样发展出大规模的直接融资市场,支持这些国家经济发展的金融制度就只能依靠金融中介机构,相应的这些国家的金融制度也就以间接融资制度为主,其中最为重要的金融中介机构就是商业银行、保险公司。这些年来投资基金的重要性也日渐突出。

因此，整体的金融制度可以包括直接融资和间接融资两个部分。本来，资金盈余方和资金短缺方直接通过金融市场发生资金融通是正常的交易模式，这即所谓的直接融资市场。但由于我们上文讨论的信息不对称问题，这个市场很难自发产生，即使产生了，规模也很有限。因此，很多国家主要利用金融中介机构沟通资金盈余方和资金短缺方，这即是所谓的间接融资制度。

三、信息不对称与法律

信息不对称造成了融资困难，法律是否对此能够有所帮助？实际上，随着现代社会的发展，大规模融资需求的不断出现，现代公司法、证券法和金融法都试图解决融资交易中的信息不对称问题，帮助融资交易更方便地发生。

1. 现代公司法

现代公司法于19世纪产生于英国，力图解决的核心问题就是企业对外融资。仔细阅读各国公司法，你会发现，现代公司法规范的主要是股份制公司，而且往往是面向公众融资的股份制公司。

当企业家通过组建公司向公众融资时，公众投资者面临严重的信息不对称问题：公众将资金以股本的形式交给了企业家，丧失了对资金的控制权，但公众如何能够保证企业家不会滥用这些资金？这在我们前面关于信息不对称的分析中，表现为融资交易之后的道德风险，即在信息不对称下，由于资金提供方（公众股东）无法随时监控资金使用者（企业家），资金使用者就可能滥用资金，或者偷懒。

现代公司法发展出了一套对企业家监控的制度以试图缓解上述道德风险。

首先，在公司法设计上，股权不仅仅代表股东有权分享公司未来收益（自益权），还代表着股东可以参与公司重大事项决策的权利（他益权），可以获得相关信息的权利（知情权）。同时，公司法明确将一些重大事项的决定权交给股东大会，由股东大会通过股东表决的方式来决定。其中，最重要的事项就是公司董事、监事的选任。

当然，在面向公众融资时，由于股权分散，中小股东人数众多，每人持有的股权数量不多，股东们存在集体行动的困难。因此，公司法并不满足于股权和股东大会机制的设置。现代公司法的核心其实是规定了公司董事和管理层的信义义务（fiduciary duty）。例如，我国《公司法》规定：董事、监事、高级管理人员应当遵守法律、行政法规和公司章程，对公司负有忠实义务和勤勉义务。[1] 理论上一般将信义义务区分为两种：忠实义务（duty of loyalty）和注意义务（duty of care）。

忠实义务要求公司董事、监事和高级管理人员不得将自己的利益放置在公司利益（即整体股东利益）之前，不得为了追求自己的利益牺牲公司利益。我国《公司法》第148条对董事和高级管理人员的各种行为限制，其实就是忠实义务的成文法化。[2]

注意义务在我国公司法中表述为勤勉义务，是指必须以一个谨慎的人在管理自己的财产时所具有的注意程度去管理公司财产[3]，即公司的董事和高级管理人员在履行职责时应当勤勉尽责，不得懈怠。相比忠实义务，注意义务很难有具体的表述，只能概括为一条抽象的原则，由法院在案件审理中，不断在具体情境中判断董事或者高管是否履行了注意义务。

放在前文关于信息不对称导致道德风险的环境下，可以看出：信义义务的发展，就是为了限制资金使用者在监督不足的情况下滥用资金的风险。但应该承认，现代公司法在这方面的发展还不够完善，尤其是注意义务的具体标准，还在进一步发展过程中。

2. 现代证券法

如果说现代公司法要解决融资信息不对称中的道德风险问题，现代证券法则试图解决信息不对称中的逆向选择问题。

融资中信息不对称之所以会导致逆向选择，是因为投资者没有风险识别能力，无法对不同融资者的风险等级作出准确判断。如何解决这一问题？有三个思路：第一个是由监管者代替投资者收集信息判断筹资者的风险，在这个思路下，监管者会对筹资者进行实质审查并进行价值判断，我国目前证券公开发行中的核准制就是这个思路。第二个是由金融中介机构代替投资者收集信息判断筹资者的风险，目前市场的证券投资基金就是此类金融中介机构。第三个思路是相信市场会解决投资者风险识别能力不足的问题，法律只需要帮助其更好地收集信息。现代证券法

---

[1] 我国《公司法》第147条。
[2] 我国《公司法》第148条。实际上，这是全球公司法中第一次将忠实义务成文法化。
[3] 伊斯特布鲁克、费希尔：《公司法的经济结构》（第二版），罗培新、张建伟译，北京大学出版社2014年版，第103页。

采取的是第三种思路。

现代证券法以1933年美国颁布的《证券法》为蓝本。在1933年证券法的制订过程中，美国总统罗斯福抛弃了当时各州证券监管采取对发行人实质审查(各州的证券法被称为蓝天法)的理念，而采纳了强制信息披露的监管哲学。在强制信息披露制度下，筹资者必须披露与投资决策相关的所有相关信息，并保证这些信息的真实、准确和完整。但投资者需要消化这些信息，在这些信息的基础上自行作出投资决策。

从信息不对称的角度来看，现代证券法所规定的强制信息披露制度，只是解决了信息收集和信息验证问题。筹资者主动披露信息，降低了投资者收集信息和验证信息的成本。但投资者拥有大量信息，并不等于就具有了风险识别能力。因为拥有信息并不会自动赋予拥有者识别风险的能力，实际上，大量的公众投资者根本就无法理解这些信息——他们并不具有消化信息的能力。例如，按照中国证监会的调查，只有2％的中国投资者能够读懂上市公司披露的年度报告。

现代证券法的支持者认为，只要筹资者提供了充分的信息，市场自然会消化和吸收这些信息。公众投资者读不懂这些信息没有关系，市场会产生信息中介机构和信誉中介机构来帮助公众投资者。

但实际上，证券市场上多次危机的发生表明：证券中介机构并不像想象的那么可靠，公众投资者往往会受到误导和欺诈，最终损失惨重。这也成为现代证券法一直饱受诟病的地方。但不管理论上有何争议，各国证券法都学习了美国现代证券法的模式，以强制信息披露制度作为证券法的核心制度。我国证券法即使部分采取了第一种解决问题的思路，通过发行核准程序对发行人进行实质审查和价值判断，也仍然广泛采用了强制信息披露制度，包括发行时的信息披露要求、发行之后的持续信息披露要求，以及相应的反欺诈制度和对证券中介机构的监管制度。

3. 金融法

现代证券法以强制信息披露制度为核心，并没有能够实际解决因为信息不对称而产生的公众投资者风险识别能力不足问题。因此，在现代证券法逻辑下，实际上真正自发发展出强大有效的直接融资市场的国家很少。多数国家，即使是像德国和法国这样的发达国家，也主要依靠金融中介机构来沟通资金盈余方和资金短缺方，主要用间接融资制度来解决社会融资问题。

金融中介机构以自己的信用代替了融资者信用，但公众投资者对这些金融中介机构的信任其实也是很脆弱的,因为这些金融中介机构的资产状况往往极为复杂,很难通过信息披露取得公众信任。历史上多次发生的银行挤兑风潮,导致了一批批商业银行的倒闭,也引爆了一次次的金融危机。这都是公众投资者对这些金融中介机构信任脆弱的表现。

为了帮助这些金融中介机构取得公众信任,各国颁布了相关金融法律,将这些金融中介机构纳入国家监管之下,同时采取一些特殊的制度安排,来保证这些金融中介机构即使经营出现困难,公众投资者的权益也可以得到一定程度的保护。以最典型的金融中介机构商业银行为例,各国往往颁布有《商业银行法》,对商业银行进行严格监管。

这些监管要求往往包括:(1)市场准入监管:申请设立商业银行必须经过严格许可,许可的条件中不仅仅要包括物质条件(最低资本要求),还对经营商业银行的高管人员有资质要求,必须有丰富的业务经验,甚至还可能包括对道德水准的要求。(2)审慎经营监管:商业银行在运营过程中也必须接受监管,诸如资本充足率等要求,其目的是防范商业银行承担过度的风险。(3)特殊的市场退出安排:当商业银行面临流动性危机时,中央银行可以给予适当的救助(最后贷款人),当商业银行经营失败必须退出市场时,很多国家还建立了存款保险制度来保护商业银行的存款人不受损失。

尽管经常有商业银行抱怨严格的监管增加了运营成本,但不可忽视的是:金融监管的核心功能其实是增加了商业银行的市场信任程度。在社会公众不能通过对商业银行具体情况的熟悉来建立信任时,金融监管帮助商业银行建立了社会信任——公众会以为:既然这是一个受到严格监管的金融机构,其经营应该是谨慎的,我们就不要疑神疑鬼了吧!

实践中,我国迟至2015年才建立了存款保险制度,但在此之前,因为商业银行一直受到严格监管,大家总是认为商业银行背后有国家隐含的担保,因此,即使在2000年前后我国各大商业银行都爆出巨额不良资产,但并未影响存款人对我国各商业银行的信心,尤其是四大国有商业银行。这就是对监管帮助树立信心的最好说明。

实际上,各国不仅仅颁布了针对商业银行监管的《商业银行法》,往往针对其他金融中介机构也颁布有相应的专门监管法律。例如,针对保险公司,颁布有《保险法》或者《保险业法》;针对投资基金,颁布有《证券投资基金法》(美国叫《投资公司法》)。此类金融法与《商业银行法》往往在结构上类似,都包括严格的市场准入、审慎经营监管和特殊的市场退出制度三个方面。虽然基于不同金融中介机构的特性，在具体条件和监管要求上有很大不同，但其本质功能类似，都是通过国家的监管来提升这些金融中介机构的市场形象，帮助其树立公众信心。

我们可以看到，无论是金融法对金融中介机构的严格市场准入与行为监管，还是证券法对公开融资的注册或者核准程序，都是基于信息不对称而产生的法律应对。也因此，当条件具备，可以克服融资时的信息不对称问题时，或者当具体情况下克服信息不对称变得成本过高、得不偿失时，法律上的这些监管要求都可以改变或者放弃，比较引人注目的就是证券法上的各种发行豁免制度，即豁免某些融资者遵守传统证券发行程序的义务，这当然是基于一定的理由。具体相关介绍与分析，请见下文的相关论述。

第三节　中小企业融资困境与投资型众筹

一、融资成本与中小企业融资困难

1. 直接融资成本高昂

美国1933年《证券法》和随后颁布的1934年《证券交易法》构筑了现代证券法的基本框架，为各国所仿效。然而，证券注册带来了巨大的成本，为了准备和验证披露信息，以及为了说服投资者相信信息的真实性，发行人必须聘请相关的证券中介机构，包括作为承销商的投资银行、律师、会计师等各种中介。在发行成功之后，企业还要持续披露信息，同样需要花费大量的成本。

实际上，随着上市公司不断爆出丑闻，对发行和上市的监管也越来越严格，很多监管都以强制信息披露的方式表现出来，最终导致发行融资成本的大幅度上升。美国证监会的调查表明：在美国，首次公开发行（IPO）需要支付的合规成本，平均大约在250万美元，而企业上市之后，每年花费的合规成本平均还需要150万美元左右。[1] 这其中还不包括发行时向承销商支付的承销费。在美国，在首次公开发行中向承销商支付的承销费平均在融资金额的7%左右，在上市公司增发股票中，平均承销费大

---

[1] 参见 IPO Task Force, "Rebuilding the IPO On-Ramp", p. 9（Oct. 20, 2011）http://www.sec.gov/info/smallbus/acsec/rebuilding_the_ipo_on-ramp.pdf.

约是融资金额的 5%,在公开债券发行中承销费大约是 1%—1.5%。[1]

2. 小企业融资困难

创业企业和小企业因为还处于企业发展的初期,正在摸索发展阶段,没有成熟的商业模式,很难产生足够的现金收入,往往需要资金支持。但因为企业没有足够的现金收入,所以无法通过企业自身利润积累获得足够的发展资金,只能通过外部融资。

但创业企业和小企业的外部融资渠道有限,很难得到足够支持。

(1) 亲友资金支持:在企业创业早期,还没有成熟的商业模式时,其资金往往来源于亲友。因为亲友对创业者和企业主有个人的关系,注重其个人品行,而不像银行等金融机构只关注担保物的价值。研究发现,亲友提供的资金有多种方式,有股权类的投资,但多数还是借贷的方式。[2] 不过,根据创业者的不同情况,可以想见,如果不是富人,亲友能够提供的资金金额往往有限。

(2) 商业贷款:创业企业和小企业当然也会从银行等金融机构寻求商业贷款。实际上,在美国这样金融服务较为发达的国家,中小企业获得商业贷款支持的比例还是相当高的。美联邦储备银行在 2003 年做的一项调查发现,有 60% 的小企业获得过商业贷款。[3]

不过,商业贷款一般要求借款人必须提供财产作为担保或者提供第三人保证。创业企业和小企业在发展初期,缺乏足够的财产来提供担保,也很少能够取得第三方的保证。不少创业者只能利用个人财产提供担保,甚至通过个人借贷的方式,包括个人信用卡透支等,来为企业发展提供资金。

在我国这样的金融服务不够发达的国家,尽管这些年监管者积极鼓励银行向中小微企业发放贷款,提供资金支持,但银行也有风险考量,不太可能盲目贷款给中小企业。调查发现,我国小微企业中有 40% 获得过

---

[1] 参见 Mark Abrahamson, Tim Jenkinson, and Howard Jones, "Why Don't U.S. Issuers Demand European Fees for IPOs?", 66 *Journal of Finance* 2055—2082 (2011).

[2] 参见 Paul Gompers and Josh Lerner, *The Venture Capital Cycle*, MIT Press 2006; Alicia M. Robb and David T. Robinson, The Capital Structure Decisions of New Firms, 27 *Rev. Fin. Stud.* 153—179 (2014).

[3] 参见 Federal Reserve Board, "Financial Services Used by Small Businesses: Evidence from the 2003 Survey of Small Business Finances" (October 2006), available at http://www.federalreserve.gov/pubs/bulletin/2006/smallbusiness/smallbusiness.pdf.

借款,而借款的重要来源是亲友借款和银行贷款。[1]

实际上,一直有学者指出,中小企业的融资困境与其自身的局限性有关。中小企业缺乏规范的治理结构,信息不透明,外界很难获得其财务信息和其他重要信息,无法对其投资价值进行可靠评估。这就导致了其难以进入资本市场直接融资。而中小企业自身的资本和资产又非常有限,无法为银行提供合格而足够的担保,因此,从银行贷款也非易事。[2]

对创业企业和小企业来说,因为没有足够的现金收入来源,即使获得银行贷款,也难以有足够的现金收入偿还贷款。创业企业和小企业更希望能够获得长期的资金支持,而不是商业借贷这样的短期贷款。

(3) 天使投资和风险投资:天使投资和风险投资提供了创业企业和小企业需要的长期资金。这些投资者寻找有价值的创业企业和小企业进行股权投资,以获取企业未来成长后的价值回报。

按照美国全国风险投资协会的统计,2014 年,美国有 3665 家企业进行了 4361 起风险投资,总投资规模达 493 亿美元,其中种子投资占比 1.5%,金额占比 4.4%,早期投资占比 32.2%,金额占比 49.7%。[3]

但并非所有创业企业都能获得风险投资。因为风险投资主要寻求的是能够在未来爆发性增长的企业,以及有很大可能在最近几年公开发行上市的企业。因此,风险投资涉及的主要是那些高科技领域,最近几年的热点往往是信息技术、医疗、生命科学等产业。

此外,风险投资家往往在投资后需要获得对所投资企业的控制权,表现为董事会席位或者否决权等,并推动企业公开发行上市。

在企业发展周期中,风险投资主要涉及的还不是企业发展早期,从上面数据可以看出,风险投资涉及种子投资的数量很少。创业企业主要需要的是天使投资。美国是天使投资相对比较活跃的国家。研究表明,在 2014 年,美国大约有 31 万活跃的天使投资者,当年有 7.34 万个创业者获得了 241 亿美元的天使投资。不过,天使投资和风险投资一样,追求的是爆发性的增长回报。研究表明,2014 年,美国天使投资主要集中在软

---

[1] 参见巴曙松:《小微企业融资发展报告:中国现状与亚洲实践》,博鳌亚洲论坛 2013 年发布,第 14 页。

[2] 参见刘燕:《发现金融监管的制度逻辑——对孙大午案件的一个点评》,载《法学家》2004 年第 3 期。

[3] 参见 National Venture Capital Association, 2015 National Venture Capital Association Yearbook, available at http://nvca.org/? ddownload=1868.

件、健康医疗和 IT 服务等领域。[1]

3. 中小企业的失败率很高

天使投资和风险投资之所以会追求爆发性增长,当然是利润驱动,但也有客观原因:创业企业和小企业的失败率很高,天使投资和风险投资往往只能采取分散投资的方式,用少数成功投资的利润去弥补大量失败的投资。

一份 2010 年的研究报告表明,在 2004 年随机抽样的 4022 家创业高科技企业,到 2008 年年底仍然存活的只有 68%。[2] 其他研究也发现,获得风险投资的创业企业和小企业有很高的失败率。一份研究发现,在 1980—1999 年期间获得风险融资的 16315 家企业,大约 1/3 在获得第一轮融资后失败。[3] 另一份研究发现,在 2004—2010 年期间获得至少 100 万美元以上风险投资的 2000 家企业中,有大约 3/4 失败。[4]

当然,并不是获得了风险投资的小企业更容易失败,而是本来小企业的失败率就很高。一份对比研究发现,获得风险投资的企业失败率为 34.1%,而没有获得风险投资的企业失败率则为 66.3%,是前者的将近两倍。[5]

4. 中小企业融资缺口

从企业成长的历程来看,创业者往往使用自有资金创业,这些资金可能来自平时的积累、个人的收入和借贷等,在这些资金耗尽之后,创业者可能寻求向亲朋好友融资。再然后,可能是去寻求那些社会中较为富裕

---

[1] 参见 Jeffrey Sohl, "The Investor Angel Market in 2014: A Market Correction in Deal Size, Center for Venture Research," May 14, 2015, available at https://paulcollege.unh.edu/sites/paulcollege.unh.edu/files/webform/2014%20Analysis%20Report.pdf.

[2] 参见 Alicia Robb, E. J. Reedy, Janice Ballou, David DesRoches, Frank Potter and Zhanyun Zhao, *An Overview of the Kauffman Firm Survey: Results from the 2004—2008 Data*, Kauffman Foundation, 2010, available at http://www.kauffman.org/uploadedFiles/kfs_2010_report.pdf.

[3] 参见 Yael V. Hochberg, Alexander Ljungqvist and Yang Lu, "Whom You Know Matters: Venture Capital Networks and Investment Performance", 62 *The Journal of Finance* 251—301 (2007).

[4] 参见 Deborah Gage, "The Venture Capital Secret: 3 Out of 4 Start-Ups Fail", *Wall Street Journal*, Sept. 19, 2012.

[5] 参见 Manju Puri and Rebecca Zarutskie, "On the Life Cycle Dynamics of Venture-Capital- and Non-Venture-Capital-Financed Firms", 67 *The Journal of Finance* 2247—2293 (2012).

的群体,如果他们愿意投资的话。后者被称为天使投资者,他们具有相关的产业经验和投资经验,也拥有较为富裕的资金,因此,可以在创业企业的早期阶段提供企业发展所需要的资金。等到企业发展相对比较成熟,商业模式或者产品较为成型,就可以寻求风险投资,在他们的帮助下迅速扩展和占领市场,企业也迅速扩大成熟,最终通过 IPO 实现公开发行并上市。[1]

在这个企业成长历程中,人们注意到:在耗尽创业者和亲友资金与企业获得天使投资之间,可能存在一个巨大的融资缺口。[2] 按照测算,天使投资一般投资的额度在 10 万美元到 200 万美元之间,而且这些年天使投资的投资额度一直在提高。[3] 据估算,美国创业企业的这个融资缺口在每年 600 亿美元左右。[4] 大量创业者因为自身不富裕,或者缺乏富裕亲友的资金支持而创业失败。研究者认为这些创业企业不是因为项目没有市场或者不符合市场需求而死去,而仅仅是因为没有办法获得足够的资金支持,以帮助其发展到足以获得风险投资的阶段。小企业有助于经济增长,有助于解决就业问题,是一个国家经济发展的基础。因此,如何解决小企业的这个融资缺口成为很多人关注的问题。

在实践中,得到最广泛运用的是私募发行豁免,按照美国近些年的统计,私募发行募集资金的数量已经远远超过了通过公开注册发行募集的资金数量。[5] 但即使如此,中小企业仍然面临巨大的融资缺口。

二、传统的证券发行豁免

较高的发行成本阻碍了企业融资的便利,而如果没有企业融资,投资者也就丧失了投资机会。因此,证券法需要在便利企业融资和保护投资

---

[1] Robert H. Steinhoff, "The Next British Invasion in Securities Crowdfunding: How Issuing Non-Registered Securities Through the Crowd Can Succeed In The United States", 86 *University of Colorado Law Review* 661 (2015).

[2] 同上。

[3] 同上。

[4] 参见 C. Steven Bradford, Crowdfunding and The Federal Securities Laws, 2012 *Columbia Business Law Review* 1 (2012), note 515.

[5] James D. Cox, "Who Can't Raise Capital? The Scylla And Charydbis of Capital Formation", 102 *Kentucky Law Journal* 849 (2013). 按照该文作者引用的美国统计数据,2012 年,适用条例 D 的私募融资总额达到 9000 亿美元,远远超过公开发行股票融资的 2400 亿美元。

者之间不断寻找平衡。这个平衡体现为各种发行豁免,即在满足某些条件的情况下,发行人可以免于注册或者使用简化的注册程序。比较典型的证券发行豁免主要有三种:(1)私募豁免;(2)小额豁免;(3)区域发行豁免。

1. 私募豁免

私募豁免是证券发行制度中最主要的豁免。按照我国《证券法》第10条的规定,公开发行证券,需要依法定条件经过法定机关核准,反面解读就是:非公开发行证券,就不需要经过核准。因此,我国《证券法》第10条其实隐含了一个私募豁免。我国《证券法》尽管对私募豁免没有更为详尽的规定,但其一直在实践中得到广泛适用。按照第10条第2款和第3款的规定,非公开发行就是那些向特定对象发行累积不超过200人,并不得采用广告、公开劝诱等公开发行手段。可见,中国法上界定私募包括三个因素:发行对象、人数和发行手段。

美国1933年《证券法》第4(2)条也规定了私募豁免:"不涉及公开发行的发行人交易"(transactions by an issuer not involving any public offering)。尽管该条语义模糊,但经过监管者的努力和最高法院的判例,一般认为私募涉及两个因素:(1)发行手段上不得使用广告和公开劝诱的方法,(2)发行对象应当是能够自我保护的合格投资者。SEC颁布有D条例,其中规则506提供了目前得到最广泛适用的私募安全港规则。[1]

2. 小额豁免

履行注册和强制信息披露制度给发行人带来了巨大的成本,小额发行就显得得不偿失。但是对于一些小型企业来说,在企业的某个发展阶段,并不需要巨大的资金,因此,小额融资必须有某种可行的渠道。基于成本收益的考量,证券法也给小额发行提供了豁免安排。

我国《证券法》中没有规定小额豁免制度。美国1933年《证券法》第3(b)条原来授权SEC对总额不超过500万美元的证券发行免于注册(2012年修改后改为5000万美元),只要其对于公共利益和投资者保护没有多大必要。依据该条,SEC颁布了A条例和D条例中的规则504和规则505,设置了三套小额发行豁免规则。条例A允许发行总额不超过500万美元(现在改为5000万美元)的企业可以豁免一般的发行注册,但

---

[1] 关于美国私募发行制度全面的介绍,请参见郭雳:《美国证券私募发行法律问题研究》,北京大学出版社2004年版。

仍然规定了发行人的简化信息披露义务和备案程序,被称为"迷你注册程序"。同时,在条例 A 下的发行还需要遵守各州的证券监管要求。实践中,采用条例 A 的发行其实很少。[1] 修改后的条例 A+将金额提高到了 5000 万美元,详见本书第六章。

D 条例下的规则 504,允许总额不超过 100 万美元(现在改为 500 万美元)的证券发行,不限制发行对象,但要求其必须遵守州法的规定,不得进行广告和公开劝诱。D 条例下的规则 505,允许总额不超过 500 万美元的证券发行,但限制发行对象是成熟投资者,也不允许广告和公开劝诱(2016 年 SEC 取消了规则 505,详见本书第六章)。

总结一下美国现行的小额豁免制度:小额指的是发行人的证券发行额度,即融资总额;一般不得采用广告和公开劝诱的方式;部分情况下允许公开劝诱,但必须履行简化的注册程序。

3. 区域发行豁免

当筹资者与投资者集中在相对比较封闭的区域时,投资者较为容易获得筹资者的相关信息,此时,通过国家强制的注册程序就显得没有必要,地方性的监管也许就能满足投资者保护的要求,同时也能减少发行成本,便利企业融资。

我国《证券法》也没有规定区域发行豁免制度。美国 1933 年《证券法》第 3(a)(11)条规定了州内发行豁免,允许发行人在其经营所在地向本州居民出售证券时免于联邦注册,只要发行人是该州的居民或者发行公司是依据该州法律所组建。按照 SEC 的规则 147,该发行中发行人和发行对象都必须是州内居民。区域发行豁免虽然免除了联邦注册要求,但发行人仍然受到该州证券法的监管。[2]

三、投资型众筹需要新的豁免

1. 股权型众筹能解决创业企业融资缺口吗?

股权型众筹的出现,被人们认为是解决创业企业融资缺口的重要方式。人们认为,创业企业融资缺口的产生原因是创业企业在这个发展阶

---

[1] Rutheford B. Campbell, Jr., "Regulation A: Small Business's Search For 'A Moderate Capital'", 31 *Journal of Corporation Law* 77 (2006).

[2] James D. Cox, ect., *Securities Regulation: Cases and Materials*, 7th Edition, pp. 249—260, Wolters Kluwer, 2013.

段很难获得传统的融资,他们不能获得银行的借贷,同时也无法接触和获得天使投资者的注意,获得他们的融资。这个阶段的小企业缺乏稳定的现金流,也没有足够的抵押品以及过去的经营业绩,无法从银行处获得贷款。

因此,解决创业企业和小企业融资难的方案就集中在如何帮助他们获得足够的外部股权融资。股权型众筹被视为是一种新的解决方案。按照美国总统奥巴马在签署《JOBS法》时的说法:

> 目前,(创业企业和小企业)只能向小部分的投资者寻求资金——主要是银行和富人。禁止其向其他人寻求投资的法律已经有将近80年了。80年来许多事情都发生了变化,现在是我们立法的时候了。因为《JOBS法》,创业企业和小企业将可以向更多的潜在投资者——全体美国人民寻求投资。第一次,普通的美国人能够上网,投资于他们喜欢的企业。[1]

实际上,公募众筹确实打开了面向中产阶级直接融资的渠道,极大扩展了创业企业和小企业的融资范围。在公募众筹的模式下,发行人可以通过将融资需求展示在集资平台上,面向社会任何投资者,所有社会公众只要具有闲散资金,并对该融资项目感兴趣,都可以成为该项目的投资者,不再受制于合格投资者的门槛限制。

2. 有必要设置股权型众筹豁免吗?

尽管看起来前景美好,但在传统的证券法框架下,这一设想却没有实现的可能。

首先,走公开发行注册程序,成本过高,创业企业承担不起,并且如果这条路能够走得通,也就不会存在小企业融资缺口了。其次,现行证券法上的三个发行豁免,看起来公募众筹都无法适用。私募豁免在发行对象上要求必须是合格投资者,社会公众不能参与;并且在发行方式上禁止广告和公开劝诱,在网站上刊登融资需求,显然符合广告和公开劝诱的标准。小额发行豁免也基本上禁止广告和公开劝诱。区域发行豁免则限制了发行对象的地域范围,不符合互联网无远弗届的特性。

---

[1] 美国总统奥巴马在签署《JOBS法》时的评论,可参见:http://www.whitehouse.gov/the-press-office/2012/04/05/remarks-president-jobs-act-bill-signing,最后访问日期2016年10月20日。

既然现行法都没有可以适用的途径,是否需要专门设置一个投资型众筹的豁免呢?这就是美国2012年《JOBS法》第三章所解决的问题,也是各国订立众筹法的原因。因为如果没有立法的特别豁免,公募众筹就必须走正常的公开发行渠道,那基本上是此路不通。

但是,任何证券发行豁免都必须是平衡企业融资便利和投资者保护的结果。要解决小企业的融资需求当然没有问题,但如何在解决小企业融资需求的同时保护投资者?

因此,在设置投资型众筹豁免之前,必须在理论上讨论清楚:投资型众筹作为借助互联网出现的新兴事物,能否在便利企业融资的同时,解决投资者保护的问题?从目前来看,互联网的出现有效解决了信息传递和小额支付问题,但对于其能否解决信息不对称所带来的信任问题,则有很多讨论。

第三章　众筹能够解决信息不对称问题吗

尽管投资型众筹看起来前景美好，但在传统的证券法框架下，这一设想却没有实现的可能。

首先，走公开发行注册程序，成本过高，创业企业承担不起。其次，证券法上的三个发行豁免，公募众筹在实践中也都难以适用：无论是私募豁免、小额发行豁免还是区域发行豁免，都与公募众筹的互联网公开特性有所冲突，很难直接适用。

既然现行法都没有可以适用的途径，是否需要专门设置一个投资型众筹的豁免呢？因为如果没有立法的特别豁免，公募众筹就必须走正常的公开发行渠道，那基本上就是此路不通。

但是，任何证券发行豁免都必须是平衡企业融资便利和投资者保护的结果。要解决小企业的融资需求当然没有问题，但如何在解决小企业融资需求的同时保护投资者？

因此，在设置投资型众筹豁免之前，必须在理论上讨论清楚：投资型众筹作为借助互联网出现的新兴事物，能否在便利企业融资的同时，解决投资者保护的问题？

第一节 众筹与信息不对称

一、众筹加剧了信息不对称

向公众融资面临严重的信息不对称问题，立法者通过对公众融资的监管试图加以解决。众筹通过互联网平台向公众融资，是否能够减少信息不对称问题？表面看，互联网便利了信息传递，好像拉近了人们的距离，但实际上也可能加剧了信息不对称问题。

1. 融资者的风险——风险投资的三难题

首先，利用互联网平台众筹融资的往往是个人或者中小企业。在美国 Lending Club 这样的案例中，在平台上融资的个人往往是信用较好的个人，在较为完善的信用评分机制下，他们可以标识出自己的信用等级，可以在平台上获得较为便宜的融资，以替代信用卡的高利息。但在我国的现实中，网贷平台融资的成本要远远高于正规贷款利息，在网贷平台上融资的往往是无法获得正规金融渠道融资的个人。因为缺乏成熟的信用评分机制，在平台上融资的个人无法标识出自己的风险等级，大大增加了信息不对称问题。

创业企业和小企业无法从正规金融渠道获得融资,才会想到利用互联网众筹。但作为融资者,创业企业和小企业具有更大的风险。学者曾经将创业企业的风险细化为三种类型:不确定性、信息不对称和机会主义。[1]

所有企业的未来都具有不确定性,但创业企业的不确定性尤为突出。对于创业企业来说,多数重要的经营决策还没有作出,已经采取的经营行为能否成功还不确定。同时,其管理层能否胜任工作,也还没有经过市场检验。如果创业企业采用了新技术或者新的商业模式,或者试图开拓新的市场,能否成功也具有较大的不确定性。前一章对风险投资的投资失败率有所统计[2],而另一个对创业企业的研究宣称,创业企业在 5 年内的死亡率达到 80%。

信息不对称问题在创业企业中也更为严重,因为创业企业缺乏过去的业绩历史来证明管理层的能力和意愿,甚至很多创业企业没有能力编制合格的财务报表以展现相关信息。

对于创业者来说,因为企业经营的不确定性,又缺乏外部监督,在获得融资之后很容易基于个人利益使用资金,增加了机会主义的风险。

小企业虽然不全是创业企业,也同样面临上述三类风险。

2. 众筹模式中的投资者难题

上述三类风险被称为风险投资的三难题(trio of problems)。专业的风险投资家通过一系列细致的合约安排来应对上述难题,例如分期融资、参与企业重大决策、经常与企业管理层会面、时刻监控企业运行等。但在众筹融资模式中很难采取风险投资的方式来解决上述风险。

众筹通过互联网面向公众筹资,这就决定了参与众筹的投资者特性:提供小额资金的社会公众。这一特性加剧了众筹融资的信息不对称问题。首先,社会公众往往缺乏投资经验,没有能力获取相关的信息并理解和消化这些信息,无法作出明智的投资价值判断。实际上,这也正是现代证券法对公开融资加以严格监管的主要理由。

其次,投资者人数众多,分布广泛,与互联网上的融资者可能在地理上相隔遥远,投资者获取信息的成本很高。并且因为人数众多,投资者们

---

[1] Ronald J. Gilson, "Engineering a Venture Capital Market: Lessons From the American Experience", 55 *Stanford Law Review* 1067 (2003).

[2] 参见本书第二章第三节的讨论。

团结起来集体行动非常困难,这就使得投资者集体谈判或者共同监督融资者变得不太可能。

最后,因为众筹融资的额度一般不会很高,投资者各自投入的资金也相应较小,这就降低了市场中介机构加入提供服务的意愿或者投资者维权的积极性。传统证券法中强制信息披露制度也面临公众投资者没有能力理解这些信息的难题,但市场上的信誉中介机构和信息中介机构会帮助公众投资者消化这些信息。在众筹市场上,因为小企业或者创业企业的融资额度不高,中介机构提供信誉或者信息中介服务的利润空间有限,估计很少有此类中介机构会加入其中。对投资者个人来说,因为每个人投资的额度不大,收益不多,也很少有动力去对所投资的企业进行尽职调查,收集相关信息,主动进行监督,更可能"搭便车"而不是自己承担信息成本。[1]

3. 传统手段在众筹中的不适用

传统上,解决投资中的信息不对称问题,主要有公和私两种途径。

公的途径主要体现在证券法的强制信息披露制度中,同时辅之以市场上的信誉和信息中介机构。但在众筹模式中,强制信息披露制度无法得到充分适用:首先,强制信息披露制度会给融资企业带来巨大的成本,实际上,正是强制信息披露制度下融资成本太高,创业企业和小企业才会选择通过互联网众筹融资。因此,众筹中对融资企业信息披露的要求只能减少,不可能增加。其次,前面已经讨论过,众筹融资的规模太小,市场上的信誉和信息中介机构也许不会参与众筹市场,帮助公众投资者验证和消化相关信息。因此,众筹中的公众投资者很可能处于孤立无援的境地,面对融资者发布的信息,无法验证真伪,也很可能无法理解这些信息。

解决投资中信息不对称私的途径,主要是风险投资家经常采取的各种合约安排,包括分期融资安排(staged financing)、获得企业控制权(例如取得与投资比例不相称的更多董事会席位)、对企业重大决策拥有否决权、特别退出安排等。但在众筹融资中,公众投资者没有经验,融资额度也不大,实际上,这些众筹投资者们不太可能聘请律师来谈判和订立像风险投资家那样细致的投资合同,也没有能力和意愿像风险投资家们那样加入融资企业的董事会,参与融资企业的重大决策,与企业家们经常讨论

---

[1] Darian M. Ibrahim, "Equity Crowdfunding: A Market for Lemons?", 100 *Minn. L. Rev.* 561 (2015).

企业面临的问题和未来发展方向，对企业经营进行监督。要求众筹中的公众投资者像经验丰富的风险投资家们那样行动来减少信息不对称问题，是不现实的，也是不可能的。

在互联网电商领域，例如淘宝，其实形成了一套独有的减少信息不对称方法：通过重复交易形成的"声誉"来传递有效信息。在互联网电商领域，卖家和买家同样面临信息不对称问题，但互联网特有的互动交流方式提供了一种评价机制：所有完成交易的消费者可以通过在电商平台上，对商品质量、购物体现、服务和物流等要素进行评价和打分，这些信息加上特定商户或者商品的过往交易数据，构成了对商户或者商品的信誉体系，客户的好评、高额的销售量都可能传递出正向信息，引导未来消费者作出正确决策，也能帮助好的商家或者商品标识出自己的高质量。这是淘宝商家对买家评论特别重视的原因，也是淘宝要对那些"刷评分""买好评"作弊行为严厉打击的主要原因。[1]

但很遗憾，在互联网电商领域运行不错的评论机制，在众筹模式中无法适用。理由有二，其一，一般商品是有形的物品或者即时的服务，购买者收货之后几乎立刻就能对其进行评价，作出好还是坏的结论。而众筹模式下的融资活动，往往可能需要经过一段较长的时间：借贷型众筹中借贷往往有期限，可能是一年两年之后才能知道债务人能否顺利还款；股权型众筹则往往时间更长，需要在企业经营一段时间之后，才能知道投资是否成功。一个融资者要想通过投资者的评价积累起信誉来需要漫长的时间，对多数融资者来说，几乎是不可能的。[2]

其二，对于创业企业和小企业来说，通过众筹融资只是其企业"生命周期"中某个特定阶段的事情，等到企业成长到一定规模，可能就会寻求风险投资，企业再成熟到一定程度，甚至可能谋求公开发行上市（IPO）了。这意味着对很多融资者来说，通过众筹平台进行融资只是"一次性"行为。换而言之，绝大多数众筹融资者只是一次博弈者，不会重复多次博弈，通过过去投资者的评价来建立信誉机制几乎无用武之地。[3]

---

[1] 徐骁睿：《众筹中的信息不对称问题研究》，载《互联网金融与法律》第 6 期（2014 年），全文请参见北大金融法中心网站：http://www.finlaw.pku.edu.cn/hulianwangjinrongyufalv/guokanDetail/4254，最后访问日期 2016 年 11 月 1 日。
[2] 同上。
[3] 同上。

二、群体的智慧与社交媒体

然而,与通过传统手段向公众发行证券融资相比,利用互联网平台开展的众筹融资,难道就没有任何改进?互联网和社交媒体作为一种信息传递的新手段,对信息不对称问题就束手无策?很多众筹的支持者并不同意,他们认为互联网2.0时代的公开透明特性与社交媒体的运用,能够有效减少众筹融资中的信息不对称问题。

互联网的显著特征就是公开透明,信息获取和传递的成本极低。互联网2.0时代则使得互联网上的双方交流变得简单易行——在互联网电商交易中,这使得买家评价机制成为可能。对于众筹来说,互联网2.0时代也可以将众筹的融资过程变得完全透明化:筹资者可以很方便地将筹资方案公布于众,对其有兴趣的投资者都可以对此发表评论,整个筹资进展也都在网络上透明可视。这样,任何对筹资项目感兴趣的投资者,都可以浏览筹资信息、其他人的相关评论,随时查看筹资进展:有多少人对这个项目感兴趣,各自投了多少钱。换句话说,公众投资者可以学习其他投资者的经验。

正是基于这一特征,有些支持者认为众筹模式面向公众,可以体现"群体的智慧",不需要传统的证券监管手段,市场会自发解决信息不对称问题。

所谓群体的智慧(the wisdom of crowds)是 James Surowiecki 在2004年提出来的概念,其大作《群体的智慧》是2005年《纽约时报》商业类的畅销书。[1] 在该书中,作者针对一直认为公众是群氓的传统见解,提出在满足一定条件下,群体的智慧可能要高于其中的任何一个单一个体。传统经济学相信的市场能够发挥"看不见的手"功能,就是群体智慧的结果。

群体智慧的理论基础是:每个个人拥有的信息都有两方面:一方面是公开信息,大家都可以获取,另一方面是私人信息,即每个人基于自己的经验和偏好,对事物具有的独特看法。这些私的信息可能有对也有错。但如果能够通过某种机制将所有这些人拥有的信息汇聚起来,错误的信息相互抵消,正确的信息相互补充,最终公众汇聚形成的看法可能就是比较全面的认识。

---

[1] James Surowiecki, *The Wisdom of Crowds*, Anchor Books, 2005.

但群体的智慧要想发挥作用,需要依赖于四个条件:(1) 分散化(diversity);(2) 独立性(independence);(3) 分权(decentralization);(4) 汇聚(aggregation)。[1] 公众的来源必须分散,这样信息的来源才可能多样化;公众各自必须独立,不能相互影响,这样才能保持信息的独立性;公众必须有权决定是否和如何表达自己的信息;某种机制能够将公众多样化的信息汇聚起来。

一个有效的股票市场就是群体智慧的充分表现。投资者来源分散,对某个上市公司的未来各有不同的看法(分散化);投资者各有自己的利益追求和观点,不受其他人的影响(独立性);投资者自行作出投资决策,决定在哪个价位买卖股票(分权);市场通过价格机制汇聚公众的信息,最终形成上市公司股票的市场价格(汇聚)。

公募众筹,天然符合其中的第一和第三个条件,因为募集对象面向公众,每个公众投资者所拥有的信息都是分散的,公众分别作出投资决策而不是听从某人的命令,因此决策是分权的。问题是第二项条件,即所谓的独立性,能否得到满足。在股权型众筹中,公众缺乏足够的信息对融资者进行风险识别和判断,因此倾向于听从较为专业人士的言论,或者跟从其他人的行为,形成羊群效应(herd),这样就丧失了独立性。而独立性的丧失,将使得在分散和分权状态下形成的个人私有信息不能通过汇聚反映出来,也就无法形成群体的智慧。

不过,也有学者指出:社交媒体的运用有助于发现欺诈行为。微博、微信等社交媒体密切联系了公众,2015 年至少已经有三分之一的全球人口通过社交网络联系了起来。当众筹平台要求融资者披露其社交媒体的账户信息时,其就为投资者判断融资者的现实社会关系,以及通过其社会关系网络的特点来判断该融资者的可信度,提供了更多有用信息。

统计数据表明,美国融资者在 Facebook 上"like"的数量对于其融资项目的成功、融资额度、支持者数量以及融资项目的履约率都有着正向的影响。[2] 同时,众筹平台本身作为一个社交媒体,也具有传递有效信息、监控融资者的功能。这表明,融资者在社交媒体上受到的认可在一定程度上反映了其可信度,传递了有效的信息,而这些信息也被众筹平台的投

---

[1] James Surowiecki, *The Wisdom of Crowds*, Anchor Books, 2005.
[2] Alexey Moisseyev, "Effect of Social Media on Crowdfunding Project Results", Thesis for M. A. , University of Nebraska, 2013.

资者所理解和接受。[1]

然而,社交媒体的作用显然是双向的,既可能促进投资者之间相互交流信息,也可能帮助欺诈者传递错误信息,换句话说,社交媒体既可能帮助发现欺诈行为,也可能成为欺诈者影响投资者的渠道,投资者在丧失独立性判断的情况下,更容易上当受骗。这些年在社交媒体上迅速传播的各种网络谣言,已经让我们深受其害。

至于第四个因素——汇聚,在众筹中则是缺乏的。一般情况下,汇聚的最好机制是价格,但因为众筹的股票缺乏公开交易市场,价格机制无法发挥汇聚的作用。众筹有些类似于股票首次公开发行(Initial Public Offerings,以下简称IPO),但比IPO更成问题:IPO的企业一般都成功运营了一些年,有经营记录,而发起众筹项目的往往是创业企业;IPO中企业要做很多信息披露,而众筹企业披露的信息很少;IPO后的股票一般要公开交易,众筹的股票则缺乏二级交易市场。IPO中企业面临发行定价没有基准的问题,但可以通过承销商与证券分析师来解决,而众筹发行则因为规模较小,不能引起证券分析师的关注,也无力聘请投资银行来参与定价。不过,也有人提出:众筹可以通过其他方式,主要是网络社区(Internet community)来代替公众公司与分析师之间的交流。这些学者认为,在网络2.0时代,发行人和众筹投资者之间的直接互动可以起到IPO中证券分析师的作用。[2] 正是在上述基础上,有学者提出立法或者证券监管者应当要求集资平台作为此种交流的开放平台。[3] 同时,他们还乐观地认为:众筹平台之间的竞争和自律,会达到保护投资者的效果。[4]

三、关于众筹的实证研究

群体的智慧在众筹中能否展现,主要看互联网能否汇聚公众的多样性看法,但正如上文讨论的,在众筹中,公众投资者因为缺乏相关信息和风险识别能力,可能主要依赖其他更为专业投资者的判断。众筹的互联

---

[1] 参见徐骁睿:《众筹中的信息不对称问题研究》,载《互联网金融与法律》第6期(2014年)。
[2] John S. Wroldsen, "The Crowdfund Act's Strange Bedfellows: Democracy and Start-Up Company Investing", 62 *Kansas Law Review* 357 (2013).
[3] C. Steven Bradford, "Crowdfunding and The Federal Securities Laws", 2012 *Columbia Business Law Review* 1 (2012).
[4] John S. Wroldsen, "The Crowdfund Act's Strange Bedfellows: Democracy and Start-Up Company Investing", 62 *Kansas Law Review* 357 (2013).

网开放特征,使投资者更容易看到其他投资者对众筹项目的投资情况,社交媒体和网络讨论区也便利了投资者之间的信息交流,这就很容易形成所谓的"羊群效应"。实际上,有些众筹平台也特意设置了"领投—跟投"模式,用专业的投资者来引导公众投资者,更加强化了羊群效应的后果。

从群体智慧的理论来看,羊群效应将导致公众投资者独立性的丧失,可能会阻碍群体智慧的产生。在公开的股票市场上,羊群效应往往会误导投资者盲目跟风,造成巨大的投资损失。部分操纵市场行为所以能够得逞,就是通过"黑嘴"鼓吹,诱导投资者作出错误投资决策。

不过,众筹的支持者认为,羊群效应也要区分为理性的羊群效应和不理性的羊群效应。对于在众筹融资中,是理性的羊群效应还是不理性的羊群效应发挥作用,目前国内外都有很多实证研究。

1. 众筹中羊群效应的存在

Freedman 和 Jin 通过研究 Prosper 平台发现,P2P 网络借贷平台存在着信息不对称问题,这种借贷双方的信息不对称会导致 P2P 网贷平台产生逆向选择和道德风险问题。不过,他们认为社交网络中的个人信息可以在某种程度上帮助贷款者辨别出借款者的违约风险,以此补足网贷平台中象征性信息的不足。[1]

陈霄通过实证研究发现,P2P 网络借贷平台不仅存在着逆向选择和道德风险问题,还存在着"羊群行为"和"赌博式融资"问题,警告网贷平台及其中的借贷参与者要注意防范。[2]

在 P2P 网络借贷平台中,某个贷款者可以很容易地观察到其他贷款者的投资决策,考虑到单个贷款者很难完全识别借款者的信用状况,那么其他贷款者的决策信息将会成为该贷款者投资决策的重要依据,这也就为 P2P 网络借贷市场存在羊群行为提供了可能。

在 P2P 网络借贷过程中,对于平台发布的新投标项目,每个贷款者本来都是依据平台所列出的借款者信息来判断借款者质量,进而采取投标决策。然而对于一个已经有贷款者参与的投标项目来说,参与贷款者的数量为后续贷款者提供了新信息。如果贷款者对一个质量很高的投标

---

[1] Freedman & G. Z. Jin, "Learning By Doing With Asymmetric Information: Evidence From Prosper. com", National Bureau of Economic Research, 2011.
[2] 陈霄:《民间借贷成本研究——基于 P2P 网络借贷的实证分析》,载《金融经济学研究》2014年第1期。

项目进行投标,后续贷款者会认为他作出的是一个理性决策;如果他对一个质量低劣的投标项目进行投标,本来后续贷款者会认为他的决策是非理性的,但是当参与的贷款者人数不断增加时,后续贷款者极有可能会受到这一信息的影响,忽略了该投标项目的公开信息和自己的私有信息,并认为他人的决策是理性的,自己的决策是非理性的,转而跟从大多数贷款者的行为决策。由此,P2P网络借贷市场中的羊群行为就形成了。[1]

与其他领域一样,P2P网络借贷市场中的羊群行为也是微观个体通过观察学习群体的行为决策进而与群体的行为达成一致。

谈超等人针对P2P网络借贷平台是否存在羊群行为进行实证研究,研究结果显示,当前投标次数对获得后续投标的可能性产生了显著的正向影响作用。这说明我国P2P网络借贷平台是存在羊群行为的。此外,当前投标次数、列表信用等级、年龄、户口所在地、性别、借款利率、借款期限、借款用途、成功借款次数和借款进度对获得后续投标的可能性起到了显著的正向影响作用。[2]

其他人的后续研究,也都证明了众筹中羊群效应的存在。

2. 理性的羊群效应还是非理性的羊群效应?

Zhang 和 Liu 进一步区分 Prosper 投资者的理性与非理性羊群行为:受到网络外部性及从众心理的影响,投资者会作出非理性的羊群行为,选择并不是最好的投资决策;相反,投资者通过观察学习后作出的理性羊群行为则对贷款履约率有显著的正向作用,在整个平台上理性羊群占优势,羊群行为具有积极的影响。[3]

Burtch 利用芝加哥众筹平台的数据研究发现投资者的羊群行为会产生负的网络外部性,从而降低投资回报。[4]

B. Lee 和 E. Lee 利用韩国 Popfunding 平台的数据研究发现羊群行为具有边际效益递减的特征,及时的信息更新、全面的资格认证、良好的

---

[1] 谈超:《P2P网络借贷平台的羊群行为研究》,载《南方金融》2014年第12期。
[2] 同上。
[3] J. Zhang & P. Liu, "Rational Herding in Microloan Markets", *Management Science*, Vol. 58, 2012.
[4] G. Burtch, "Herding Behaviors as A Network Externality", Thirty Second International Conference on Information Systems, 2011.

借款历史、高借款利率和短借款期限等都有利于吸引投资者。[1]

国内学者通过对拍拍贷平台数据的研究发现羊群行为降低了借款利率却提高了违约率,非理性的羊群表现更为显著。[2]

廖理等人则认为,我国 P2P 市场中的投资者在投资时存在理性的羊群行为,表现为:总体来看,订单的完成进度越高,越能吸引投资者参与。进一步的研究还发现,订单完成进度所引发的羊群行为呈现边际递减趋势;细分样本的研究发现,信息不对称程度更强的订单其初期羊群行为更明显,但是羊群行为的持续性更短。该结果说明我国 P2P 投资中的羊群行为表现出理性特征,羊群行为背后更有可能是基于信息发现的机制,而且,这种信息发现机制所驱动的羊群行为并非一直存在,达到一定程度之后,投资者将不能继续在其他投资者的投资行为中获取更多信息,因此羊群现象逐步消失。[3]

李晓鑫等研究者将众筹融资中的信息区分为直接信息和间接信息,然后研究不同信息对众筹的影响。直接信息主要是指筹资开始时由平台在网站上发布的项目信息,包括筹资用途、项目计划以及筹资人的基本情况,信息的表现形式可以是文字、图片和视频等,这些信息是由筹资人提交平台审核后发布的,相对真实性和可信度较高。间接信息则是项目筹资开始后由投资者、筹资人或者平台其他用户在线自由发表的评论信息,这些信息仅代表评论者对项目的观点和情绪,主观性强,真实性和可靠性低,但产生时效和传播速度快,容易对他人的投资心理和决策产生影响。[4]

李晓鑫等人采用国内首个众筹平台点名时间的微观面板数据,进行实证检验,发现直接信息的披露和操作经验的积累有利于投资者甄别项目质量,提升投资决策的理性程度,降低实际回报与投资预期偏离的概率;而间接信息的披露则容易导致市场噪音,加剧投资决策的非理性羊群

---

[1] B. Lee & E. Lee, "Herding Behavior in Online P2P Lending: An Empirical Investigation", *Electronic Commerce Research and Applications*, Vol. 11, 2012.
[2] D. Chen & Z. Lin, "Rational or Irrational Herding in Online Microloan Markets: Evidence from China", SSRN Working Paper, No. 2425047, 2014.
[3] 廖理等:《观察中学习:P2P 网络投资中信息传递与羊群行为》,载《清华大学学报(哲学社会科学版)》2015 年第 1 期。
[4] 李晓鑫、曹红辉:《信息披露、投资经验与羊群行为——基于众筹投资的研究》,载《财贸经济》2016 年第 10 期。

行为,加大实际回报与投资预期偏离的概率。[1]

陈跃跃等人的研究发现:投资者在选择众筹项目时只关注比较直观的信息,对图片数量、盈利金额的绝对值等这些直接信息更加敏感;而对于需要计算分析才能得出的间接信息,如以往年化收益率、预期年化收益率等则不那么敏感。就风险披露而言,投资者往往只关注相关资质审核是否达到要求等硬性指标,而忽视了平台给出的风险分析等软信息。另外基于平台披露的众筹项目分红信息,文章计算得出实际收益率,发现其影响因素与投资者关注因素存在较大出入——投资者在识别回报率较高的众筹项目上存在误区。[2]

四、小结

目前文献主要的研究结论有:第一,在存在信息不对称的众筹市场中,已有出资者信息被潜在出资者视为判断筹资人信用和项目质量的信号;第二,众筹市场中存在两种不同类型的羊群行为,即非理性和理性羊群行为;第三,潜在出资者表现出非理性羊群行为,即单纯模仿已有出资者的决策,向已有较多出资的项目出资;第四,但这也可能是理性羊群行为的表现,通过观察已有出资者决策,认为已有出资者可能拥有与筹资人信誉和项目有关的私人信息,因而学习已有出资者行为。[3] 但是理性羊群行为较多,还是非理性羊群行为较多,目前并无一致结论。

可见,现有的的研究成果并不能证明在众筹融资中,群体的智慧一定会自动浮现,理性的羊群行为和非理性的羊群行为可能同时存在。

第二节 平台的功能:大数据和人工智能

对于群体的智慧能否解决众筹中的信息不对称问题,现有研究众说纷纭并无定论。但很多研究表明:众筹平台如果能够在众筹中发挥重要作用,帮助验证和审查筹资者的信息,则可以有效减少信息不对称,提高

---

[1] 李晓鑫、曹红辉:《信息披露、投资经验与羊群行为——基于众筹投资的研究》,载《财贸经济》2016 年第 10 期。
[2] 陈跃跃等:《试论众筹投资者对优质项目的有效识别——以"人人投"众筹平台为研究对象》,载《商业经营研究》2016 年第 12 期。
[3] 王念新等:《从众还是旁观?众筹市场中出资者行为的实证研究》,载《管理工程学报》2016 年第 4 期。

项目成功的可能性。[1] 因此,众筹平台不仅仅是一个简单的撮合众筹双方的场所,还需要发挥减少信息不对称的功能。

随着现代技术的发展,大数据和人工智能技术也为平台减少信息不对称提供了工具。

在社交网络和各种传感设备飞速发展的同时,整个社会日益走向数字化,各种原先想象不到的数据得以被发现和收集。而云计算和搜索引擎的使用,以及各种数据科学的发展,使得对庞大数据的分析成为可能,这被称为"大数据"(big data)。[2] 例如,通过传感设备可以收集每个人每天心跳、脉搏、运动量等各种健康信息,有助于医疗和保险行业对每个人身体健康状况的时刻关注。通过在车辆上安装传感器,可能了解每个司机的驾驶习惯。通过收集用户在淘宝、京东等电商网站购物记录和浏览商品的信息,可以发现该用户的消费偏好。

大数据的兴起,提出了一种可能:能否依赖大数据解决直接融资中的信息不对称问题?信息不对称是直接融资困难的主要原因,大数据汇集了大量的相关数据,若采用可靠的分析技术,对这些数据进行分析和挖掘,在风险的识别和风险的监控上,应该会有所突破。

实践中,阿里小贷运用大数据对借款人的信用风险分析和贷后管理,达到了惊人的效率。[3] 国外的 P2P 网站使用社交媒体获得的数据发放贷款,也有不错的成绩。[4]

一、大数据

1. 什么是大数据

大数据是以容量大、类型多、存取速度快、应用价值高为主要特征的数据集合,正快速发展为对数量巨大、来源分散、格式多样的数据进行采集、存储和关联分析,从中发现新知识、创造新价值、提升新能力的新一代信息技术和服务业态。[5]

---

[1] 岳中刚等:《众筹融资、信息甄别与市场效率——基于人人贷的实证研究》,载《经济学动态》2016年第1期。
[2] 大数据的相关介绍,可以参见涂子沛:《大数据》,广西师范大学出版社2012年版。
[3] 参见谢平等:《互联网金融手册》,中国人民大学出版社2014年版,第160—166页。
[4] Seth Freedman & Ginger Jin, "Do Social Networks Solve Information Problems for Peer-to-Peer Lending? Evidence from Prosper.com", Net Institute Working Paper 08—43.
[5] 国务院《促进大数据发展行动纲要》(国发〔2015〕50号)。

2011年5月麦肯锡全球研究院发布报告《大数据：创新、竞争和生产力的下一个新领域》，指出大数据具有四大特点：数量大、类型多、商业价值高、处理速度快。这说明，大数据的意义不仅仅局限于数据的获取与储存，也包含数据挖掘和数据分析，即通过实验、算法和模型，发现其规律性，获得有价值的见解，最终形成新的商业模式。[1] 基于上述特点，大数据技术不仅可能改变传统金融模式，还可以广泛运用于新兴的互联网金融中。

大数据在互联网金融中可以用于信息处理，目前来看可以包括三种方式：一是社交网络促进信息的生产与传播。通常，个人和机构在社会中存在大量利益相关者，这些利益相关者掌握着个人与机构的部分信息如财产状况、消费习惯及信誉行为等。这些信息能够通过社交网络汇集在一起，往往成为分析个人和机构信用资质和盈利前景的完整信息。[2] 这有助于提高人们的"诚信"程度，大大降低金融交易的成本。

二是搜索引擎对信息的组织、排序和检索，能够缓解信息超载的问题，有针对性地满足信息需求。这是因为现代社会中，搜索引擎与社交网络融合是趋势，本质是利用社交网络蕴含的关系数据进行信息筛选，可以提高"诚信"程度。[3]

三是云计算保障海量信息高速处理能力。云计算是在互联网应用服务和整合运算技术基础上发展而来的新一代数据处理和应用服务技术，对大数据在互联网金融中的应用具有重要作用。[4]

大数据与互联网金融的关系取决于大数据的特点。在互联网金融领域，大数据使对时间序列的动态风险评价成为可能，在大数据的前提下，金融机构可以以极低成本为资金需求者提供动态违约概率，解决信息不对称问题，这颠覆了商业银行传统的风险定价方式。[5] 互联网与大数据技术破除了传统金融业单一的、对个人的信用评估，而是利用大数据为大

---

[1] 参见杜永红：《大数据下的互联网金融创新发展模式》，载《中国流通经济》2015年第7期。
[2] 参见余来文等：《互联网金融——跨界、众筹与大数据的融合》，经济管理出版社2015年版，第178页。
[3] 同上。
[4] 同上。
[5] 参见王海军、赵嘉辉主编：《"中国式"互联网金融——理论、模式与趋势之辩》，电子工业出版社2015年版，第73页。

群体服务,试图利用碎片化数据构成全局性判断。[1]

2. 大数据在众筹中的运用

实践中,有些互联网平台凝聚了资金流、物流和信息流,例如某些电商平台,在这个基础上,以大数据的方式开展金融活动具有极大的优势。例如,阿里小贷模式。

阿里小贷模式是运用电商平台的网上交易信息与网上支付信息的大数据,通过云计算和模型处理能力而形成信用或订单融资模式。以阿里小贷为例,该平台金融模式主要基于对电商平台的交易数据、社交网络用户的交易与交互信息、购物行为习惯等大数据进行云计算来实时计算得分和分析处理,形成网络商户在电商平台中的累积信用数据,从而实时向网络商户发放订单贷款或者信用贷款。[2]

阿里小贷目前只统计、使用自己的数据,以"封闭流程+大数据"的方式开展金融服务,凭借电子化系统对贷款人的信用状况进行核定并发放贷款,实现客户、资金和信息的封闭运行。这不仅有效降低了风险因素,也真正做到了一分钟放贷。

其次,在信贷风险防范上,阿里小贷根据小微企业在阿里巴巴平台上积累的信用及行为数据,在贷前、贷中以及贷后三个环节利用数据采集和模型分析等手段,可以较为准确地分析企业的还款意愿与还款能力。同时结合贷后监控与店铺关停的惩罚机制,可以提高客户的违约成本,有效控制贷后风险。[3]

问题在于,这种模式是否有可能被运用到众筹融资中来?从阿里小贷的成功来看,大数据能够发挥作用,主要体现在两个方面:(1)借款人是在阿里体系内运营的网店,其运营数据都在阿里的控制之下,因此,对其风险的分析相对比较准确;(2)贷款资金的运用处于阿里小贷的监控之下,贷后管理依赖于阿里网络电商的封闭体系。

与之相比,众筹模式在这两个方面都存在困难:(1)数据来源成问题,融资者并非一开始就是众筹平台的客户,众筹平台无法获得其相关数据;数据的性质也成问题,即使融资者可以向众筹平台提供自己的各种网

---

[1] 参见余来文等:《互联网金融——跨界、众筹与大数据的融合》,经济管理出版社2015年版,第180页。
[2] 同上。
[3] 同上。

络数据,但对于创业企业和项目的风险识别,很难依赖这些数据作出,这与判断融资者本人的信用风险不同;(2)融资交易发生之后,创业者运用资金也在众筹平台的监控之外,这与阿里小贷的网络电商是个封闭的系统不同,创业者在融资之后发生的行为都在众筹平台的监控范围之外,即使创业者承诺向众筹平台提供信息,也只能是事后的信息,不能起到及时监控的作用。

因此,对于直接融资面临的最大困难:信息不对称和建立融资双方的信任关系,大数据能够起到什么样的作用,还有待相关技术的进一步发展。

当然,目前一些互联网众筹平台也在使用大数据技术进行尝试,主要体现在通过大数据技术帮助投资者优化投资决策。

以美国借贷型众筹平台 Prosper 为例。该众筹平台借助互联网的优势地位,将平台中融资者的个人信息及其募集资金数额、风险评级以及相应投资者的数量、已募集资金额等信息进行收集、分析、筛选并汇总呈现,使得投资者可以凭借该等信息进行理性决策,并借助众筹平台实现有效地交流。[1]

这是大数据在互联网金融中应用的典型例子。在传统的金融业中,众筹尤其是股权型与债券型众筹,被视为证券发行,而受到监管机构的严密监管。究其原因,在于没有一个有效的信息交流平台,投资者无法及时了解融资者的资信状况、筹集到资金后如何使用以及是否存在欺诈等问题。投资者、融资者之间存在严重的信息不对称。但是,随着网络的迅速发展与普及,互联网为众筹平台的投融资双方提供了方便快捷的信息沟通渠道,投资者可以通过众筹平台及时了解到融资者的资信变化、其他投资者的投资额等信息,减小了投融资双方的信息不对称。

二、人工智能

1. 什么是人工智能

人工智能就是研究如何使计算机去做过去只有人才能做的智能工作,也就是机器要执行通常与人类智能有关的功能,如判断、推理、证明、识别学习和问题求解等思维活动。人工智能是相对于人类智能、自然智能而言的全新智能,使系统或设备等通过模拟人类的智能活动,来完成操

---

[1] 参见徐骁睿:《众筹中的信息不对称问题研究》,载《互联网金融与法律》第 6 期(2014 年)。

作者所下达的命令。[1]

人工智能的研究历史从1956年至今已经六十年,这个时间段里人工智能已经经历了三次比较大的转变:

第一次是机器可以代替人进行计算,将一些逻辑性的工作进行程序性处理,可以得到这些问题的答案,如专家系统(ES)。

第二次是人工智能机器可以与外界进行交流,从交流的过程中机器可以对外界的变化进行判断,对其中存在的不确定因素进行系统内部分析,通过机器进行内部逻辑思维工作,这些能力的具备使机器可以从事思维分析类的工作。

第三次是人工智能处理大量数据以及复杂的情况。这种处理能力的具备是由于数据挖掘智能系统的发展,归根为网络技术的发展,这种系统可以将大量的或是没有规律的数据进行自动化的智能分析处理,完成一点系列的工作程序,进而实现一连串的自动化操作。[2]

就目前研究进展来看,人工智能还处于弱人工智能阶段,尽管AlphaGo已经在围棋比赛中战胜了人类的世界围棋冠军李世石。AlphaGo属于在单个领域有较强智力的程序或机器人,它的智能程度取决于两点。一是围棋棋谱和经验的植入,据说AlphaGo输入了3000万步的人类围棋大师的走法、棋谱,这属于经验和技巧的掌握,是范式化的学习;二是AlphaGo也改变了单纯的模仿套路,有自我学习的能力,在不断对弈中能提升智能水平,这一点最接近人的大脑。这两点构成了AlphaGo人工智能的核心。

对弱人工智能来说,复杂度考验的更是计算能力,算法上的规则不同,进行优化即可,智力上的提升仅仅是线性的。因此,AlphaGo即使战胜了李世石,也仅仅是围棋领域人工智能程序的冠军,获胜的原因是AlphaGo能估算的步数比人脑计算快得多。

专家预言未来还会发展出强人工智能,即机器具备像人脑一样处理各种问题的能力,还有自我学习、理解和沟通能力。关于强人工智能,目前世界范围内都仅仅处于研究的初级阶段,有一些公司和研究机构在探索,例如IBM的沃森及认知计算技术,百度大脑背后的图像识别、语音交

---

[1] 参见张彬:《探讨人工智能在计算机网络技术中的应用》,载《软件》2012年第11期。
[2] 卢昌龙:《人工智能及其在计算机网络技术中的运用》,载《智能应用》2015年第5期。

互,深度学习和无人驾驶等技术,都属此类。[1]

2. 人工智能在众筹中的运用[2]

(1) 机器学习:从数字推测模型

全球最大的对冲基金桥水联合(Bridgewater Asspcoates)在 2013 年设立了一个人工智能团队,负责设计交易算法,通过历史数据和统计概率预测未来。该程序将随着市场变化而变化,不断适应新的信息,而不是遵循静态指令。桥水基金的创始人也曾公开表示,其旗下基金持有大量多仓和空仓,投资 120 种市场,持仓组合高达 100 多种,并且以人工智能的方式考虑投资组合。

Rebellion Research 是一家运用机器学习进行全球权益投资的量化资产管理公司,Rebellion Research 在 2007 年推出了第一个纯人工智能(AI)投资基金。该公司的交易系统是基于贝叶斯机器学习,结合预测算法,响应新的信息和历史经验从而不断演化,利用人工智能预测股票的波动及其相互关系来创建一个平衡的投资组合风险和预期回报,利用机器的严谨超越人类情感的陷阱,有效地通过自学习完成全球 44 个国家在股票、债券、大宗商品和外汇上的交易。

(2) 自然语言处理:把握市场动态

当量化交易分析师发现数字推测模型的局限性后,开始考虑引入新闻、政策、社交网络中的丰富文本并运用自然语言处理技术分析,将非结构化数据结构化处理,并从中探寻影响市场变动的线索。

率先使用自然语言处理技术的人工智能对冲基金是在伦敦新设的对冲基金 CommEq。CommEq 的投资方法结合了定量模型与自然语言处理(NLP),使计算机能够如人类一样通过推断和逻辑演绎理解不完整和非结构化的信息。

除此之外,也有采用自然语言处理技术的金融科技公司,其中最为知名的是号称"取代投行分析师"的投资机器人——Kensho。Kensho 是一家致力于量化投资大众化的人工智能公司,旗下有一款产品 Warren 被称为金融投资领域的"问答助手 Siri"。Kensho 结合自然语言搜索,图形

---

[1] 土妖:《别让 AlphaGo 给忽悠了,强人工智能才是未来》,参见百度百家,http://xuxuhong. baijia.baidu.com/article/351456,最后访问日期 2016 年 11 月 1 日。

[2] 本部分内容来自对冲研投《人工智能步入金融领域深度专题报告》,参见 http://mt.sohu. com/20161010/n469914011.shtml,最后访问日期 2016 年 11 月 1 日。

化用户界面和云计算,将发生事件关联金融市场,提供研究辅助,智能回答复杂金融投资问题,从而缩短交易时间,减少成本,用动态数据与实时信息,及时反映市场动态。

这一技术也被广泛运用于风控与征信。通过爬取个人及企业在其主页、社交媒体等地方的数据,可以判断企业或其产品在社会中的影响力,比如观测 App 下载量,微博中提及产品的次数,在知乎上对其产品的评价;此外将数据结构化后,也可推测投资的风险点。这方面国内的很多互联网贷款和征信公司都在大量使用自然语言处理技术,例如宜信,闪银等。另外一些公司则利用这些技术进行 B 端潜在客户的搜寻,如 Everstring,并将信息出售给其上游公司。

(3)知识图谱:减少"黑天鹅"事件对预测的干扰

机器学习与自然语言处理的技术经常会在一些意外(如"黑天鹅"事件)发生的时候预测失败,例如"9·11"、熔断机制和卖空禁令等。人工智能系统没有遇到过这些情况,无法从历史数据中学习到相关模式。这时候如果让人工智能管理资产,就会有很大的风险。此外,机器学习擅长发现数据间的相关性而非因果性。这是由于自学习的机器无法区分虚假的相关性所导致的,这时候就需要由专家设置的知识库(规则)来避免这种虚假相关性的发生。

知识图谱本质上是语义网络,是一种基于图的数据结构,根据专家设计的规则与不同种类的实体连接所组成的关系网络。知识图谱提供了从"关系"的角度去分析问题的能力。就金融领域来说,规则可以是专家对行业的理解,投资的逻辑,风控的把握等,关系可以是企业的上下游、合作、竞争对手、子母公司、投资、对标等,可以是高管与企业间的任职等关系,也可以是行业间的逻辑关系,实体则是投资机构、投资人、企业等,把它们用知识图谱表示出来,从而进行更深入的知识推理。

目前知识图谱在金融中的应用大多在于风控征信,基于大数据的风控需要把不同来源的数据(结构化,非结构)整合到一起,它可以检测数据当中的不一致性。举例来说,借款人张三和借款人李四填写的是同一个公司电话,但张三填写的公司和李四填写的公司完全不一样,这就成了一个风险点,需要审核人员格外注意。

目前知识图谱在工业界还没有形成大规模的应用,其难点在于如何与特定领域机构建立起一套合作方式,如何将合作变成一种可轻易编程的界面,让相关领域专家可以通过系统以一种非常简单的方式进行行业逻辑的建模。

三、小结

毫无疑问,随着技术的进步,减少信息不对称的手段也会越来越多、越来越成功,无论是通过网络透明化和社交媒体自发形成群体的智慧,还是通过大数据和人工智能技术实现更为精准的风险识别和更为聪明的投资决策,在未来都有进一步发展的空间。

但问题是:迄今为止,实证研究都只能部分证明上述技术进步确实存在减少信息不对称的可能性,并没有令人信服地展示:技术已经完全成熟到可以解决信息不对称问题。在关于众筹投资者羊群效应的研究中,可以发现既存在理性的羊群效应,也存在非理性的羊群效应。大数据和人工智能在风险识别和投资决策方面的应用,还只是刚刚开展,效果如何,还有待进一步的检验。

因此,是否需要修改现有法律规则,以容忍众筹融资模式的存在?理论上来说,完全还可以再等待一段时间,观察技术的进一步发展。实际上,法律本身具有滞后性,对技术的进步一直采取观望的态度,谋定而后动。也因此,在投资型众筹的立法方面,各国虽然都面临需要解决创业企业和小企业融资的难题,需要通过修改立法为投资型众筹开辟道路,但都并没有盲目迷信技术的力量,而是在现有法律框架下,作出各种尝试,甚至可以说是开展了各种实验。

其中,美国在这方面启动最早。2012年4月,美国国会在两党一致的支持下,率先通过了《JOBS法》,在其中不但专门设立了一种新的证券发行豁免制度——众筹豁免(《JOBS法》第三章,该章也因此被称为《众筹法》),而且还允许通过私募方式来从事众筹活动(《JOBS法》第二章),创设了所谓私募型众筹制度,同时,还通过对传统的小额豁免制度加以改革,试图直接利用小额豁免制度为众筹提供新的可能(《JOBS法》第四章)。同时,因为SEC颁布《众筹条例》以实施《众筹法》的过程过于缓慢,美国各州利用联邦证券法中的州内豁免规则,也纷纷创设自己的州内众筹豁免制度。

与此同时,国际上其他国家也纷纷仿效美国,修改本国的立法,允许众筹活动的开展。其中意大利虽然立法的时间晚于美国,但众筹正式实施的时间却是全球第一;法国和英国紧随其后,都在美国SEC颁布《众筹条例》之前,就通过了本国的众筹立法。这些国家的众筹立法对美国

《JOBS法》有所借鉴,但并没有照搬照抄,而是具有各自不同的特色。

不过,各国众筹立法都没有盲目相信技术能够解决信息不对称问题,仍然在传统证券法的框架和理论下,对众筹活动的各个方面施加监管。当然各国对众筹监管的重点有所不同,这可能是出于各国立法者的不同认识,但无论是对发行人的信息披露要求和发行额度限制,还是对众筹平台的监管职责要求,以及对投资者的资质要求,都是传统证券法已经有的手段,像投资额度控制这样的创新监管手段虽然是在证券监管中首次得到采用,但也是传统证券理论自然发展的结果。

因此,我们可以说:目前各国的众筹立法仍然对众筹活动处于观察阶段,虽然号称技术是众筹的基础,但立法者并没有相信技术能够解决众筹中的信息不对称问题。立法者在众筹立法中,不过是在试验和创新各种传统的证券监管手段,看看在投资者保护和便利企业融资之间能否达成新的平衡。

本书以下内容就是对这些众筹实验和创新的详细介绍,主要以美国的众筹立法为主,因为美国在这方面最为积极,也实验了最多的可能性。第四章介绍美国的公募型众筹立法,第五章分析美国的私募型众筹制度,第六章讨论美国能否利用小额豁免制度为众筹开辟新道路,第七章则介绍美国各州施行的州内众筹制度,第八章则比较英国、意大利和法国的众筹立法。

第四章　公募型众筹豁免制度

第一节 美国众筹法的立法过程

众筹虽然可能是创业企业和小企业的福音,有助于解决创业企业和小企业的融资难题,但在现行法律上却面临众多障碍。其中,最为突出的问题可以归结为两点:第一,向公众融资,构成证券的公开发行,但遵守正常的发行核准或者注册程序,成本太高,现有的各种豁免规则,又不是特别合适,因此,是否需要创立一个特别的众筹豁免规则?第二,为众筹提供互联网服务的网络平台,其主要功能是提供平台推介众筹项目,其业务模式与证券经纪业务或者证券承销业务非常类似,这两者属于特许业务,必须获得券商牌照,接受专门监管,而这是很多众筹平台无法达到的。另外,如果平台对某些项目进行特别推荐,还可能构成提供证券咨询服务(美国法上叫投资顾问服务),也需要获得许可才能从事。为了促进众筹融资的发展,是否需要对众筹平台的业务给予法律上的豁免?

这两点都需要证券法进行相应的调整。按照学者的分析[1],在证券法上做这两个调整也完全在美国证券交易委员会(Securities Exchange Commissien,以下简称 SEC)的权限范围内。首先,对于众筹涉及的证券发行,1933 年《证券法》第 28 条对 SEC 有广泛的授权——基于公共利益并且符合投资者保护的目的,SEC 可以豁免任何人、证券或者交易,批准其可以不用遵守证券法的任何条款。其中第 3(b)条也有一个小额豁免的授权条款,授权 SEC 在 500 万美元额度内,只要发现公开发行所涉及的金额不大或者属于某些特定性质,对于公共利益和投资者保护不构成重大影响,就可以豁免这些交易。SEC 可以利用这两个条款中的任何一个,豁免众筹证券发行的注册。

其次,对于众筹平台的业务定性,1934 年《证券交易法》第 36(a)条授权 SEC 基于公共利益的考虑,在符合投资者保护目的的情况下,可以在其认为必要或者适当时,有条件或者无条件豁免任何人、证券、交易遵守本法任何条款。1940 年《投资顾问法》第 206A 条也有同样授权,基于公共利益和投资者保护,SEC 可以有条件或者无条件地豁免任何人、证券和交易。SEC 完全可以利用这些授权条款,豁免众筹平台申请为券商和

---

[1] 参见 C. Steven Bradford, "Crowdfunding And The Federal Securities Laws", 2012 *Columbia Business Law Review* 1 (2002).

投资顾问身份。

在此基础上,SEC也可以自行制定一个完整的众筹豁免规则,统一规定众筹免于适用证券法和证券交易法上的特许规定,豁免其证券发行注册和豁免众筹平台注册为券商。

众筹作为一种新型的融资模式在美国兴起之后,人们的第一直觉就是寻求SEC的立法支持。因此,关于众筹的立法建议首先是提交给SEC的。但SEC行动迟缓,而国会却不再犹豫,自行采取行动。最终国会抢先通过了《JOBS法》,SEC只落得在后面填补漏洞。[1]

一、向SEC提出的众筹方案

第一个众筹豁免方案是在2010年由可持续经济与法律中心(The Sustainable Economies Law Center)向SEC提出来的。该方案希望SEC豁免发行总额在10万美元以下、单个投资者投资不超过100美元的证券发行。该方案还要求发行文件中必须做风险提示,要求投资者认识到投资存在全部损失的可能,以及对每个发行人都需要仔细评估其诚信。

实际上,该方案本身的资助就来自在IndieGoGo上的众筹。SEC接受了该方案,并征求公众意见。

至2010年年底,小企业和企业家委员会(the Small Business & Entrepreneurship Council)提出了一个类似方案。该方案提出的豁免发行金额为100万美元,每个投资者的投资限额为1万美元或者投资者前一年收入的10%。该方案要求众筹发行必须在SEC批准的网站上进行,同时对发行人还有一些信息披露要求。

此外,一些创业者还向SEC提出了其他类似的众筹豁免方案,都对融资额度和投资额度作出了限制。

但SEC一直没有对各种方案作出任何官方回应,也没有明确众筹豁免规则的方向。2011年3月22日,众议员Darrell Issa给当时的SEC主席Mary Schapiro写了一封公开信,批评SEC在促进私营企业融资方面并不积极,其中特别问及SEC是否准备创设众筹豁免。Schapiro主席在2011年4月6日给Issa回信说,其刚刚设立了一个小型和创业企业咨询

---

[1] 本节此后关于各种众筹方案与议案内容的介绍,均引自C. Steven Bradford, "Crowdfunding And The Federal Securities Laws", 2012 *Columbia Business Law Review* 1 (2002)一文,以下不再一一注明。

委员会(Advisory Committee on Small and Emerging Companies),SEC 的工作人员也在重新考虑如何改善小企业的融资问题。回信中提到了可持续经济与法律中心提交的众筹豁免方案,称 SEC 正在研究众筹问题。

2011 年 9 月 8 日,白宫发布了一份总统奥巴马关于创造就业的建议方案,其中,有一句话提到了众筹:"对于企业发行金额不超过 100 万美元(单个投资者投资不超过 1 万美元或者年收入 10%)的证券发行,总统支持建立众筹豁免,使其免于在 SEC 注册"。

在奥巴马总统表达了对众筹的支持态度之后,SEC 的态度变得积极起来。SEC 企业融资部的主任 Meredith Cross 在众议院下属的委员会听证时,表示她认为 SEC 会在不久的将来考虑制定众筹豁免规则。

二、国会的众筹法议案

不过,国会两院根本等不及 SEC 了。

2011 年 11 月 3 日,众议院以 401∶17 票通过了 2930 号议案(House Bill 2930)——由众议员 Patrick McHenry 提出的《创业者融资法案》(Entrepreneur Access to Capital Act)。该议案拟在证券法上增加众筹豁免条款,允许发行金额不超过 100 万美元(如果发行人提交经过审计的财务报表,则金额可达 200 万美元),单个投资者的投资限额为 1 万美元或者年收入的 10%。证券限售期为 1 年,发行人需要进行很多风险提示。

在参议院层面,2011 年 11 月 2 日,参议员 Scott Brown 提出了 1791 号议案(Senate Bill 1791)——《融资民主化法案》(Democratizing Access to Capital Act)。该法案提出的发行额度也是 100 万美元,不过投资限额降到了 1000 美元以下。本法案也建议豁免众筹平台的券商注册,但强调对众筹平台加强监管,要求平台履行对投资者的风险警示和对投资者的风险测试等职责,同时还要对发行人做背景调查。

2011 年 12 月 8 日,参议院 Jeff Merkley 提出了 1970 号议案(Senate Bill 1970)——《在线融资并阻遏欺诈和不道德隐瞒行为法案》(Capital Raising Online While Deterring Fraud and Unethical Non-Disclosure Act of 2011)。该法案要求众筹必须通过网络平台进行,而这些网络平台必须在 SEC 注册为"集资平台"(funding portals),并接受 SEC 监管。集资平台不得引诱投资者购买,不得控制投资者的资金和证券,不得资助其雇员或者第三方在平台上销售证券,不得向投资者提供投资建议和推荐。

1970号议案对发行额度的限制也是100万美元,不过其对投资额度的限制比较复杂,与其他方案不同:其规定对于每一次众筹发行,投资者的投资额度不得超过500美元,或者,如果投资者年收入在5万—10万美元之间的,投资额度为1%;投资者年收入超过10万的,投资限额为2%。同时,议案要求集资平台确保投资者每年在所有众筹项目的投资总额度不得超过2000美元,或者,如果投资者年收入为5万—10万之间的,投资总限额为4%;年收入超过10万的,投资总限额为8%。

同时,1970号议案还要求发行人应当报告众筹融资进展,以及在融资后,还需要提交季度报告。该议案对集资平台也有很多监管要求,包括投资者教育等。

三、国会通过《JOBS法》中的《众筹法》

参议院对1791号议案和1970号议案一开始并没有付诸表决。

2012年3月8日,众议院以390:23票通过了Jumpstart Our Business Startups Act(《工商初创企业推动法》,以下简称《JOBS法》),其中包括了众议院McHenry提出的那个众筹法案。这下参议院也抓紧了行动。3月13日,参议员Merkley、Brown和Mary Landrieu、Michael Bennet一起,提出了一个协调后的众筹法案,第2190号议案。当众议院通过的《JOBS法》提交参议院时,3月21日,这几位参议员提出了一项修正案,第1884号修正案,以替代《JOBS法》中众议院McHenryd众筹法条款。

最终,在3月22日,参议院以64:35票通过了修正案,以73:26票通过了《JOBS法》。2012年3月27日,众议院以380:41票接受了修正案。2012年4月5日,美国总统奥巴马签署了修改后的《JOBS法》。

《JOBS法》对证券法作出许多修改,其中第三章是专门的《众筹法》,该法的名称为《2012年在线融资及阻碍欺诈和不道德隐瞒行为法或者众筹法》(Capital Raising Online While Deterring Fraud and Unethical Non-Disclosure Act of 2012, or Crowdfund Act)(以下简称《众筹法》)。

该法的基本框架其实很简单:《JOBS法》在《证券法》中增加了两个条款,第4(6)条和第4A条。第4(6)条就是豁免条款,其基本内容就是:发行额度限制为12个月内不超过100万美元;对单一投资者的投资额度加以限制;要求众筹必须通过符合第4A(a)条规定的网络平台进行;要求发行人必须遵守第4A(b)条的要求。

第4A条分为两条：第4A(a)条主要规定众筹平台必须注册为券商或者集资平台，并规定了集资平台的职责；第4A(b)条主要规定了发行人的条件，包括信息披露要求。

除此之外，《众筹法》还规定：(1) 对发行人和众筹平台适用"坏人规则"[1]；(2) 众筹证券转售限制为1年；(3) 众筹发行的证券可以排除州法适用；(4) 为众筹发行创设了一个新的责任条款。

如上所述，《众筹法》的制订过程匆忙快速，没有SEC等专业机构的参与，后来被学者称为很糟糕的立法（poorly drafted），留下了很多不协调和模糊不清的地方，甚至还有一些明显的错误。例如，《众筹法》第305(c)条要求在1933年《证券法》增加第18(c)(2)(F)条，规定各州不允许向众筹证券收费，但其将众筹证券归入第18(b)(4)(B)条所涵盖的证券是错的，应该是第18(b)(4)(C)条，因为第18(b)(4)(B)条涵盖的证券是券商销售的证券。[2] 在计算投资限额时，引入了年收入和净资产两个概念，到底用哪个作为计算比例的依据，条款却没有明确规定。[3]

因此，《JOBS法》中第三章的《众筹法》，还需要SEC制定细则，才能生效。《JOBS法》第三章明确规定：在本法颁布后270日内，基于投资者保护的目的，SEC应发布必要或合适的规则，以实施本章增补的第4A条和第4(6)条。[4]

时任美国总统奥巴马对众筹寄予厚望。奥巴马在签署《JOBS法》时说："通过本法，创业企业和小企业可以向广大的、新的潜在投资者融资——这些人就是美国人民。这是历史上第一次，普通的美国人民可以通过网络向那些他们喜欢的企业投资。"同时，奥巴马也承认SEC在执行本法时负有重要职责，呼吁国会两党给予SEC足够的财政支持。

但SEC在将《JOBS法》的第三章《众筹法》落实为具体规则时，仍然行动迟缓。《JOBS法》要求SEC在法律颁布之后的270日内就此立法，SEC则整整拖了将近四年才完成这项工作：在《JOBS法》规定的最后期限一年之后，2013年10月23日，SEC才发布了众筹条例草案，公开征求意见；然后又过了两年，2015年10月30日，SEC才终于发布了正式的

---

[1] 参见后文发行人资格部分的论述。
[2] 参见《JOBS法》第305(c)条。
[3] 参见《JOBS法》第302(a)条。
[4] 参见《JOBS法》第302(c)条。

《众筹条例》,该条例最终于 2016 年 5 月 16 日全部生效。

四、SEC 颁布《众筹条例》

自 2013 年 10 月发布众筹条例草案,公开征求意见以来,SEC 收到了超过 485 份评论意见,各方利益关系人都提出了自己的修改意见。最终,2015 年 10 月 30 日,SEC 的委员们以三比一的比例通过了众筹条例。

反对者 SEC 委员 Michael S. Piwowar 认为,SEC 最终发布的众筹条例过于复杂,充满陷阱,很可能成为没有合规意识的小企业主的噩梦。[1] Piwowar 承认,《JOBS 法》本身的规定就过于详尽,存在诸多缺陷,例如,不区分投资者资质,对所有投资者都加以投资额度限制。但 Piwowar 认为,SEC 在制订众筹条例时,过于强调投资者保护,使得小企业融资更为困难。例如,《JOBS 法》在计算投资限额时提出了投资者年收入和净资产两个计算基础,但并没有说明以哪个为准。SEC 在《众筹条例》中则选择了以两者中较小的金额为计算依据。Piwowar 认为,这是 SEC 不相信普通投资者能够理智投资。而这会使得那些合法的企业远离众筹,而同时鼓励了那些名声较差的企业使用熟人关系来从事多层次市场营销,这最终会败坏众筹的声誉。[2]

不过,多数 SEC 委员还是支持了《众筹条例》。SEC 最终发布的《众筹条例》共分为 5 部分,20 个条款,对《众筹法》中模糊不清的地方进行了明确,弥补了法律上的一些漏洞,但因为《众筹法》对一些问题规定的过于详细,SEC 能够解释和改变的空间非常有限。

对《JOBS 法》最大的改进是对信息披露要求有所简化,《JOBS 法》要求,对于融资额度超过 50 万美元的众筹,发行人应当提交经过审计的财务报告。但 SEC 在《众筹条例》中豁免了第一次使用众筹融资的发行人。对这些人,尽管其融资额度超过 50 万美元,只要提交经过独立会计师审阅的财务报告即可。

《众筹条例》还填补了《JOBS 法》的某些空白领域。例如《JOBS 法》虽然要求众筹必须使用网络平台,但没有对如何使用作出规定,《众筹条

---

[1] Michael S. Piwowar, Dissenting Statement at Open Meeting on Crowdfunding and Small Business Capital Formation, Oct. 30, 2015, https://www.sec.gov/news/statement/piwowar-regulation-crowdfunding-147-504.html.

[2] 同上。

例》则明确:发行人在众筹时一次只能使用一个集资平台。另外,《众筹条例》明确要求集资平台应该提供公开讨论区,便利投资者之间和投资者与发行人之间的信息交流,并且要公开这些讨论内容,以增加众筹发行中的透明度。而《JOBS法》对此未作任何规定,这曾经是学者对《JOBS法》中《众筹法》的一个重要批评。

因此,下文对公募型众筹的制度介绍,主要以 SEC 颁布生效的《众筹条例》为主。其实,纵览《众筹条例》建立的种种制度,主要还是以信息披露为核心,对发行人和发行额度的限制也都是传统证券法常用的投资者保护手段。即使创设了集资平台作为一种新型的证券中介,在众筹融资中发挥核心关键作用,也不过是传统证券中介在互联网时代的新发展,算不上什么突出的创新。

整个众筹制度中,最为突出的创新是对投资额度的限制,这是证券法中第一次出现对投资者额度的最高限制。此前,基于确认投资者资质的目的,曾经有些国家采用过最低投资额度的要求,以此保证投资者具有一定的财富水平,符合合格投资者的标准。但对投资额度进行上限限制,却与投资者资质无关,是为了确保投资者具有风险承受能力。这是来自私募理论的概念,却在公募型众筹中得到适用。这一问题很值得证券法研究者关注。

下文对公募型众筹制度的介绍将分为这几个部分:首先介绍公募型众筹制度的一般内容,主要是对发行人的限制;其次介绍《众筹法》创设的一种新类型的证券中介——集资平台;再次重点讨论投资限额概念在美国证券法中的产生和发展过程;最后介绍对于公募型众筹的众多批评。

第二节 公募型众筹的法律制度

公募型众筹主要规定在《JOBS法》的第三章——《众筹法》中,同时,SEC 还颁布了《众筹条例》予以详细规定,因此,整个公募型众筹制度,必须遵守《JOBS法》[1]和《众筹条例》的规定。由于《众筹条例》的规定更为

---

[1] 《JOBS法》的中文版本,由荣浩、顾晨翻译,发表于《互联网金融与法律》第 6 期,全文可至北京大学金融法研究中心网站下载:www.finlaw.pku.edu.cn。以下对《JOB法》条文的引用来自该译本,也就不再一一注明。

细致,本书的介绍主要以《众筹条例》为主。[1]

众筹融资主要涉及发行人、投资者和众筹平台三方主体,还涉及信息披露要求、发行方式、转售限制、州法适用等各个方面,其中众筹平台和投资限额会有专门的讨论,本节仅作简单介绍。

一、众筹豁免的基本条件

众筹豁免是《JOBS 法》在 1933 年《证券法》中增加第 4(a)(6)条实现的,第 4 条规定的都是交易豁免的情况,所以这是增加了一个新的交易豁免。

对于豁免条件,《JOBS 法》和《众筹条例》规定的都很简单,只有 4 个条件:

1. 发行额度

发行人在 12 个月内向投资者出售的证券总额不超过 100 万美元。这里的总额计算,只包括众筹类型的发行,其他类型的发行不算在内。例如,如果一个企业先通过条例 D 中的规则 506 私募发行了 100 万美元,然后又要通过众筹发行融资 50 万美元,并不违反该限额。这是因为其他类型的发行,都有相应的投资者保护制度,例如规则 506 限制了投资者的资质必须是获许投资者。因此,不需要众筹豁免制度的特别保护。

另外,《众筹条例》要求,在计算发行额度时,发行人的关联人(发行人控制或者与发行人处于同一控制下的所有实体,以及发行人的任何前身)的众筹发行额度应该计算在内。

2. 投资限额

任何投资者在一年内,投资众筹发行证券的总额,应不超过:

(1)当投资者的年收入或净资产中的任一项低于 10 万美元时,2000 美元或者该投资者年收入或净资产中较小者的 5%,取其中较大者;

(2)当该等投资者的年收入或净资产均大于或等于 10 万美元时,该投资者年收入或净资产中较小者的 10%,且投资总额不得超

---

[1] Regulation Crowdfunding, SEC Release Nos. 33-9974. 本章以下对《众筹条例》内容的介绍,多来自该文件,也就不再一一注明(《众筹条例》的中文全文已经翻译发布,参见《法律与新金融》第 9 期,谭思维、陈嘉希、袁义萍译。本书引用的均为这一版本。也可至北京大学金融法研究中心网站下载,www.finlaw.pku.edu.cn)。

过 10 万美元。

假如投资者 A 年收入是 6 万美元,净资产有 20 万美元,则其应当适用第一档,以较小的金额——年收入 6 万美元作为计算基础。6 万美元的 5% 是 3000 美元,与 2000 美元相比较大,因此,投资者 A 在一年内众筹投资的限额是 3000 美元。

再假如投资者 B 年收入是 14 万美元,只有在其净资产也同时大于 10 万美元的时候,才能适用第二档。假设其净资产为 11 万美元,则以较小值作为计算基础,即 11 万美元的 10%,为 1.1 万美元,这是投资者 B 一年内的众筹投资限额。需要注意的是:第二档投资者不管年收入或者净资产是多少,其在众筹中的最高投资额度都不能超过 10 万美元。

夫妻的收入和财产可以一起计算,但限额的计算也要合并。

《众筹条例》允许发行人依靠代理中介来确认投资者购买本次发行证券是否超出投资限额,只要发行人本身不是明知投资者违反投资限额。

尽管在征求意见时有很多批评,但对于获许投资者,SEC 仍然坚持适用投资限额制度。这一方面当然是因为《JOBS 法》的条文中并没有对投资者作出区分,另一方面,SEC 认为:(1)《众筹法》的立法目的就是要为众筹创设向公众筹资的机会,这是投资的民主化,投资限额应当平等适用,否则获许投资者就可能抢夺了公众投资者的投资机会;(2)众筹的投资限额和发行额度都是单独计算的,并不排除其他豁免的适用,因此,发行人如果觉得需要吸收获许投资者更多资金,可以同时采用其他针对获许投资者的豁免发行。

3. 网络平台

众筹必须通过网络中介完成,该网络中介应当为券商或者集资平台。《众筹条例》进一步要求众筹发行的所有交易都必须在一个网络中介的平台完成。也就是说,发行人的一次众筹发行,不能使用多个集资平台,只能选择一个平台,并且不能同时使用互联网之外的发行方式。

4. 发行人必须遵守信息披露和资格要求(具体内容参见下文)

二、发行人

(一) 发行人资格

对发行人的资格,《JOBS 法》有简单规定,SEC 的《众筹条例》又进一步细化,主要包括这两大类:

1. 资格限制

下列主体不得利用众筹豁免:(1)注册在美国境外的公司;(2)《证券交易法》上规定的报告公司;(3)《投资公司法》上规定的投资公司;(4)已经有过众筹发行,但在此前两年,未能向SEC备案,也没有按照要求提交年度报告的公司;(5)没有特定商业计划或者商业计划只是拟未来并购某些尚未明确目标的公司,也即所谓的空壳公司。

2. 资格丧失

SEC在《众筹条例》中还规定,如果众筹中的发行人或者其他相关人等,曾经受到行政处罚或者刑事制裁,则整个众筹将丧失豁免资格,即所谓的"坏人规则"。需要注意:这里的"坏人"范围相当广泛,不仅仅包括发行人本身,还包括:发行人的任何前身;任何发行人的关联人;该发行人的任何董事、高管、普通合伙人或管理人;持有发行人20%以上股权的股东;在证券发售时与发行人有关系的推广人;为本次证券发售招揽购买者已经或即将收到(直接或间接地)酬金的人;或者该招揽商的任何普通合伙人、董事、高管或管理者。所以,要想满足众筹豁免条件,发行人必须严格审查各种参与人的资质。

具体来说,这里的行政处罚或者刑事制裁包括:

(1)在此前10年曾经因下列重罪或者轻罪被判刑(如果是发行人或它的前身和关联发行人,则要求在5年之内):

(a)与证券的购买或销售有关的罪名;

(b)涉及向证券交易委员会提交虚假文件;

(c)作为承销商、经纪人、自营商、市政证券自营商、投资顾问、集资门户或受雇为证券购买招揽人,在从事相关业务活动而产生的行为;

(2)在此前5年,因有管辖权法院的命令、判决或裁定而禁止或者限制其从事或继续从事下列行为,并且在当前该禁止或者限制仍然有效:

(a)与证券购买或销售有关的行为;

(b)涉及向证券交易委员会提交虚假文件行为;

(c)作为承销商、经纪人、自营商、市政证券自营商、投资顾问、集资门户或受雇为证券购买招揽人,在从事相关业务活动而产生的行为;

（3）在此前10年，州证券委员会、州的银行监管机构、州保险监管机构、联邦银行监管机构、美国商品期货交易委员会，或国家信贷管理局等主体，发布的有效命令，禁止该主体：

（a）与受上述委员会、有权机关、机构或官员监管的实体具有关联；或

（b）从事证券、保险和银行业务；或

（c）从事储蓄机构或信用合作社的活动；

或者申请人在此前10年内，被上述机构认定违反了禁止欺诈性、操纵性或欺骗性行为的相关法律法规的规定。

（4）在申请众筹豁免时，SEC按照《证券交易法》或《1940年投资顾问法》的规定，对其发布具有以下内容的命令：

（a）暂停或撤销该主体作为证券经纪人、自营商、市政证券经销商、投资顾问或集资门户的注册；

（b）对该主体的活动、功能或运行加以限制；或

（c）禁止该主体参与发售小额股票的活动或与任何发售小额股票的法人实体有关联关系；

（5）在此前5年内，被证券交易委员会颁布禁止令，要求该发行人不得从事下列违法或预期违法活动（并在提交上述文件时该命令仍然有效）：

（a）违反联邦证券法律中的关于禁止故意欺诈的任何条款；或

（b）《证券法》第5条；

（6）因为作为或故意不作为违反了交易的公平和公正原则，被经注册的全国性证券交易所或全国性证券业协会或其关联协会暂停或者开除会员资格，或者暂停或禁止与其成员合作；

（7）在此前5年内，发行人或注册人曾经因向证券交易委员会提交注册声明书或条例A要求的发行说明书，或者作为上述文件中的承销商或者列名为承销商，而受到过拒绝令、终止令或被暂停了条例A的豁免资格；或者，发行人在提交文件时仍处于调查过程或者决议过程中，委员会将根据调查或者决议结果决定是否发布终止令或暂停命令；或

（8）在此前5年内，受到美国邮政局关于虚假陈述的禁令；或者在提交文件时，因为某种行为可能构成以虚假陈述的方式通过邮件来获得钱或财产，美国邮政局对发行人的相关行动作出了临时禁令

或初期禁令。

不过,SEC可以根据具体情况,裁定某个发行人并不需要被取消众筹豁免资格。

同时,如果发行人能够证明,其对于相关人等具有上述消极条件并不知情,并且在采取合理的注意措施之后仍不知情,则该发行人并不会丧失众筹豁免资格。

(二) 信息披露要求

《JOBS法》通过在《证券法》中增加第4A(b)条,对众筹发行人提出了分级的信息披露要求——根据发行人的发行额度,信息披露的详尽程度要求不同。

当发行额度在10万美元以下时,发行人只需要提供最近一次完整年度的所得税申报表,以及经发行人的主要行政人员确认真实性和完整性的财务报告;当发行额度在10万美元和50万美元之间时,发行人应提供独立的公共会计师按照专业标准和程序审核的财务报告;当发行额度超过50万美元时,发行人必须提供经审计的财务报表。[1]

不过,多数评论者认为这些信息披露要求过于复杂,增加了众筹发行的成本。SEC经过研究,在《众筹条例》中进一步细化了信息披露要求,同时对于某些要求,例如提交经过审计的财务报告,则有所放松。

这些信息披露要求包括:发行时的信息披露,其中最重要的是财务报告的披露要求,以及持续信息披露。

1. 发行时的信息披露

为了方便众筹发行人的信息披露,SEC设计了专门的披露表格——表格C。发行人必须向SEC的电子数据库(Electronic Data Gathering, Analysis and Retrieval System, EDGAR)和集资平台提交电子的表格C。表格C中没有包括的项目,可以通过附件的方式提交。

表格C要求的信息披露,主要涉及发行人信息、本次发行信息两个方面,而在发行人信息的介绍中,财务信息又是关键。因此,我们将对财务信息单独予以讨论,这里只说一般的信息披露。

发行人的信息包括:

(1) 发行人名称、法律性质(包括组织形式,设立所在法域和设

---

[1] 《JOBS法》第302(b)条。

立日期),公司住址及网址;

(2) 发起人的董事和高管(以及任何享有类似地位或承担类似职责的人)名单,该等人员在发行人的职位,该等人员在该职位上的任职期间,及其过去3年的业务经验,包括:

(a) 每一人员的主要职位和受雇情况,包括任何高管是否受雇于另一雇主;

(b) 该等主要职位和雇佣关系所属的任何公司或其他组织的名字和主要业务;

(3) 20%以上股东的姓名;

(4) 对发行人业务的描述和发行人的预期商业计划;

(5) 发行人现有雇员人数;

(6) 对于向发行人投资的投机性或者风险的重要因素之讨论;

(7) 对发行人财务状况的讨论,应包括实质性因素,例如流动性,资本来源和运营的历史结果;

(8) 对发行人任何债务的主要描述,包括金额,利率,到期日和其他主要条款;

(9) 对发行人过去3年内所进行的豁免发行的描述;

(10) 关于发行人自上一财务年度以来的任何关联交易的描述,发行人是或将是该等交易的一方,且交易所涉金额超过发行人众筹发行总额的5%。

涉及本次发行的信息包括:

(1) 目标发行总额和实现目标发行总额的期限,包括一份关于如果在预定期限投资承诺不能达到目标发行总额时,该次发行将终止发行证券,投资承诺将被取消,且所承诺的资金将被返还的声明;

(2) 发行人是否接受超出目标发行总额部分的投资,以及若是,发行人将会接受的最高额以及超额认购部分将如何分配,比如按比例,先到先得,或其他标准;

(3) 对募集资金的目的和预期用途的描述;

(4) 描述发行程序或取消投资承诺的程序,包括对以下事项的声明;

(a) 投资者可以在发行人发行说明书预定结束期限的48小时前取消一项投资承诺;

(b) 中介应在目标投资总量完成时通知投资者;

(c) 如果发行人在其发行说明书所确定的结束期限前即达到了目标投资总量,(在没有发生实质性变更因而要求延长发行期限并重新确认投资承诺的情况下,)发行人可以提前结束发行,只要其在新结束期限前 5 个工作日通知了该新期限;以及

(d) 如果投资人在发行结束期限的 48 小时前未取消投资承诺,则该笔资金将在发行结束时转给发行人,且该投资者将取得由其投资所换来的证券;

(5) 声明:当发行条件发生实质性变更后,投资者若不对其投资承诺进行再次确认,则投资者的投资承诺将被取消,且承诺的资金将被退还;

(6) 该等证券面向公众发行的价格,或确定价格的方法,在证券销售前,每一投资者都应得到书面的最终价格和获得所有要求的披露信息;

(7) 对发行人的所有权和资本结构的描述,包括:

(a) 所发行证券的要素和发行人的其他任何类别的证券,包括此次发行证券的数量和所有发行在外证券的数量,这些证券是否享有表决权,是否包括任何对表决权的限制,所发行证券的要素如何修改,对该等证券与发行人的其他类别证券之区别的总结,以及所发行证券之权利如何可能受到发行人其他类别证券权利的重要限制、稀释或影响;

(b) 关于发行人主要股东权利之行使将如何影响正在发行证券的购买人的描述;

(c) 所发行证券的估值方式,以及在将来,包括随后的公司行为中,该等证券可能如何被发行人评估的具体方法之示例;

(d) 作为发行人小股东的证券购买人的相关风险,以及与公司行为相关的风险,该等公司行为包括额外的证券发行,发行人回购证券,发行人或发行人资产被出售或与关联方的交易行为;

(e) 众筹发行证券的转售限制;

(8) 发行行为所使用的中介的名称,证券交易委员会档案编号和中央登记存管号;

(9) 对于中介在发行交易中或在发行人处的经济利益的描述,包括:

（a）对该等中介从事发行所支付的费用数额，包括引荐费用和任何其他与发行有关的费用，无论是具体金额还是按照发行股份的特定比例，若申报时尚无法确定费用具体数额的，则应披露善意的估计；和

（b）该中介对发行人享有的任何其他直接或间接的利益，或任何该中介取得此种利益的安排。

2. 财务报告披露

在要求披露的各种信息中，财务信息的披露无疑是最重要的，也是成本耗费最高的，因此，对财务信息披露的要求，一直是众筹信息披露要求中最受关注，也是争议最大的部分。《JOBS法》对众筹财务信息的披露，采取了分级披露的要求，对50万—100万美元的众筹发行，要求提交经过审计的财务报告，被很多人认为要求过于苛刻。SEC在《众筹条例》中，对这一要求有所放松：

（1）发行额度在10万美元以下的，发行人应提交在最近一个完整年度（若有）的联邦所得税申报表上所载的总收入、应纳税收入和纳税总额，或其他相当之项目（应由发行人之首席执行官保证，该等数据准确反映了发行人在联邦所得税申报表上所报告的信息），以及发行人的财务报表（应由发行人首席执行官保证，这些财务报表在重大方面具有真实性和完整性）。

（2）发行额度超过10万美元但不超过50万美元的，发行人应提交经一名独立于发行人之注册会计师审阅的财务报表。

（3）发行额度超过50万美元的，发行人应提交经一名独立于发行人之注册会计师审计的财务报表；但是，如果发行人此前并未依据众筹豁免出售过证券，此次目标发行总额超过50万美元但不足100万美元的发行，发行人只需提交经一名独立于发行人之注册会计师审阅的财务报表。也就是说，SEC允许第一次众筹的发行人不提交经过审计的财务报表。

3. 众筹发行进度的信息披露

《众筹条例》要求，在众筹发行过程中，发行人应当及时披露众筹进度。包括两个方面：（1）在发行人分别达到目标发行总额50%和100%之日起的5个工作日内，发行人披露发行进度。（2）如果发行人将接受超过目标发行总额的资金，应在发行截止之日后的5个工作日内，披露发

行中出售的证券总量。

4. 持续信息披露

众筹发行人应当在会计年度结束之日 120 天内,向 SEC 提交并且在其网站上公布年度报告和经发行人首席执行官保证的、在所有重大方面真实且完整的财务报表,以及一份按规定格式对发行人财务状况的描述。

发行人须不间断地遵循持续报告要求,但在满足下列条件之一时,可以终止其持续信息披露义务:

(1) 发行人成为《证券交易法》下的报告公司;

(2) 发行人自最近一次证券销售后已经按照规定提交了至少一次年度报告,且其记录在案的证券持有人不足 300 人;

(3) 发行人自最近一次证券销售后已经按照规定提交了至少三次年度报告,且其总资产不超过 1000 万美元;

(4) 发行人或其他人回购了发行人众筹发行的全部证券;

(5) 发行人依照州法清算、解散。

三、发行方式

1. 公开宣传和广告

众筹发行通过网络平台进行,必然涉及公开宣传,并且众筹发行对发行对象没有资质限制,只有投资额度限制。因此,众筹发行允许采取广告等公开劝诱方式。但 SEC 的《众筹条例》对众筹中的广告宣传还是作出了一些限制。

首先,发行人及其代理人在平台之外的发行广告,应该只起到将投资者引致集资平台的作用,该广告只可以宣传下列内容:

(1) 发行人关于依法从事众筹发行的声明,负责办理发行的中介名称以及将潜在投资者指引至中介平台的链接;

(2) 发行的各项条件;

(3) 发行人法律性质、营业地等事实信息,限于证券发行人名称、发行人地址、电话号码、网址,发行人代表的邮箱地址和发行人业务简介。

其次,尽管禁止在平台之外对任何发行条件发布广告,发行人或发行人的代理人可以通过相关中介在其中介平台上所提供的交流渠道,与投资者和潜在的投资者就发行条件进行交流,前提条件是发行人在所有交流中清楚表明自己的发行人身份。代理发行人的任何人在中介平台上的所有交流中也应表明他们与发行人的关联关系。

另外,借助集资平台提供的交流渠道,为发行进行推广的个人,必须明确披露其因此获得的或预期获得报酬的情况。

2. 众筹发行程序

按照《众筹条例》的要求,众筹发行只能通过选定的某个集资平台开展。在此期间,发行人不得通过其他方式开展众筹活动。

发行人披露的信息必须在平台上公开,并以合理方式允许个人利用平台保存、下载或者储存这些信息。平台应当允许任何人都可以获得该信息,不需要为此开设账户。

这些信息必须在投资者可以承诺投资前 21 天公开,也就是说,众筹活动的期间不得少于 21 天。同时,在众筹期间届满前 48 小时之前,投资人可以无条件撤回其投资承诺。在届满前 48 小时内,不允许投资者撤回承诺,除非发行人对披露信息或者发行条件作出重大变更。

如果发行人披露的信息或者发行条件发生了重大变更,平台必须向已经作出投资承诺的投资者发送通知,告知其重大变化,并且告知,投资者必须在接到通知的 5 个工作日内重新确认投资承诺,否则该承诺将被取消。如果投资者未能在 5 个工作日内重新确认其投资承诺,平台必须在此后 5 个工作日内向投资者发送通知,告知其承诺已经被取消、取消的原因以及预期可退回的金额,以及告知投资者如何取回资金。

如果在发行开放剩余时间不足 5 个工作日时,发行人披露的信息或者发行条件发生重大变更,发行时间必须适当延长。

如果发行人在拟定的截止日期之前就已经完成目标发行总额,可以提前停止发行,但发行的时间不得少于 21 天。同时,发行人要提前终止发行,还必须向投资者公告,特别是向已经作出了投资承诺的投资人发出通知,告知:(1) 新确定的发行截止日期,该日期必须在发出本通知的 5 个工作日后;(2) 在新截止日前的 48 小时前,投资人可以无理由撤销投资承诺;(3) 在新截止日前的 48 小时内,发行人是否继续接受投资承诺。

如果发行人未能成功完成发行,平台必须在 5 个工作日内,向每个投资者发送取消通知,并退还相关金额。

众筹发行过程中,投资者承诺投资后的款项,必须支付给合格的第三方。合格的第三方包括注册的券商、银行或者信用合作社。

3. 转售限制

众筹发行的证券受到转售限制,在发行一年内,不得将证券转售给他人,除非:(1) 转让给证券的发行人;(2) 转让给获许投资者;(3) 作为在

SEC 注册发行证券的一部分转让；(4) 转让给该购买人的家庭成员或相类似关系的人，或者转让发生在该购买人死亡或离婚以及其他类似情形下。

四、其他

1. 豁免报告公司注册

《证券交易法》第 12(g)条规定，如果任何一家公司在某会计年度末，公司总资产超过 1000 万美元，同时股东人数超过 2000 人（或者其中非获许股东人数超过 500 人），该公司就必须在 SEC 处注册，成为报告公司，负有持续信息披露义务。但《JOBS 法》和《众筹条例》允许在满足下列条件时，持有众筹发行证券的股东人数可以不计入上述人数，这些条件包括：

(1) 发行人目前遵守了《众筹条例》中的年度报告义务；

(2) 发行人在最近一个会计年度末总资产不超过 2500 万美元；

(3) 同时，证券由 SEC 注册的证券结算代理人负责结算。

2. 排除州法监管

《JOBS 法》规定，众筹发行的证券，视为《证券法》第 18 条的"监管证券"（covered securities），豁免各州的发行注册。对众筹发行人和集资平台的证券欺诈等不法行为，各州仍然可以实施监管，但不得向众筹证券收费，除非该州为众筹发行人主营业务所在地，或者该州居民持有众筹证券发行总额的 50%以上。

3. 虚假陈述的法律责任

《JOBS 法》针对信息披露要求，设置了严格的虚假陈述法律责任，明确规定了众筹投资者的民事诉讼权利，可以要求撤销交易返还购买证券的款项或者赔偿损失，只要众筹发行人，"以任何书面或口头交流形式，对重大事实作出了不实陈述或者遗漏了要求披露的重大事实，或根据陈述时的具体情况，遗漏了为避免误导而本应陈述的某一重大事实，且购买人对该不实陈述或者漏报不知情；并且发行人不能举证证明该发行人确实不知晓，以及在尽到合理注意义务后仍然不知晓该不实陈述或者遗漏"。[1]

这一法律责任仿照 1933 年《证券法》第 12(a)(2)条的责任，但要比其

---

[1] 《JOBS 法》第 302(b)(c)条。

严格,因为发行人的范围要大于上述条款。针对这一法律责任,不少批评者认为过于严格。[1]

4. 非实质性违法

考虑到众筹发行人可能是刚刚创业的小企业,对于合规不够重视,缺乏相应的法律知识和经验,《众筹条例》放松了对其合规的要求。《众筹条例》明确规定:如果发行人未能遵守本部分的规定,只要其表明以下情况,则发行人不会因此丧失众筹豁免:

(1) 不能遵守的情形相比整个证券发行来讲是微不足道的;

(2) 发行人已经善意和合理地努力,试图遵守本部分的所有相关要求;

(3) 当对本部分相关规定的违反是由于中介机构没能遵守本法的规定造成的,或者该中介机构只是在该发行人此次证券发行以外的其他证券发售事项中违反了上述规定,发行人并不知道此种违法情况。

第三节 集资平台监管

众筹作为一种新的融资方式,其核心就是通过互联网进行融资。因此,《JOBS 法》要求众筹发行必须通过互联网平台进行,将其规定为众筹豁免的四个条件之一。

但就如前面所述,当互联网平台帮助发行人发行证券的时候,在性质上就可能构成证券经纪商,如果对特定项目进行推介,还可能构成投资顾问。而证券经纪商和投资顾问都需要获得牌照,是经过特许才能从事的活动,还需要接受相应的监管。对此问题的解决方案,是《JOBS 法》要求从事众筹发行的互联网平台,必须或者是已经注册的券商,或者是集资平台(funding portals)。其中券商是传统的业务牌照,在 SEC 注册,接受 SEC 监管和自律监管,同时可以从事证券经纪和投资顾问业务。

集资平台则是《JOBS 法》新创设的一种证券中介类型,要求其必须在 SEC 注册,并加入全国性券商自律组织。注册后的集资平台可以帮助众筹发行,但不得提供投资建议,也就是说,《JOBS 法》赋予了集资平台经纪商的类似身份,但不具有投资顾问身份。因此,本节主要讨论集资平台,

---

[1] David Mashburn, "The Anti-Crowd Pleaser: Fixing The Crowdfund Act's Hidden Risks and Inadequate Remedies", 63 *Emory Law Journal* 127 (2013).

对于券商从事众筹发行,其需要承担的职责与集资平台相同,但注册要求和业务限制有所不同,这里不再讨论。

一、注册要求

任何拟从事众筹发行中介工作的互联网平台,都必须选择注册为券商或者集资平台。券商注册有严格的程序要求,监管也更为严格,但业务范围较大。集资平台是一种新的证券中介,目前注册比较方便,但业务范围受到限制。

拟申请注册为集资平台的,必须向 SEC 提交申请材料。《众筹条例》规定了专门的集资平台表格(Form Funding Portal),申请人必须如实填写,主要包括集资平台的业务、所有人、控制关系和雇员等信息。

相关申请会在 SEC 接受填写完整的表格后 30 天,或者在集资平台获得全国性券商协会成员资格的那天(两者中的较晚者)生效。

目前全国性券商协会只有一家,即金融行业监管协会(Financial Industry Regulatory Authority,FINRA),集资平台必须申请成为其会员。因此,虽然在《JOBS 法》和《众筹条例》中对于申请集资平台并没有资质要求,但 FINRA 在其手册(FINRA Manual)中对于集资平台的申请是有批准标准的。任何集资平台的申请人在提交申请,按照法定要求披露信息后,必须接受 FINRA 的资格审查,包括面谈(membership interview)。获得成员资格的条件包括:(1)申请人及其关系人在此前不曾受到过证券欺诈的行政处罚或者刑事制裁;(2)申请人已经与银行、券商、结算机构、技术服务商等签订合约,具备从业条件;(3)申请人有合格的监测系统保证其能够合规运行;(4)申请人已经充分披露了其资金来源;(5)申请人有符合要求的记录保存系统。[1]

从 2016 年 1 月 29 日开始,SEC 和 FINRA 开放接受集资平台申请。截至 2016 年 12 月 31 日,FINRA 网站上公布的,已经成为其成员的集资平台一共有 21 家。

二、业务限制

1. 禁止性规定

集资平台可以豁免注册为证券经纪商,其功能相当于原来的证券经

---

[1] 参见 FINRA 手册第 110(a)(10)条。

纪商。但因为其未能取得投资顾问的注册豁免,因此,《JOBS法》对其业务范围有所限制。按照《JOBS法》的规定,集资平台不得从事下列业务:

(1) 提供投资意见或建议;

(2) 通过劝诱性的购买、销售或者发行方式,吸引人购买其网站或者门户上发行或者展示的证券;

(3) 对实施此类劝诱行为的员工、代理人或其他个人支付报酬,或者根据其网站或者门户上展示或推介的证券销售,给予员工、代理人或者其他个人报酬;

(4) 持有、管理、拥有或以其他方式处理投资者资金或证券。[1]

但如果注册为券商,就不受上述限制的约束。

不过,集资平台在众筹发行过程中的种种行为,很难清楚地界定其是否违反了上述限制。例如,网络页面能承载的内容有限,将某些众筹项目放置在突出位置,是否构成了提供投资建议?集资平台虽然不直接持有投资者的资金,但在发行不成功时需要帮助退还投资资金,是否构成处理投资者资金?

2. 安全港规则

为了划清集资平台的行为界限,确定其行为的安全边界,SEC在《众筹条例》中专门为集资平台规定了安全港规则:一个集资门户可以从事下列活动,而不被认为违反关于集资平台的禁止性规定:

(1) 如果一个集资门户在其他方面遵守本部分规定,则其可以决定是否以及在何种条件下允许一个发行人在众筹豁免规定下通过其平台发售和出售证券;

(2) 采用某种客观标准在其集资门户平台上突出显示某些证券发售,只要:

(i) 该标准设计合理,可以突出显示在集资门户平台上发售的相关范围内的所有证券发行人,并且该标准同等适用于所有发行人和证券发售事项,且该标准应当被清楚地展示于集资门户平台上;

(ii) 集资门户不得以发行人或者所发售证券的可投资性建议为基础而突出显示某些发行人或者某些证券发行,该标准可以包括:发售证券的种类(例如,普通股,优先股或债权性证券),发行人的地理

---

[1]《JOBS法》第304(b)条。

位置，发行人所属的产业或行业类型，已经收到投资承诺的金额或者数量，完成发行人目标发行总额或者最高发行总额（如有）的进度，以及最低或最高投资金额，等等；并且

(iii) 集资门户不得因在其平台上突出显示某个或多个发行人或证券发行事项而收取专门或额外的报酬；

(3) 根据客观标准向投资者提供搜索功能或其他工具，以便投资者用于搜索、归类、分类检索集资门户平台上的证券发行；

(i) 该标准可以包括：发售证券的种类（例如，普通股、优先股或债券），发行人的地理位置，发行人所属的产业或行业类型，已经收到的投资承诺的金额或者数量，完成发行人目标发行总额或者最高发行总额（如有）的进度，以及最低或最高投资金额，等等；并且

(ii) 该标准不得包括：对发行人或所发售证券可投资性的建议，或者对发行人的特性、商业计划、主要管理团队以及与投资相关风险的评估；

(4) 在网站平台上为投资者相互之间、或者投资者与发行人的代理人就证券发售事项进行沟通交流提供交流渠道，只要该集资门户（以及它的关联人）：

(i) 除了为交流制定规则，以及删除带有辱骂性质和潜在欺诈可能性的交流信息之外，不参与这些交流沟通；

(ii) 允许公众浏览这些交流平台上的评论；

(iii) 只允许在其平台上开设账户的人在交流平台上发表评论；

(iv) 要求在交流平台上发表评论的人在每次评论时都明确地披露其是否为创始人或发行人的雇员，在代表发行人从事推广发售活动，以及是否因为推广发行人的发售活动，而在过去或将来获得报酬；

(5) 对发行人证券发售中涉及的结构和内容提供建议，包括帮助发行人准备证券发行的有关文件；

(6) 为向集资门户引流的第三方提供报酬，只要该第三方机构没有向集资门户提供关于任何潜在投资者的可辨识的个人信息，而且该项报酬（除了向注册证券经纪人或自营商支付的费用之外）不得直接或者间接基于发生在集资门户平台上众筹发行证券的购买或者销售行为；

(7) 因注册证券经纪人或自营商所提供的服务而向其支付或预

计支付报酬,此服务包括在依据众筹豁免规定、在集资门户上发行证券时,根据本节第(b)(6)条有关规定提供引流服务,只要:

(i) 提供该项服务符合集资门户与注册证券经纪人/自营商之间签订的书面协议;

(ii) 该项服务和报酬符合本节规定;以及

(iii) 该项服务和报酬符合任何一家经注册的全国性证券业协会(该集资门户为其成员)的规定;

(8) 集资门户接受注册证券经纪人和自营商所给付的报酬,因为其根据众筹豁免规定向他们提供了关于在平台上发行证券的相关服务,只要:

(i) 提供该项服务符合集资门户和注册证券经纪人/自营商之间签订的书面协议;

(ii) 此项报酬符合本节规定;以及

(iii) 此项报酬符合任何一家经注册的全国性证券业协会(集资门户为其成员)的规定;

(9) 为该集资门户做广告,并且依据客观标准对该门户网站上的一个或多个发行人或发售事项进行辨别,只要:

(i) 该标准设计合理,可以辨别在集资门户平台发售的相关范围的证券发行人,并且该标准同等适用于所有发行人和证券发售事项;

(ii) 该标准可以包括:发售证券的种类(例如,普通股、优先股或债券),发行人的地理位置,发行人所属的产业或行业类型,已经收到投资承诺的金额或者数量,完成发行人目标发行总额或者最高发行总额(如有)的进度,以及最低或最高投资金额,等等;并且

(iii) 集资门户不得因使用此方法在其平台上辨识出某个或多个发行人或证券发行事项而收取专门或额外的报酬;

(10) 如果该集资门户有合理的理由认为,该发行人或证券发售事项存在潜在的欺诈行为,或因其他原因引发对投资者保护的关注,则其可以禁止发行人使用该平台或取消发行人的证券发行;

(11) 当发行人在集资门户平台上根据众筹豁免规定发行证券时,集资平台可以代表发行人接受投资承诺;

(12) 在投资者购买根据众筹豁免规定发行的证券时,指示投资者将相关资金缴付或者汇至何处;

(13) 在众筹发行完成时,指示合格第三方将资金转移给发行

人,或者当一项发行承诺或者整个发行被取消的情况下,指示合格第三方将收益退还给投资者。

三、职责

集资平台是整个众筹发行的核心关键,因此,《JOBS法》和《众筹条例》要求其履行一定的职责。实际上,基于众筹发行的小额性质,为了促进小企业融资,减少融资成本,众筹豁免规则的设计中减少了大量的行政监管要求,但是将监管职责交给集资平台,要求其承担保证发行人和投资者合规、打击欺诈,以及投资者教育的功能。其职责主要包括以下几个方面:

1. 投资者教育

投资者只有在集资平台开设账户并同意接受电子材料后,平台才能向该投资者销售证券并接受其投资承诺。

在为投资者开设账户时,集资平台必须披露其在众筹发行中获取相关报酬的方法。

在为投资者开设账户时,平台必须向该投资者递送教育性材料,该材料使用通俗语言或者其他有效准确的方式解释以下事项:

(1) 通过平台发售、购买、发行证券的程序以及购买众筹证券的风险;

(2) 购买众筹证券的类型和各类型证券的相关风险,包括稀释后表决权下降的风险;

(3) 众筹证券将受到转售的限制;

(4) 众筹发行者提供信息的类型,递送该信息的频率以及这些义务将来终止的可能性;

(5) 众筹投资者的投资额度限制;

(6) 对投资者撤销投资承诺权利的限制和投资承诺被发行人撤销的可能性;

(7) 投资者需要考虑投资众筹证券对其是否合适;

(8) 警告投资者,通过该平台完成的发行结束后,发行人和该平台之间有可能不再保持关系;

(9) 特定情形下发行人可能终止公布年度报告,投资者因此可能无法持续获得关于发行人的最新财务信息。

集资平台必须始终在其平台上公布最新版本的教育材料,当中介对教育材料做了实质性调整时,在投资者对众筹证券作出承诺或进一步交易之前,其必须使所有投资者可获得该修改后的教育材料。

2. 发行人审核

集资平台必须保证发行人符合众筹豁免规则的要求,当然平台可以合理依赖发行人关于其符合要求的陈述,除非平台有理由质疑这些陈述的可靠性。集资平台应当确认发行人已经建立有效方法以准确记录众筹发行后证券持有者的名单。

在下列情形下中介应当拒绝发行人使用该平台:

(1)集资平台有合理理由相信发行人或者其高管、董事(或任何具有相似职位或履行相似职能的人)或者持有20%及以上股权的股东,有"坏人规则"规定的事项。为满足此条件,集资平台应当至少对拟通过该平台发售证券的所有发行人、高管、董事或任何拥有超过20%股权股东的背景及其证券执法监管历史进行核查。

(2)集资平台有合理理由相信发行人或者发行行为具有欺诈的可能或者增加了对投资者保护的担忧。如果集资平台有理由相信他不能全面有效评估发行人或者潜在发行的欺诈风险,应当拒绝发行人使用平台。此外,如果平台在允许发行人使用后获知新的信息,认为发行人或者发行行为有欺诈可能或者增加了对投资者保护的顾虑,应当立即在平台上移除发行、取消发行,并且退还(集资门户则引导退还)发行中投资者已经承诺的资金。

集资平台还应当保证发行人满足众筹豁免规则对其发行额度的限制。

3. 信息披露

集资平台应当确保众筹发行人所披露的信息在其平台上公开,并以合理方式允许个人利用平台保存、下载或者储存这些信息。

在证券开始众筹发行、平台可以接受投资承诺之前至少21天,集资平台就应当将该信息在中介平台上公开。

集资平台不得要求任何人必须在平台上开设账户后才能获得该信息。

4. 投资人审核

集资平台在每次接受任何投资承诺(包括从同一人处接受追加投资承诺)前,必须:

(1) 有合理理由相信投资者满足了众筹投资限额。集资平台可以信赖投资者关于其符合投资限制要求的陈述,该陈述包括投资者年收入、净资产等,除非中介有理由质疑该陈述的可靠性。

(2) 从投资人处取得以下材料:

(i) 一份声明,说明投资者已阅读了集资平台递送的教育材料,理解其投资总额可能全部损失,以及其经济状况足以承担投资损失;和

(ii) 由投资者完成的以证明其理解以下内容的调查问卷:

(A) 投资者取消投资承诺和收回投资所受的限制;

(B) 投资者购买的众筹证券存在转售困难;以及

(C) 投资众筹证券存在风险,除非投资者可以承担其全部投资都损失的风险,否则不应当投资任何众筹发行的证券。

5. 帮助众筹发行

集资平台作为众筹发行的中介,应当帮助完成证券发行销售过程,其中包括发布众筹项目信息、提供发行人披露的信息材料、提供投资者和发行人的交流平台、接受投资承诺、第三方资金托管、交易确认等工作。

由于整个众筹发行都在网络上开展,集资平台必须随时向投资者提供各种信息,包括各种通知和确认。例如,在集资平台从投资者处收到投资承诺时,必须立即向投资者提供或发送通知,告知以下事项:(1) 投资承诺的金额;(2) 证券价格(如有);(3) 发行人名称;以及(4) 投资者可撤销投资承诺的日期和时间。

对于投资者的投资资金,必须由合格的第三方托管。按照《众筹条例》,合格的第三方主要是注册券商和银行、信用合作社。

在下列情况下,集资门户其应对合格第三方及时发出指示:

(1) 当所有投资者的投资承诺总金额大于或等于目标发行总额,以及规定的撤销期限已过时,将资金从该第三方处转移给发行人;

(2) 当投资承诺已经撤销时,退还投资者资金;以及

(3) 当发行人未完成发行时,退还投资者资金。

在发行成功完成时,集资平台应当向投资者发送通知,披露以下事项:(1) 交易日期,(2) 投资者购买的证券类型;(3) 投资者购买的证券的特性、价格和数量,以及发行人交易中售出的证券总数量和出售价格;(4) 集资平台已经或将要获得的任何酬金的来源、形式以及金额,包括中

介从发行人以外的其他人处获得或将要获得的酬金。

6. 提供交流平台

集资平台必须在其平台上提供交流渠道,以供人们互相交流和与发行人代表就中介平台上的发行项目进行交流,前提条件是:

(1) 除了制定交流规则和移除辱骂性或潜在欺诈性信息外,集资平台不得加入任何交流;

(2) 允许公众查看交流渠道中的讨论;

(3) 仅允许已经在中介平台开设账户的人在交流渠道中发布评论;以及

(4) 要求每次在交流渠道中发布评论时,明确而醒目地披露评论人是否是代表发行人从事推广活动的发行人员工或创始人,或是已经或预期因推广发行获得报酬的人。

7. 记录保存

集资平台应当制作以下记录文件,保存不少于 5 年,并且开始保存的前两年应当置放在便于获得的地方:

(1) 与通过集资平台购买或试图购买证券投资者有关的所有记录;

(2) 与通过集资平台发行证券的发行人及其实际控制人有关的所有记录;

(3) 在其平台上发生的所有沟通交流记录;

(4) 在交流平台推介发行人证券的人的所有相关记录;

(5) 证明该集资平台合格的所有记录;

(6) 集资平台通过其平台或其他方式提供给发行人和投资人的所有公告;

(7) 该集资平台从事业务时签署的所有书面协议(或复印件);

(8) 通过该集资平台发生的所有交易的每日、每月以及每季度概述,包括:

(a) 已达到目标发行总额且获得资金的发行人;以及

(b) 交易量,包括:交易的次数;在交易中涉及的证券数量;经筹集并转移给发行人的资金总额;所有发行人筹集到的用美元所表示的总金额;

(9) 一份日志,反映每个通过集资平台发售和出售证券的发行人,在尚未达到目标发行总额时的进程。

四、监管

集资平台必须接受 SEC 和 FINRA 的双重监管。监管者可以依法对集资平台进行现场和非现场检查。

除了直接收取费用外,《众筹条例》允许集资平台从发行人处接受经济利益作为提供服务的报酬,但要求该经济利益应当是众筹中发行的证券,同股同权,价格一样。但《众筹条例》禁止集资平台的董事、高管对众筹发行人拥有经济利益,或者接受发行人的经济利益作为报酬。

《众筹条例》禁止集资平台为引流支付报酬,即集资平台不得向任何提供众筹投资者或潜在投资者的个人可识别信息的人支付报酬。

集资平台是整个众筹的核心机制,是沟通发行人和公众投资者的中介渠道。鉴于众筹发行的小额性质,《JOBS法》将监管重点从传统发行人身上转移到了证券中介身上,有其合理性。当然,这种监管也增加了集资平台的成本。按照 SEC 测算,注册为集资平台的初始成本大约在 41.7万美元左右,以后每年的成本大约在 9 万美元。[1] 这些成本必然会反映到发行人的融资成本中去。不过,集资平台因为面向所有发行人,有规模效应,可以将成本分散化。

从传统投资者保护的角度来看,《众筹法》对众筹发行人的信息披露有一定要求,相比传统的注册要求,当然是大幅度减少,但不需要经过监管机构的审阅,却可能使信息披露内容的完整性和可靠性大为降低。因此,《众筹法》创设了一类新的证券中介机构——集资平台,将监控职责落在集资平台身上,这在某种程度上发挥了市场作用。因为集资平台有动力减少欺诈发行,以获得好的声誉,由此在市场竞争中胜出。同时,《众筹法》对虚假陈述行为设置了严格的法律责任,采用加重事后责任的方式以平衡事前监管水平的降低。这一新的便利企业融资和投资者保护的平衡能否达成,还有待实践的检验。

---

[1] SEC Release No. 33-9470, dated October 23, 2013, https://www.sec.gov/rules/proposed/2013/33-9470.pdf.

第四节 投资限额

尽管理论界有着美好的想象,但美国立法者并没有体现出对群体的智慧和技术解决信息不对称问题的自信,《众筹条例》要求集资平台提供公开交流平台,也许可以算作支持群体智慧的唯一制度性要求,最终成型的公募型众筹豁免制度中,大部分仍然坚持了传统投资者保护的手段,只是适度有所创新。

在《众筹法》中,投资者保护制度主要体现为:(1)发行人的信息披露要求;(2)发行额度和投资额度限制;(3)集资平台的信息核实要求和监控职能;(4)严格的法律责任。其中,信息披露要求和严格的法律责任都是传统投资者保护手段;集资平台的监控功能不过是传统证券中介机构职能的延续——集资平台被《众筹法》设定为一种新的证券中介机构;发行额度更是对小额豁免的延续;只有投资额度限制是新出现的事物,在传统证券法中从来没有出现过。这是第一次在法律中得到明确规定,是监管上的一大创新,值得仔细讨论。[1]

投资限额的出现来自于私募监管理念的变化,是传统私募监管对发行对象——投资者资质要求的进一步发展,但最终却变成公募众筹的投资者保护手段,并在小额公开发行中也得到适用。[2]

一、界定私募发行的要件——自我保护能力

私募豁免是证券法上最重要的发行豁免。在中国证券法上,这是唯一的发行豁免。在美国证券法,私募豁免虽然是多种豁免之一,却是使用最为频繁的豁免。适用条例 D 下的规则 506 发行,每年高达 1 万亿美元,远远超过其他类型的豁免,也超出了 IPO 的金额和数量(这几年美国每年 IPO 的金额不过在 2000—3000 亿美元)。

私募豁免的理论是非公开发行不涉及公共利益。但问题的关键,在于如何界定私募?

---

[1] 实际上,研究各国对于众筹的立法可以看出:虽然在传统投资者保护手段,例如信息披露的要求上,各国均有差异,但各国均采用了投资限额作为投资者保护的主要手段。

[2] SEC 在修改后小额豁免规则,条例 A+的第二层级发行中,对非获许投资者,也有投资限额要求。参加本书第六章的相关内容。

美国私募豁免的法律依据是 1933 年《证券法》第 4(a)(2) 条,该条不过寥寥一句话:"不涉及公开发行的发行人交易"(transactions by an issuer not involving any public offering),何为"不涉及公开发行",1933 年《证券法》没有作出界定,寻找对非公开发行,即私募的界定方法,因此成为 SEC 和法院的任务。

可想而知,对于监管者来说,人数标准是最简单的计算方法,而且看起来也很有道理——如果发行涉及的人数众多,不就是公开发行? 因此,SEC 最早采取的就是人数标准——发行对象超过 25 人,就构成了公开发行。

1935 年,SEC 的首席律师伯恩斯(General Counsel, John J. Burns)发布了一个解释公告,明确了 SEC 界定非公开发行的 6 大因素:(1) 受要约人数;(2) 受要约人之间的关系;(3) 受要约人与发行人之间的关系;(4) 发行证券的数量;(5) 发行的规模;(6) 发行方式。[1] 其中,最重要的就是人数标准。

在 1953 年的 Ralston 案中,美国最高法院明确否定了 SEC 的人数标准。[2] 在该案中,一家生产饲料的公司,Ralston Purina,每年向经过挑选的员工群体发行股票。在有些年份,购买股票的员工人数超过 400 人,其中有些员工在公司中处于比较低级的职位。SEC 提起诉讼,认为这些发行因为涉及人数众多构成了公开发行。下级法院并不同意 SEC 的观点,认为这些发行是单位内部的发行,没有采用公开劝诱的手段,并且是针对那些管理层认为值得挽留和拟未来提升的员工群体发行,在发行范围上有所限制,符合私募发行的标准。[3]

美国最高法院则持不同意见。最高法院认为界定私募要考虑证券法的立法目的,即"证券法是通过提供那些投资者在决策时所需要的全面信息来保护投资者",私募豁免的范围是那些实际上不需要证券法提供保护的场合。因此,第 4(a)(2) 条所豁免的私募交易,应当是那些向能够保护自己的人发行的交易。这样一来,SEC 的数量标准是没有必要的。下级法院所认为的单位内部发行不涉及公开劝诱的标准也是不对的,界定私

---

[1] Letter of General Counsel Discussing Factors to be Considered in Determining the Availability of the Exemption From Registration Provided by the Second Clause of Section 4(1), Securities Act Release No. 285 (Jan. 24, 1935).

[2] SEC v. Ralston Purina Co., 346 U.S. 119 (1953).

[3] 同上。

募的标准应当是"受要约人能否保护自己",例如"受要约人是否有获取信息的能力",关注的重点应当是这些受要约人是否需要发行注册制度的保护。具体到本案,最高法院认为 Ralston Purina 的发行不符合私募标准:其挑选员工的标准,并没有表现出这些人能够自行获得注册所要求披露的信息。[1]

Ralston 案将界定私募的焦点从发行方式转向了受要约人的性质和特性上。不过,对于如何理解受要约人能够自己保护自己或者能够自行获得相关信息的能力,下级法院则有不同的解释。有些法院强调发行人与购买人之间的关系;有些法院强调购买人的成熟程度;有些法院则看重发行人披露信息的类型和受要约人的人数。这带来了很大的混乱。[2] 有律师曾经描述说:一片混乱,发行人被告知各种因素都和能否获得私募豁免有关,但从来没人能说清楚各因素在配料中所占的比重。配方严格保密,成为一个永远不能确定是否击中的移动目标。[3]

尽管混乱,但人数标准不再是界定私募的唯一、甚至重要的标准。在 Ralston 案后,受要约人的成熟程度、信息披露是否足够或者能够获得这些信息的可能性,这三个要素成为界定私募豁免的重要因素,受要约人的人数只是成为估算受要约人是否成熟、是否获得了足够信息披露或者有能力获得信息披露的一种替代。

在这个过程中,SEC 慢慢发展出界定私募的两个核心要件:发行对象和发行方式。

发行方式主要是指在非公开发行中不得采用广告、公开劝诱等公开发行方式。这个要件最终也在《JOBS 法》中被放弃,据此发展出所谓的私募型股权众筹,本书在下一章会详细讨论,这里暂不赘述。

美国最高法院 1953 年在 Ralston 案例中确立的"受要约人能否保护自己的原则",主要针对的是发行对象,因为毕竟只有这些人才会受到非公开发行的影响,也就是投资者保护的核心。具体而言,Ralston 案的原则是:私募豁免主要是针对那些能够自己保护自己的人,主要条件是两个:具有风险识别能力的成熟投资者;或者基于某种关系,能够获取那些

---

[1] SEC v. Ralston Purina Co., 346 U.S. 119 (1953).
[2] 相关分析可以参见 William K. Sjostrom, Jr., "Direct Private Placements", 102 *Kentucky Law Journal* 947 (2014).
[3] Ray Garrett, Jr., "The Private Offering Exemption Today", in Robert H. Mundheim et al. eds., *Fourth Ann. Inst. on SEC. Reg.* 1973, pp. 3, 10—11.

本来需要靠注册制才能获取信息的人。[1]

但 Ralston 案原则很难在实践中适用,因为不但成熟投资者的标准很难标准化;居于何种关系才能让投资者有获得充分信息的机会,也很难标准化。这些都需要在个案中考量具体情境才能作出判断。但这种事后判断,在很大程度上增加了私募发行的不确定性。当发行人在发行时不能合理确定其能否安全获得私募豁免时,交易成本就变得很高。

在实践中,SEC 不得不通过提供非排他性的安全港规则,为私募发行人提供确定性,降低交易成本。

二、SEC 发展出获许投资者概念

1. 规则 146[2]

1974 年,SEC 颁布了规则 146,首次尝试正式提供安全港规则。在规则 146 中,私募发行禁止采用公开劝诱的发行方式。

对于受要约人,规则 146 要求发行人在发出要约之前,相信并且有合理的理由相信:受要约人具备评估投资价值和风险所需要的商务知识和经验,或者以受要约人之财力,足以承担投资所伴随的经济上的风险。换句话说,发行对象应当具有相应的风险识别能力,并且具有风险承担能力。

在信息的获取上,规则 146 要求每一个受要约人在交易过程中及证券销售前,应有途径获取与注册文件类似的信息,或者每一个受要约人确实已经被提供此等信息。

同时,规则 146 将购买人数限制在不超过 35 人,但在本次发行中购买或者同意购买总额超过 15 万美元或以上证券的人,不计入 35 人之列。此外,按照规则 146 发行的证券为限制证券,不得随意转售。

从实践来看,规则 146 是失败的。在规则 146 实施的过程中,适用该规则私募发行的筹资总额没有任何一年超过 42 亿美元,同一时期,仍然通过第 4(2)条豁免进行的私募发行总额达 75 亿美元。这主要是人们认为规则 146 过度增加了私募发行的成本,导致私募发行不必要的"复杂和

---

[1] SEC v. Ralston Purina Co., 346 U.S. 119 (1953).
[2] 关于规则 146 的介绍,参见郭雳:《美国证券私募发行法律问题研究》,北京大学出版社 2004 年版,第 89—96 页。

昂贵"。[1]

2. 条例 D 中的规则 506[2]

1982 年，SEC 发布了条例 D，改进了规则 146 的安全港规则，并取得了巨大成功。条例 D 通过当年，援引该条例的私募豁免发行额度就达到了 155 亿美元[3]，到 2012 年，援引条例 D 的私募发行年度总额已经达到 9000 亿美元，而同期首次公开股票发行的融资额度不过 2400 亿美元。[4]

条例 D 中的规则 506 取代了规则 146，为私募提供了非排他性的安全港规则。与规则 146 相比，规则 506 主要的变化在于对"受要约人资格"的要求。规则 506 将更多注意力集中在受要约人身上。规则 146 提出的成熟投资者概念，是所谓具有相应风险识别能力和风险承担能力的原则性规定，规则 506 虽然也坚持这样的要求，但提出了更为客观和标准化的"获许投资者"概念，替代了不计入人数标准的大额投资者（15 万美元以上的投资者）概念。

条例 D 的规则 501 界定了获许投资者概念，主要包括八种类型：

（1）银行、储贷协会或者类似组织、保险公司、投资公司、企业开发公司、小企业投资公司、总资产超过 500 万美元的雇员福利计划等；

（2）《投资顾问法》所规定的私人商业开发公司；

（3）非为获取发行证券目的而设立的任何公司、商业信托、合伙，其总资产超过 500 万美元；

（4）总资产超过 500 万美元，非为获取发行证券目的而设立的一般信托机构；

（5）发行人的任何董事、高级管理人员、普通合伙人，或者该发行人普通合伙人的任何董事、高级管理人员或普通合伙人；

（6）在购买证券时，个人净资产或与配偶共同的净资产超过 100 万美元的自然人，在净资产计算时扣除自用住宅的价值；

（7）在最近 2 年的每 1 年中，个人收入超过 20 万美元，或者与

---

[1] 关于规则 146 的介绍，参见郭雳：《美国证券私募发行法律问题研究》，北京大学出版社 2004 年版，第 95 页。
[2] 关于规则 506 的详细讨论和介绍，也请参见同上书，第 97—113 页。
[3] 同上书，第 95 页。
[4] James D. Cox, "Who Can't Raise Capital? The Scylla And Charybdis of Capital Formation", 102 *Kentucky Law Journal* 849 (2013).

配偶收入合计超过 30 万美元,且合理预期在本年度收入可达同样水平的自然人;

(8) 其全体所有人都属于上述获许投资者的任何主体。[1]

按照规则 506 的要求,面对获许投资者的发行,没有人数限制;对于不符合获许投资者条件的成熟投资者,发行人数仍然限制在 35 人。在信息披露方面,对于获许投资者,发行人不需要主动提供信息;但如果发行对象中有非获许投资者,则发行人必须向所有投资者提供信息,并给予合理机会,以便于投资者可以提问并验证相关信息。

此外,规则 506 中仍然禁止采用公开劝诱方式。

3. 获许投资者概念的理论基础

获许投资者概念大获成功,主要是因为其以财富为标准来界定合格投资者,在实践中容易客观化和标准化,增加了私募发行的确定性。但问题是,如何在理论上证明财富标准的合理性?

按照 Ralston 案的标准,私募发行主要针对那些能够保护自己的投资者。当投资者具有自我保护能力的时候,证券法通过注册提供的强制信息披露保护就是没有必要的,因此,针对这些投资者的发行,才能获得发行豁免,免于注册,避免了证券法为了保护投资者而设置的巨额发行成本。但问题是:"能够保护自己的投资者"是哪些人、标准如何确定?

Ralston 案本身提出了特殊关系理论,即那些与发行人处于特殊关系的人,如果这种特殊关系足以使其保护自己,即满足了私募标准。美国最高法院在判决中说:"向某些员工比如公司的管理人员开展上述发行,可以享受豁免。由于职位关系,这些人能够获得《证券法》通过注册程序所要求披露的信息。但是,如果没有这种特殊情形存在,一般员工们则和他们的邻居没有两样,都属于普通的投资大众"。[2]

规则 146 提出了另一个标准:具有风险识别能力和风险承担能力的人。规则 146 要求,受要约人必须具备评估投资价值和风险所需要的商务知识和经验,以及以受要约人的财力,足以承担投资所伴随的经济上的风险。[3]

---

[1] Regulation D 的规则 501(a)(1)条。获许投资者这一概念,相当于在中国的合格投资者概念。
[2] SEC v. Ralston Purina Co., 346 U.S. 119 (1953).
[3] 参见郭雳:《美国证券私募发行法律问题研究》,北京大学出版社 2004 年版,第 89—96 页。

应该说,这两个标准都有坚实的理论基础。证券法规定的强制信息披露制度,是试图通过注册程序,强迫发行人向投资者披露充分信息,以便减少发行人与投资者之间的信息不对称。当投资者与发行人处于特殊关系,或者投资者具有充分的商务知识和投资经验的时候,投资者可以利用自己的特殊关系或者具有的充分经验,与发行人谈判,获得自己所需要的相关信息。在这种情况下,强迫发行人必须提供全面信息,对交易双方而言,都是不必要和浪费的。私募豁免在这个层面上达到了便利发行人融资和保护投资者的平衡。

但从实践来看,无论是特殊关系还是投资者的风险识别能力,都难以客观化和标准化,在实践中适用起来都只能表现为某些指导性原则,无法为发行人在事前提供确定性,反而容易在事后引发纠纷,增加发行成本。这也是规则146失败的重要原因。

规则506的成功很大程度上表现为对上述两个标准的扬弃。特殊关系原则被简化为获许投资者的一个类型(上述类型5),成为一个确定的标准,但同时也放弃了其他特殊关系,例如发行人董事、高管的近亲属等。风险识别能力被纳入到不是获许投资者的成熟投资者概念中去了,抛弃了对风险承担能力的要求。但实际上,因为对非获许的成熟投资者有人数限制,而且发行人必须提供充分的信息披露,因此,在规则506下的发行很少会允许非获许的成熟投资者参与,而完全针对获许投资者。[1]

在规则506下,适用最为广泛的发行对象是获许投资者,因为既没有人数限制,又没有提供信息的强制要求,并且由于几乎完全采用财富标准作为获许投资者的实质条件,确定性很强,发行成本可以大幅度降低。以获许投资者为发行对象的私募发行,因此成为私募发行的主流,远远超过了其他私募发行类型,也超过股票公开发行融资的总额。[2]

三、从风险识别能力到风险承担能力——投资限额的出现

但获许投资者概念的大获成功,也带来一个理论上的问题:为什么要

---

[1] 据统计,在适用规则506豁免的发行中,选择只向获许投资者发行的比例要占到80%以上,参见 Rutheford B. Campbell, Jr., "The Wreck of Regulation D: The Unintended (and Bad) Outcomes For the SEC's Crown Jewel Exemptions", 66 *Business Lawyer* 919 (2011).

[2] James D. Cox, "Who Can't Raise Capital? The Scylla And Charybdis of Capital Formation", 102 *Kentucky Law Journal* 849 (2013).

适用财富标准呢？财富标准如何能够证明投资者足以保护自己？

这是一个困难的问题。虽然某些人的财富可能是其商业经营的结果，因此，拥有财富本身证明其具有充分的商业经验和投资经验。但这只是一种情况。更多人的财富可能并非来自自身的商业经营，而是来自辛苦努力工作的积攒或者继承。毕竟净资产 100 万美元并不是一个非常高的门槛，在美国很多普通的中产阶级在退休时就能达到这个标准。随着通货膨胀的发展，年收入 20 万美元的人群也越来越多。如果说在 1982 年颁布条例 D 时，满足获许投资者财富标准的人群可能还是社会中的高端人士，但到 2012 年时，满足获许投资者标准的投资者数量已经大幅度提高，达到了 870 万人。[1] 这些人中的多数并不具有充分的商业经验和投资经验，并不能通过与发行人的谈判获得充分的信息来保护自己，其风险识别能力不足。

理论界因此只能提出其他合理化论证，其中比较著名的是如下几个观点：（1）虽然财富标准并不意味着有钱人能够识别风险，但至少可以雇人帮助其识别风险。在监管资源有限的情况下，这些人在监管议程上属于次一级的地位，应该优先保护公众投资者；（2）财富标准虽然并不代表风险识别能力，但是代表了风险承担能力。也就是说，有钱人虽然不能识别风险，但其财力足以使其具有风险承担能力，即使其面临了欺诈，导致投资损失，基于财力，其也承担得起。[2]

虽然这两个对于财富标准的合理化解释在理论上并不牢靠，但实践中对于确定性标准的需求压倒了对理论完美性的要求。从所谓"自我保护的能力"的原则性标准，发展到成熟投资者这样的原则概念，再发展到获许投资者这样以客观的财富标准作为具体性可操作化的规则，是私募发行实践对理论界的要求，是不可抗拒的潮流。

因此，尽管学者对以财富标准为核心的获许投资者概念多有批评，2008 年以来诸如麦道夫欺诈案等也暴露了获许投资者概念的缺陷，获许投资者概念在 2010 年的证券法改革中仍然得以保留，只是对具体的财富

---

[1] Jason W. Parsont, "Crowdfunding: The Real and The Illusory Exemption", 4 *Harvard Business Law Review* 281 (2014).

[2] Roberta S. Karmel, "Regulation By Exemption: The Changing Definition of An Accredited Investor", 39 *Rutgers Law Journal* 681 (2008).

标准有所调整。[1]

在用财富标准来界定私募发行的地位不可动摇的情况下,上述对财富标准的合理化论证,特别是其中的风险承担能力,被人们重新认识并加以重视,在2012年的《JOBS法》中得到了运用。

其实风险承担能力在私募界定中的功能,早就被人们所认识。早在1974年发布的规则146中,SEC就要求发行人不但要看受要约人是否具有风险识别能力,还要看其风险承担能力——以受要约人之财力,是否足以承担投资所伴随的经济上的风险。[2]

在1975年,美国律师协会针对私募的混乱局面,发布了一份私募发行研究报告,就提出了界定受要约人资格的三种方法,成熟——能够识别投资风险,富有——有能力承担投资损失,关系——发行人与受要约人之间的特殊关系。[3] 报告建议:原则上只要有能力承担风险,就应当被看成具有资格。如何判断"承担风险的能力",报告则表示,不但要看受要约人能否承受其全部投资都化为乌有的情况,也应考虑全部或者部分损失发生的可能性。[4]

在条例D的规则506中,虽然对非获许的成熟投资者,SEC放弃了对风险承担能力的要求,但在大行其道的获许投资者概念中,SEC主要采用财富标准,而风险承担能力在此后成为合理化财富标准的主要理由。因此,条例D的规则506虽然没有明确提出风险承担能力要求,但其内在化地完成了私募界定范式的转化:**从对主观性强的风险识别能力的强调,转化为客观性强的风险承担能力要求。**

然而,即使从风险承担能力的角度来看,规则506所确立的获许投资者范式也是有缺陷的。因为在规则506下,对于每个投资者的投资限额并无任何限制。换句话说,每个获许投资者都可以将自己手上的全部资产投入到一个私募项目中去,如果该项目损失,则投资者就损失了其全部财产。这个时候,如何能够说其具有风险承担能力?2008年在美国金融

---

[1] Felicia Smith, "Madoff Ponzi Scheme Exposes 'The Myth of the Sophisticated Investor'", 40 *University of Baltimore Law Review* 215 (2010).

[2] 参见郭雳:《美国证券私募发行法律问题研究》,北京大学出版社2004年版,第90页。

[3] Institutional Private Placements under the Section 4(2) Exemption of the Securities Act of 1933: A Position Paper of The Fed. Reg. of Sec. Comm., Section of Corp. Banking & Bus. L. of the ABA, 31 *Business Lawyer* 484 (1975).

[4] 同上。

危机后爆发的一系列私募欺诈案就说明了这一情况,多数受害人是退休的老年人,其虽然符合获许投资者标准,但毕生积蓄都在欺诈中毁于一旦,沦落到极为悲惨的境地。[1]

同时,如果仔细考虑风险承担能力这一概念,可以发现其和财富虽然相关,但只是相对关系。拥有100万美元净资产的人,虽然能够承受较大的投资损失,但就像上面所说,这只是相对的:如果100万都损失了,其也就一无所有了;如果只是损失其中的10万美元,对其生活则可能影响不大。按照同一逻辑,则对于净资产只有10万美元的人来说,其虽然不能承受10万美元的损失,但1万美元甚至更少的损失其还是承担得起的。

因此,如果将财富标准与风险承担能力的关系相对化,就可以发现,以风险承担能力作为私募豁免注册的理论基础,并没有穷尽这一理论的逻辑。**如果按照每个投资者的财富标准来相应限制其投资额度,这一豁免就不再限于私募,而是可以扩展到几乎所有的公开发行,这正是2012年《JOBS法》中《众筹法》的最大创新。**

公募众筹是公开发行,但这一公开发行之所以得到豁免,不仅仅是因为发行额度受到限制——相比小额发行,公募众筹披露的信息更少,也更为自由。公募众筹豁免能够这么做的基础,是在发行限额之外,还限制了投资者的投资额度,保证了尽管公众投资者没有风险识别能力,但在投资额度的限制下,其却具有了风险承担能力。

按照美国《JOBS法》对投资限额的要求,年收入或者净资产不足10万美元的,每年投资众筹的额度只有2000美元或者5%(两者中较高者),年收入或者净资产超过10万美元的,每年投资众筹的额度限制在10%,但最多不超过10万美元。假设你年收入或者净资产只有8万美元,你每年被允许投资到众筹中的额度最多只有4000美元。即使你的众筹投资全部损失了,对你的生活也不会有重大影响。

正是在这一理论的可能性下,公募众筹作为一种公开发行,面向公众投资者,仍然被立法者给予了注册豁免,免于履行强制信息披露的沉重义务。

---

[1] Felicia Smith, "Madoff Ponzi Scheme Exposes 'The Myth of the Sophisticated Investor'", 40 *University of Baltimore Law Review* 215 (2010).

第五节 理论争议：公募众筹的失败

理论界和实践界对于《JOBS法》第三章规定的公募众筹争议颇多，对于SEC发布的《众筹条例》也争辩不休。

批评来自两个完全相反的方向：一方面是小企业融资的支持者们认为《众筹法》乃至《众筹条例》，都仍然监管太严，给小企业融资带来巨大的成本。例如前面所说的，SEC的现任委员Michael S. Piwowar就认为，SEC发布的《众筹条例》过于复杂，不利于小企业融资，因此投了反对票。许多一直支持小企业融资的学者，也都批评《JOBS法》和《众筹条例》并没有减少小企业融资成本。

另一个相反方向，则是担心投资者保护的人们认为，《JOBS法》和《众筹条例》放弃了信息披露要求，放松监管，有可能导致欺诈盛行，至少也是置公众投资者于危险的境地。有人甚至因此在SEC颁布《众筹条例》前建议：既然现在不太可能直接宣布废弃《JOBS法》第三章，那SEC应当通过《众筹条例》规定很沉重的发行人信息披露义务，使得发行人不会选择公募众筹之路，因为公募众筹完全是个错误的主意。[1]

虽然公募众筹不一定是一个完全错误的想法，对于互联网能否使得群体的智慧得以完全发挥，大数据等技术能否有效减少直接融资双方的信息不对称问题，也还可以观察信息技术的进一步发展，**但公募众筹适用余地有限，并非是解决创业企业和小企业融资的灵丹妙药，不值得托付重任**。

对这一问题，可以分为几个层面来讨论。首先，在理论层面上，公募众筹豁免对于便利企业融资和保护投资者这两个利益的平衡，并没有令各方满意：众筹支持者觉得众筹豁免下的发行成本还是太高，而众筹反对者则觉得《众筹法》对投资者保护不足。其次，从商业角度来看，由于失败率过高，公募众筹其实也并不适合公众投资者投资，并且在发行限额和投资限额下，传统的私募逻辑在公募众筹中完全不能发挥作用，这样一来，公募众筹最终只能沦为一个大众参与的赌场。

---

[1] Michael B. Dorff, "The Siren Call of Equity Crowdfunding", 39 *The Journal of Corporation Law* 492 (2014).

一、便利企业融资和投资者保护之间的失衡

任何证券监管,都需要在便利企业融资和保护投资者这两个利益之间保持平衡。对公开发行证券,证券法采用强制信息披露制度和相关的注册或者核准制度来实现此种平衡。但对于某些发行人来说,公开发行证券的道路要么此路不通,要么成本太高。于是,证券法又创造了种种豁免,以适应不同的融资类型。小额豁免适用于小额资金的募集,私募豁免适用于不涉及公众的证券发行。美国《JOBS法》第三章创设的公募众筹豁免,则是一个新的豁免类型,适用于创业企业的小额公开发行,其理论基础上文已有讨论。公募众筹豁免在便利企业融资和投资者保护这两个利益之间平衡的效果如何,则是本节要讨论的主要内容。我们可以分别从发行人和投资者两个角度考察。

1. 发行人融资

(1) 信息披露成本

《众筹法》对众筹发行人仍然规定了一定的信息披露义务,主要包括发行时信息披露和持续信息披露义务。虽然其披露内容相比公开发行的要求大幅度减少,甚至比条例A的小额发行都要简化,对于最核心的财务报表披露,还按照融资额度进行了分级要求,但仍然给发行人造成了一定的成本负担。

有人就认为,信息披露在众筹中是不需要的,因为两个原因:(1) 从IPO的经验来看,信息披露要求很容易增加成本,而对于众筹这样的小额发行来说,控制成本最重要;(2) 信息披露在众筹中没有用,因为公众投资者基本上不会阅读和理解这些信息。在IPO中的信息披露,虽然公众也不阅读或者不能理解,但有监管机构的审阅保证信息披露的完整,有承销商和专业人士的尽职调查确认信息的真实性,有证券分析师帮助阅读和消化信息,并反映到价格中去。在众筹中,则没有监管机构的审阅和证券中介机构的尽职调查,并且因为公司小,基本上也没有分析师会关注这些公司,公众基本上也不看这些信息,这将导致信息披露的无用。[1]

要求众筹发行人每年至少披露一次经营信息,在某种程度上类似公众公司的定期报告制度,虽然也有人认为应当废止,但考虑到众筹的股票

---

[1] Andrew A. Schwartz, "Keep It Light, Chairman White: SEC Rulemaking Under The Crowdfunding Act", 66 *Vanderbilt Law Review En Banc* 43 (2013).

缺乏流动性，众筹投资者被锁定在公司里面，就像传统的闭锁公司一样，会有大股东压迫问题。特别是一年的限售期内还豁免了投资者向发行人转售股票，可能造成传统闭锁公司中的挤出问题。年度报告虽然不能解决这个问题，但至少可以向投资者提供信息，帮助其提起代表诉讼。[1]

从众筹支持者角度来看，上述信息披露要求将造成众筹的发行成本相对较高，不能实现众筹为小企业提供便利融资渠道的作用。按照某些学者的分析，考虑到《众筹法》对众筹发行人的信息披露要求，众筹发行至少涉及三类外部人参与：准备发行材料的律师，准备财务资料的会计师，以及提供发行服务的集资平台。[2] 按照SEC的估算，发行人的合规成本在1.8万美元到15万美元之间。[3] 但这只是明面上的成本，实际上，发行人还面对更为高昂的隐形成本：① 因为投资者人数众多，发行人在未来面临的管理成本。一次公募众筹可能会给发行人带来很多公众股东，处理这些股东的关系，包括提问、查阅资料的请求等，都会给公司管理带来巨大的成本。② 当发行人通过公募众筹引入了大量公众股东的时候，可能会损害公司在未来进一步融资的可能：许多天使投资人或者风险投资者可能不愿意投资这样的公司，因为大量小额但是不成熟的投资者会为风险投资者带来谈判困难，并导致诉讼风险。[4]

但从反对者的角度来看，《众筹法》对信息披露的要求又是不足的。上文已经分析过，由于公众投资者没有能力理解也不愿意阅读，披露内容无论多少，都无法为投资者提供保护。而由于缺乏有效的公开市场，这些披露的信息也不能反映到定价中去。因此，强制信息披露所希望发挥的"阳光是最好的杀虫剂"的功能无法得以实现。[5]

（2）法律责任

正是考虑到公募众筹豁免制度对信息披露要求的不足，以及信息披露很难像在一般的公开发行中那样发挥作用，缺乏前期的监管者审查和

---

[1] Andrew A. Schwartz, "Keep It Light, Chairman White: SEC Rulemaking Under The Crowdfunding Act", 66 *Vanderbilt Law Review En Banc* 43（2013）.

[2] David Mashburn, "The Anti-Crowd Pleaser: Fixing The Crowdfund Act's Hidden Risks and Inadequate Remedies", 63 *Emory Law Journal* 127（2013）.

[3] SEC Release No. 33-9470, dated October 23, 2013, https://www.sec.gov/rules/proposed/2013/33-9470.pdf.

[4] David Mashburn, "The Anti-Crowd Pleaser: Fixing The Crowdfund Act's Hidden Risks and Inadequate Remedies", 63 *Emory Law Journal* 127（2013）.

[5] 同上。

证券中介机构尽职调查等,《众筹法》对虚假陈述规定了较一般私募更为严格的法律责任。《众筹法》通过扩展 1933 年《证券法》第 12(a)(2)条的责任条款,扩大了众筹发行人以及相关人等的虚假陈述责任,使其责任等同于一般公开发行的发行人。[1]

不过,一方面,对众筹发行人这种特殊主体(没有经验,项目容易失败,缺乏专业人士辅导)来说,这种严格责任可能打击面过大;另一方面,众筹投资者每个人的投资金额很小,起诉动力严重不足,并且整个项目的融资总额较小,律师相应也没有发起集团诉讼的动力。因此,有人认为这个责任制度的设计是失败的。[2]

责任条款的增加,反过来则会提高众筹发行的成本。除了发行人增加了虚假陈述的风险之外,无论是要承担责任的集资平台还是发行人的董事和高级管理人员,都会将其承担责任的风险成本转嫁到发行人身上,进一步提高众筹发行的成本。

2. 投资者保护

从投资者保护角度来看,《众筹法》提供了四个方面的制度安排:信息披露要求、集资平台的监控要求、投资限额、加重的法律责任。[3] 但是这些制度能否发挥作用,则很值得怀疑。首先,由于公募众筹的投资者是公众,他们缺乏风险识别能力,也不能阅读和理解披露的信息,因此,信息披露的目的无法实现。

其次,公募众筹采取了一些私募监管的手段,包括限制筹资额度、投资限额、限制转售等要求。这些私募限制妨碍了众筹股权二级市场的形成,这将导致公众投资者无法像在公开市场上的那些投资者那样,通过知情交易者的交易而获得保护。[4]

投资限额制度是公募众筹豁免的最大创新,但也可能存在两方面的问题,一方面,投资限额只能在筹资者破产时起作用,其限制投资者的损

---

[1] David Mashburn, "The Anti-Crowd Pleaser: Fixing The Crowdfund Act's Hidden Risks and Inadequate Remedies", 63 *Emory Law Journal* 127 (2013).
[2] 同上。
[3] 参见本章前面的介绍。
[4] 在传统的证券交易中,虽然公众投资者也无法消化相关信息,但人们认为机构投资者的知情交易会将这些信息迅速反映到股票价格中去,从而实现市场的有效。参见 Ronald J. Gilson & Reinier H. Kraakman, "The Mechanisms of Market Efficiency", 70 *Virginia Law Review* 549 (1984).

失只占其资产的一小部分，不至于影响其生活。但投资限额也使得投资者不会关注企业经营本身，无法通过公众投资者的监督，促进发行人的管理层尽责。

另一方面，创业企业失败的可能性比较大，据说，创业企业5年内的失败率在80%以上[1]，因此，对于缺乏风险识别能力的公众投资者来说，最好的众筹投资方式是分散投资，将本来有限的投资额度分散投资到不同的项目中去。但心理学家发现，人类有一个心理偏好：在风险加大的时候，倾向于加大赌注，集中投资。也就是说，恰恰因为众筹项目的风险较大，公众投资者反而偏好集中投资，即在投资限额内集中投资一个或者两三个项目。[2] 考虑到众筹项目的失败率以及公众投资者的投资能力，可以想象多数投资者将面临颗粒无收的局面。

《众筹法》在便利企业融资和投资者保护之间的利益平衡，看起来显得顾此失彼。这与众筹本身固有的矛盾相关：一方面，众筹的创业企业具有极大的不确定性，其股权估值极为困难，面对的公众投资者又缺乏风险识别能力，无法识别可能存在的欺诈风险，这些都要求更多的信息披露，然而众筹的目的是解决小企业的融资需求，公募众筹规定的发行额度限制恰好负担不了传统强制信息披露制度的巨大成本。[3]

二、公募众筹可能沦为赌场

在公募众筹模式下，投资者缺乏风险识别能力，群体的智慧和大数据在解决信息不对称方面能发挥多大的作用目前尚不明确，监管者仅仅依靠对投资额度的控制来解决投资者的风险承担能力。这种状态下的投资，完全依靠投资者的个人运气。从这个角度来说，公募众筹市场和赌场也就相差不多了。

即使不考虑因为信息披露不足和投资者保护不足，众筹市场可能充斥欺诈的风险，市场商业逻辑的本身运行，也将导致优质的发行人选择离开公募众筹市场，使得公募众筹市场沦落成为高风险项目的融资之所。

---

[1] C. Steven Bradford, "Crowdfunding and The Federal Securities Laws", 2012 *Columbia Business Law Review* 1 (2012), note 566.

[2] Michael B. Dorff, "The Siren Call of Equity Crowdfunding", 39 *The Journal of Corporation Law* 492 (2014).

[3] David Mashburn, "The Anti-Crowd Pleaser: Fixing The Crowdfund Act's Hidden Risks and Inadequate Remedies", 63 *Emory Law Journal* 127 (2013).

这样一来,公募众筹市场不但是一个赌场,还是一个风险极高的坏赌场。

1. 发行人的选择

理论上,市场潜在的众筹发行人可以分为四类:一类是好项目,本来就能够引入天使投资和风险投资;另一类是项目不错,但还处在早期开发阶段,需要资金支持再发展一定阶段之后才能符合天使投资和风险投资的要求;第三类是项目还不错,但因为是传统行业,不能实现高速增长,因此不符合天使投资和风险投资的条件,不能吸引到风险投资;最后一类是烂企业。公募众筹当然希望能够吸引到前三类企业来融资,这样才会为公众投资者提供实现回报的投资机会。从立法目的来看,《JOBS法》设置公募众筹豁免的目的就是为第二类和第三类企业解决融资难题——第一类企业已经有天使投资和风险投资关注。

但实际上,相比公募众筹的融资成本,无论发行人本身能否获得风险投资,发行人都将更偏好私募发行的渠道。这是因为:(1)私募发行没有筹资限额;(2)针对获许投资者的私募发行不需要信息披露,这不但是成本问题,对于高科技公司来说,还面临商业秘密保护的问题;(3)私募发行中参与的投资人比较少,发行人维护投资者关系更为简单;(4)私募发行中的成熟投资人可以为企业未来发展提供增值服务;(5)公募发行虽然增加了发行人面临的投资者人群范围,但并没有增加可能获得的融资金额。因此,第一类企业会选择走私募道路,寻找天使投资和风险投资。[1]

第二类企业面临的恰好是《众筹法》试图解决的创业企业融资缺口。因为在传统金融制度中,创业企业在早期阶段无法获得传统融资的支持,又不符合天使投资和风险投资的要求,公募众筹平台恰好为他们提供了融资的途径。但我们也可以想象,随着天使投资者和风险投资者之间的竞争,他们也会来公募众筹平台寻找那些符合其投资要求的项目。因而,一旦这些企业得到众筹资金支持,发展到满足天使投资和风险投资的要求之后,他们就会离开公募众筹平台,加入私募渠道,因为后者成本更低。同时,这些天使投资者和风险投资人比公众更专业,更有风险识别能力,他们将会比公众投资者更早、更准确地发现优质项目。因此,必然产生"摘桃子"现象——风险投资者挑走成熟的好桃子,留给公募众筹市场的

---

[1] Michael B. Dorff, "The Siren Call of Equity Crowdfunding", 39 *The Journal of Corporation Law* 492 (2014).

都是烂桃子。[1]

最终,公募众筹平台上只会剩下第三和第四类企业,而且由于第三类企业和第四类企业在其他途径可能很难获得资金,公募众筹平台将成为此两类企业的聚集之地。

2. 投资者的困境

公募众筹中的公众投资者,缺乏风险识别能力,不会挑选企业,也无法为企业提供战略咨询等后续服务。研究表明,天使投资者在提供资金之外的其他因素,是天使投资成功的关键。这些因素包括:(1) 拥有与目标项目相关产业的丰富经验;(2) 在投资前花费了大量的时间去调查该项目的前景;(3) 分散投资;(4) 积极建言帮助创业者。[2] 这些因素公众投资者多不具备;公众投资者缺乏相关产业经验,也没有能力去做尽职调查;即使有能力,考虑到投资额度有限,这种信息研究和尽职调查的工作也得不偿失。[3] 投资之后,由于集体行动的困难,对企业的监控和积极建言帮助,也很难实现。这些都加大了众筹发行人项目失败的风险。

即使第二类企业更具有成功的可能性——实际上公募众筹的资金填补了这些企业在创业早期阶段的融资缺口,公募投资者在这些企业的收益也很难实现。因为作为早期投资者,公募众筹的投资者面临严重的股权稀释风险。[4] 作为创业企业,众筹为其提供资金往往发生在早期发展阶段。如果众筹投资者运气好,投了一个好项目,目标企业发展迅速。但随着业务扩展,目标企业在未来会面临更多资金需求,这就需要引入天使投资和风险投资,最终 IPO 公开发行上市。在这一过程中,随着目标企业在发展中不断引入新资金,原有投资者的股权将被稀释。在天使投资和风险投资下,投资合同中都会对反稀释条款有特别安排,以防止其股权在未来被稀释。但在公募众筹中,公众投资者第一没有能力谈判精细的反稀释条款保护自己[5];第二,即使设计了类似条款也无法得到执行。

---

[1] Michael B. Dorff, "The Siren Call of Equity Crowdfunding", 39 *The Journal of Corporation Law* 492 (2014).

[2] 同上。

[3] 可以想象,一个最多只能投资 2000 美元的投资者,是不会花费大量的时间去挑选和分析项目的,因为成本太高。Michael B. Dorff, "The Siren Call of Equity Crowdfunding", 39 *The Journal of Corporation Law* 492 (2014).

[4] 同上。

[5] 同上。

因为此类反稀释条款的核心,是前期投资者通过加入后轮投资来保证自己的股权不被稀释。公众投资者没有能力来执行此类条款——他们的财力有限,不可能随着股权估值的提高,不断加大投资以保证自己的股权不被稀释。最终的结果是:即使公募众筹投资者运气好,投资了一些高速增长的企业,但公众投资者也会在未来因为众筹的股权被稀释,而无法实现预期的暴利。

因此,在商业逻辑下,公募众筹主要是为第二类、第三类企业和第四类提供融资。第二类企业虽然可能带来暴利,但在天使投资和风险投资的诱惑下,最终会离开公募众筹平台,进入私募领域,而公募众筹的投资者则面临股权被稀释的风险。虽然第三类企业能够成功,为投资者带来一定的收益。但第三类企业是天使投资和风险投资者看不上的企业,换句话说,其不能实现利润的高速增长,也因此无法为众筹投资者带来诸如像Facebook、Twitter这样的企业为其早期投资者带来的暴利。第四类企业是坏项目,失败率很高。

在这样的平台上,公众投资者的投资额度有限但相对集中,偶有所中,得到的也不过是一般的投资回报。久而久之,仅就投资而言,公众显然会丧失对众筹投资的兴趣。

三、实践情况

SEC在发布《众筹条例》时,曾经对众筹发行的成本进行过估算。当时SEC还是比较乐观的。从2016年5月16日《众筹条例》全面生效以后,效果如何呢?虽然时间较短,尚难以全面估算其效果,不过还是可以看看相关数据。

1. SEC对众筹发行的成本估算

SEC认为众筹发行的成本主要包括:平台费用,信息披露成本和聘请外部专业人员成本。其中:

(1) 平台费用:SEC认为平台费用是众筹发行中最主要的成本。平台收取的费用往往与发行额度有关,SEC估算众筹发行金额在10万美元以下的,平台费用可能在5%—15%之间;发行金额在10—50万美元的,平台费用在5%—10%之间;发行金额超过50万美元的,平台费用在5%—7.5%之间。

(2) 信息披露成本:众筹发行中的信息披露成本,主要包括要准备三种表格:表格C(众筹发行信息披露)和表格C—U(披露融资进程)是众筹发行时必须做的信息披露;表格C—AR(年度信息披露)则只有在融资成功后才会发生。SEC估算信息披露的成本在5000美元到2万美元之间。

(3)财务报表的审阅或者审计费用:SEC估算如果财务报表只需要经过独立会计师审阅而不是审计,费用大约在1500美元—1.8万美元之间;如果需要审计,则费用在2500美元—3万美元之间。

SEC最终估算众筹发行的成本与众筹发行金额有关,如下表:

表4-1　SEC测算的众筹发行成本[1]

发行金额(美元)	低于10万	10万—50万	50万以上
平台费用	2500—7500	15000—30000	37500—56250
发行信息披露费用	2500	2500—5000	5000—20000
持续信息披露费用	1667	1667—3333	3333—13333
财务报表费用	无	1500—18000	1500—18000(首次众筹) 2500—30000
总计	6667—11667	20667—59333	47333—107583

难为SEC的估算甚至精确到了个位数。SEC认为,根据发行金额的不同,众筹的成本会有所不同,因为不同众筹发行金额的不同,对信息披露的详尽程度要求也有所不同。大致来说,如果众筹金额在10万美元以下,SEC估算众筹成本在1万美元左右;如果众筹金额在10—50万美元之间,则众筹成本在2万到6万美元之间;如果众筹金额超过50万美元,则众筹成本在5万到10万美元之间。也就是说,发行成本在发行金额的10%左右。SEC认为这是比较合理的发行成本。

在这个成本估算下,SEC对会有多少人适用众筹豁免来融资也做了估算。

SEC认为,虽然很难准确测算,但估计每年会有1900名发行人适用众筹豁免。其估算基础是从2009—2014年每年通过条例D从事低于100万美元发行的小企业平均数量,这些小企业的年收入也都低于100万美元。SEC认为这些小企业最有可能通过众筹豁免来融资。

实际效果如何呢?

《众筹条例》正式生效是2016年5月16日,目前生效还不足一年,时间太短,其实还很难准确看清其效果。根据SEC最近一份报告中发布的

---

[1] 参见SEC Release 33-9974,第415—416页。

数据,截至 2016 年 9 月 30 日,向 SEC 提交表格 C 适用众筹豁免的发行,大约有 114 起。这一数据远远低于 SEC 每年 1900 起的估算(这个估算下,4 个月应该有 570 起众筹发行)。

不过,四个多月的时间,还远远不能评估《众筹条例》的实际效果。现在断言公募型众筹实际效果如何,为时尚早。

2. SEC 对集资平台注册的成本估算

一个网络平台要注册为集资平台,需要提交申请材料,并且必须成为全国性券商协会的成员,SEC 估算初始注册费用和加入成员的会费,其成本大约在 1 万美元左右,保持其成员身份和注册生效,还需要每年 1 万美元左右的费用。SEC 估计,在申请注册成集资平台时的合规费用大约为 6.7 万美元,每年合规费用为 4 万美元。

表 4-2 SEC 估算注册为集资平台的成本[1]

	初始费用(美元)	每年费用(美元)
注册集资平台和会员费用	10000	10000
合规费用	67000	40000
平台发展费用	425000	85000
总计	592000	135000

SEC 估算在条例生效的前三年,每年会有 50 家左右的平台注册为集资平台(其中每年会有两家境外平台),现有的 200 家众筹平台中会有 15% 申请开展股权众筹业务,另外还会每年有 60% 的增长。

实际效果如何呢?

截至 2016 年 12 月 31 日,FINRA 网站上公布的已经成为其成员的集资平台一共有 21 家。因为集资平台的注册是从 2016 年 1 月 29 日开始的,截至年底,将近一年的时间,申请集资平台注册的数量只有 SEC 估算的一半不到。

看来 SEC 还是过于乐观了。

---

[1] 参见 SEC Release 33-9974,第 451—452 页。

第五章　私募型众筹豁免制度

第五章　私募型众筹豁免制度

在上一章分析的企业类型中，第一类企业虽然看起来能够获得天使投资和风险投资的支持，但基于种种原因，实际上却可能仍然融资困难。比较核心的一个原因是：信息不匹配——即使这些企业符合天使投资和风险投资的条件，却无法将融资信息传递到天使投资者和风险投资者那里，无法获得天使投资和风险投资的支持。[1]

虽然看起来第二类企业无法获得融资是因为企业发展阶段的不匹配，但如果认真研究，其实也会发现存在信息不匹配问题，而不完全是期限不匹配。根据研究，天使投资的投资额度一般在 10 万美元到 200 万美元，创业者自筹资金和亲友支持资金大约在 5 万美元左右，两者之间的差距并没有想象中那么遥远。换句话说，天使投资者只要对创业企业的投资阶段稍微前进一些，额度放小一些，完全就可能覆盖早期阶段的创业企业。但实践的发展恰好相反——美国这些年天使投资的额度逐步增大，投资阶段也越来越提高，使得创业企业融资缺口在扩大。[2] 学者认为，其中主要的原因还是信息不匹配。天使投资者虽然有能力识别风险，在传统证券监管体制下，却很难获得创业企业的融资信息。[3]

阻碍天使投资者和风险投资者获得企业融资信息的最主要障碍，是传统证券法对私募监管的一个重要因素——公开劝诱禁止。本书前面讨论过，私募发行监管中主要涉及两个因素：发行对象和发行方式。其中发行对象主要涉及合格投资者概念，上文已经分析过其演化过程；发行方式则主要涉及在私募发行中，不得采用广告或者公开劝诱方式。我国《证券法》第 10 条第 3 款就明确规定：非公开发行证券，不得采用广告、公开劝诱和变相公开方式。

公开劝诱禁止限制了创业企业将其融资需求和相关信息传递到天使投资者和风险投资者那里，是造成创业企业融资缺口的一个重要原因。按照统计，美国早期创业企业的融资缺口每年在 600 亿美元左右，但每年天使投资提供的融资只有 300 亿美元。[4] 据估计，只有 1% 左右的获许

---

[1] James D. Cox, "Who Can't Raise Capital? The Scylla And Charydbis of Capital Formation", 102 *Kentucky Law Journal* 849 (2013).

[2] Michael B. Dorff, "The Siren Call of Equity Crowdfunding", 39 *The Journal of Corporation Law* 492 (2014).

[3] William K. Sjostrom, Jr., "Relaxing The Ban: It's Time to Allow General Solicitation and Advertising in Exempt Offering", 32 *Florida State University Law Review* 1 (2004).

[4] 同上。

投资者在实践中进行了私募投资,虽然其中有些是不愿意参与投资,但也不否认有些人是愿意投资但因为信息缺乏,没有获得投资机会。[1]

正是基于这一考虑,《JOBS法》第二章取消了私募发行中的公开劝诱禁止,只要求购买人必须是获许投资者,并且明确那些发布融资广告的网络平台不构成证券经纪商,从而确立了私募众筹豁免。

第一节 私募型众筹的出现

一、众筹的其他可能性

《JOBS法》第三章虽然规定了公募型众筹豁免,但需要SEC颁布具体规则才能实施,在此之前,投资型众筹只有两种选择:一种是各类借贷型众筹,例如从事P2P网贷的Lending Club和Prosper都改变业务模式,以平台作为证券发行人,去SEC注册。对此当然有很多批评,在这里就不讨论了。

对于各种股权众筹平台,则只有另一种选择:那就是利用现有的豁免规则。在美国证券法下,主要的豁免规则有三大类:私募豁免、小额豁免和区域性豁免(州内豁免)。但实际上,在2012年《JOBS法》出台之前,针对投资型众筹,这三种豁免规则都无法直接适用。相应地,法律也都作出了尝试,试图为众筹开辟出更多的道路。

1. 区域性豁免

区域性豁免主要是证券法关于州内豁免的规则,具体规定是SEC颁布的规则147。其中,要求发行人与发行对象必须为同一州居民,发行人则不但必须在本州注册,还必须主要营业地也在本州。针对主要营业地的界定,规则147要求发行人必须满足三个80%的标准:80%的财产位于本州,80%的收入来自本州,发行融资的80%在本州使用。因此,可以满足该州内豁免条件的发行人非常有限,同时在众筹平台上刊登的众筹项目信息一旦可以被州外居民获得,也可能构成对州内豁免的违反。因此,尽管在2012年《JOBS法》出台之前,堪萨斯州就领头颁布了州内众筹豁免规则,在联邦的《众筹条例》出台之前,很多州也都相继颁发了自己的

---

[1] Jason W. Parsont, "Crowdfunding: The Real and The Illusory Exemption", 4 *Harvard Business Law Review* 281 (2014).

州内众筹豁免规则,但使用并不广泛。州内众筹受到州内豁免规则的限制,刊登众筹项目信息的平台必须严格审查浏览者的身份,才能确保符合州内豁免规则的条件,这就极大限制了投资者的积极性。

《JOBS法》对州内豁免制度并未提及,但SEC鉴于各州对于众筹的积极性——在SEC颁布最终的《众筹条例》之前,已经有29个州相继颁布了自己的州内众筹豁免规则,也对州内豁免制度进行了调整,不但修改了规则147,还利用《证券法》第28条的授权,制定了规则147A,放宽了获得州内豁免的条件。

关于州内众筹制度,详见本书第七章。

2. 小额豁免规则

美国证券法的小额豁免规则,主要表现为SEC颁布的规则504、规则505和条例A。但都有各自的适用条件和限制,并不能很方便地被用来作为众筹发行的豁免条件。

规则504豁免12个月内100万美元以下的发行,对于发行对象没有资质要求,看起来能够为众筹发行所适用。但该规则在1999年修改之后,对于公开劝诱有所限制:除非发行人在州层面注册,并且遵守某些州关于公开披露的要求,否则不能对发行做公开宣传和劝诱。同时,也对证券的转售有所限制。

规则505则豁免12个月内500万美元以下的发行,但该规则要求发行对象为获许投资者,对非获许投资者有35人的人数限制,并且不允许采用公开劝诱的发行方式,发行的证券也有转售限制。

条例A是最为典型的小额豁免制度,限制发行金额为12个月内500万美元,对于发行对象、公开劝诱都没有限制,看起来是众筹发行最合适的豁免规则。但条例A对发行人有简化的信息披露要求,还要求发行必须经过SEC批准,被人称为"迷你注册",因此,发行成本并不低。同时条例A的发行不能豁免州法的适用,发行人必须同时在发行所涉及的州做证券发行注册,这进一步提高了条例A下证券发行的成本。

因此,众筹要想适用小额发行,面临三个问题:(1)是否允许公开劝诱?(2)能否降低发行成本?(3)能否排除州法的适用?

《JOBS法》对此作出了回应。《JOBS法》在第四章将证券法中对于小额豁免的金额从500万美元直接提高到了12个月内不超过5000万美元,同时允许公开劝诱,并授权SEC规定向合格购买人发行的证券可以排除州法的适用。

SEC 据此在 2015 年大幅度修改了条例 A,新颁布的规则被称为条例 A+,其中设置了两个层级的小额发行豁免:金额在 2000 万美元以下的小额发行豁免,基本上沿用原来的条例 A 规则;金额在 5000 万美元以下的小额发行豁免,则可以排除州法管辖,但仅能针对获许投资者,如果针对非获许投资者,则其投资额度只能是其年收入或者净资产的 10%。

2016 年 10 月,SEC 又对规则 504 和 505 作出修改,将规则 504 的豁免金额提高到了 12 个月 500 万美元,同时废除了规则 505。

关于小额豁免制度在众筹的适用,请参见本书第六章。

3. 私募豁免制度

在证券实践中,私募豁免一直是得到最为广泛适用的豁免规则。在美国证券法上,条例 D 的规则 506,一直是最受欢迎的私募豁免制度。

规则 506 对于发行额度没有金额限制,对于发行人的信息披露没有要求,但要求发行对象必须为获许投资者,发行方式不得采用广告和公开劝诱方式。

对于众筹发行来说,获许投资者的资质要求虽然限制了发行对象,但其实并没有造成很大的困难。这是因为获许投资者是以财富标准确定的人群,这些人群虽然人数不多,但掌握的财富并不少。据统计,以条例 D 规定的获许投资者标准,2012 年美国全国获许投资者的人数在 870 万人左右,但掌握的财富是全体美国人财富的 70% 以上。

对众筹发行造成重大障碍的是私募豁免中对公开劝诱方式的禁止,这完全限制了众筹平台上对众筹项目的刊登和宣传,限制了互联网的适用。同时,这也使得多数的获许投资者并没有被动员起来,造成了极大的浪费。据统计,2012 年美国 870 万获许投资者中,参与创业企业和小企业投资的获许投资者只有 9.1 万人。[1] 换句话说,只有 1% 左右的获许投资者加入了投资,虽然其中有些是不愿意参与投资,但也不能否认有些人是愿意投资但因为信息缺乏,没有获得投资机会。

因此,在法律修改之前,众筹发行其实也很难利用传统的私募豁免规则,这会遇到两个障碍:第一个就是公开劝诱禁止,众筹发行无法通过互联网展开;第二个就是众筹平台本身的性质,从事帮助发行人发行和销售证券的活动,构成了美国证券法上的券商业务,众筹平台必须注册为券

---

[1] Jason W. Parsont, "Crowdfunding: The Real and The Illusory Exemption", 4 *Harvard Business Law Review* 281 (2014).

商,并接受对于券商的监管。

就此,2012 年的《JOBS 法》对证券法作出了修改,其第二章在这两个方面都放松了要求,使得私募型众筹成为可能。

二、私募众筹豁免条款

私募众筹豁免条款主要体现在《JOBS 法》的第二章,该章只有一个条款,即第 201 条,其中的 a 条要求在本法实施生效后 90 天内,SEC 对其公开劝诱禁止的规则进行修改:只要所有证券购买人均为获许投资者,公开劝诱禁止不适用于规则 506 的发行。同时,c 条还明确:任何人不因为提供平台或机制允许证券发行、销售,或者允许证券发行人通过网络、面谈及其他方式运用一般劝诱、广告或者类似方式进行证券发行与销售,或者提供了诸如尽职调查等相关辅助性服务,而被认定为证券经纪商。[1]

SEC 于 2012 年 8 月 29 日发布了公开征求意见的规则草案。该规则经过修改后于 2013 年 7 月 10 日正式发布,2013 年 9 月 23 日生效实施。SEC 依据《JOBS 法》第 201 条,在规则 506 中增加了第 506(c)条,允许依据该条的私募发行采取公开劝诱的发行方式。[2] 而在关于这一规则的常用问题解答中,针对有人询问在网站上发布融资信息是否允许的问题,SEC 解答说:按照 SEC 理解,第二章的主要立法目的就是要解决在网络上融资可能涉及的公开劝诱违反问题。在新规则下,通过网站平台发布融资信息,只要购买人符合获许投资者标准,即符合私募豁免的条件。[3] SEC 的这一解答明确解释了《JOBS 法》第二章的立法目的实际上是设置了私募众筹豁免制度。

《JOBS 法》第二章规定的私募众筹豁免,主要内容是两个:(1)在购买人都是获许投资者的时候,可以采用广告或者公开劝诱的手段,尽管是私募发行;(2)提供发布证券广告的平台或者机制不构成证券经纪商。取消公开劝诱禁止并不是排他性规则,仅仅是对规则 506 的一个补充规则,增加了一种新的融资方式,愿意采取传统私募融资方式不进行公开劝诱的,仍然可以适用原来的规则 506(b)。

---

[1] 参见《JOBS 法》第 201 条。
[2] SEC Release No. 33-9415,http://www.sec.gov/rules/final/2013/33-9415.pdf.
[3] Frequently Asked Questions About the Exemption from Broker-Dealer Registration in Title II of the JOBS Act, http://www.sec.gov/divisions/marketreg/exemption-broker-dealer-registration-jobs-act-faq.htm.

1. 取消公开劝诱禁止

针对规则506取消公开劝诱禁止,主要体现在这几个方面:(1)在规则506下允许公开劝诱;(2)不能仅仅因为公开劝诱而将发行定义为公开发行;(3)要求购买人都是获许投资者;(4)要求发行人采取合理的步骤确认购买人是获许投资者。

在SEC颁布的具体规则中,主要规定了三方面的内容:(1)要求发行人必须采取合理步骤确定购买人是获许投资者;(2)更新了私募发行的信息披露文件表格D,并对公开宣传的内容有所限制;(3)限制某些"坏人"参与此类公开宣传的私募活动。[1]

SEC对于发行人如何采取合理步骤确定购买人是获许投资者,规定了四种方式[2]:

(1) 对于年收入,发行人可以要求投资者提供纳税证明(Internal Revenue Service form)来证明自己过去两年的收入,并提交一份手写声明,证明自己在未来一年收入还能达到此标准。

(2) 对于净资产,投资者可以使用银行、券商或者其他证券持有机构的声明、存单、税务估算、评估报告等来证明自己的资产,发行人可以依赖信用报告来评估投资者的负债情况,投资者必须书面声明所有负债都已经披露。

(3) 发行人可以依赖注册券商、注册投资顾问、注册律师或者审计师的声明,只要这些声明宣称在过去3个月内已经证实了购买人的资质。

(4) 若发行人在此前的规则506发行已经认可了该名投资者符合获许投资者的标准,则只需要投资者声明其还符合获许投资者标准即可。

关于公开劝诱禁止的取消,详尽的讨论,请见本章第二节。

2. 私募众筹平台豁免券商注册

众筹平台是众筹发行的关键环节,所有众筹发行都是通过网络平台开展。但网络平台帮助众筹发行人发行和销售证券,既可能构成从事证券经纪业务,也可能因为推介众筹项目而构成从事投资顾问业务。

在前一章所讨论的公募型众筹制度中,《JOBS法》是通过创设了一种

---

[1] SEC专门发布了一个规则限制"坏人"参与此类私募发行,与上述取消公开劝诱禁止的规则同时发布,参见SEC Release No. 33-9414, http://www.sec.gov/rules/final/2013/33-9414.pdf.

[2] SEC Release No. 33-9415, http://www.sec.gov/rules/final/2013/33-9415.pdf.

新的证券中介类型——集资平台来解决这个问题的。因此,在公募型众筹发行中,众筹平台既可以申请注册为券商,或者由券商来担任,也可以申请注册为集资平台。

对从事私募活动的众筹平台,《JOBS法》在私募型众筹中没有要求其注册,而是直接豁免了其券商注册,也就是认定其从事私募众筹活动,并不会构成证券法上的券商业务。具体而言,主要包括以下几个方面的内容:

私募众筹平台只要在从事私募众筹活动中,遵守规则506的要求,就可以从事下列活动,而不会被要求注册为券商:

(1) 该人提供了平台或机制帮助证券的发行、销售、购买或洽谈,或允许证券发行人通过网络、面谈及其他方式运用公开劝诱、广告或类似行为进行证券发行与销售;

(2) 该个人或其关联人参与了对该证券的联合投资;

(3) 该个人或其关联人提供关于该证券的辅助性服务。

这里所说的辅助性服务,包括:

(1) 提供关于该证券的发行、销售、购买或洽谈的尽职调查服务,但是服务不包括向证券发行人或投资者提供收费的投资意见或者建议。

(2) 向证券发行人和投资者提供标准化文件,只要该个人或者实体未代表第三方洽谈发行条款,并且证券发行人未被要求使用标准化文件作为使用服务的条件。

但是,《JOBS法》也对私募众筹平台从事的业务作出了限制,包括:

(1) 该个人以及该个人相关联的其他个人不能从该证券交易中获得报酬;

(2) 该个人以及该个人相关联的其他个人未持有客户的资金或证券;以及

(3) 该个人或其关联人等不属于法律规定的市场禁入者(statutory disqualification)。

由此可以看出,尽管私募众筹平台可以为众筹发行提供帮助,但为了避免被要求注册为券商,其业务范围受到了很大的限制,包括:(1) 不能从发生在该平台上的证券发行交易活动中收费;(2) 不能提供收费的投资建议;(3) 不能持有客户的资金和证券;(4) 不能作为投资者的代表与发行人谈判发行条件。

对于私募众筹平台豁免注册为券商,SEC曾经在相关答问中解释说,他们认为国会在《JOBS法》中的此条规定,其目的就是针对网络平台和社交媒体,便利其在众筹发行中发挥作用。但基于相关法律条文的明文限制,为了避免明显的自相矛盾,该条并没有说私募众筹平台从事的不是券商业务,而只是通过禁止私募众筹平台从证券经纪活动中收费,才不被要求注册为券商。而 SEC 对报酬、收费的解释一向非常宽泛,包括私募众筹平台自身及其关联人取得的任何直接或者间接的经济利益。[1]

该条明文允许的,只是私募众筹平台直接对在其平台上发行和销售的证券进行投资,SEC 解释说,私募众筹平台从这些投资中获取的利润并不构成该条所禁止的报酬或者收费。因此,SEC 在问答中认为,从该条的规定来看,实践中能够利用该条从事私募众筹平台业务活动而避免券商注册的,可能主要是风险投资机构,外人因为无法获利,可能很难适用该规则豁免券商注册。[2]

可以看出,在《JOBS法》第二章的框架下,SEC 的规则也是非常宽松的,因此,相比公募众筹,私募众筹实际上具有很大的成本优势。不过,在讨论这些优势之前,我们还是讨论一下取消公开劝诱禁止的合理性。

第二节 取消公开劝诱禁止制度

一、公开劝诱禁止在美国法上的兴起与衰落

我国《证券法》第 10 条第 3 款规定:非公开发行证券,不得采用广告、公开劝诱和其他变相公开发行方式。此即我国法上对于公开劝诱禁止的法律条文。追本溯源,美国证券法中其实并没有像我国证券法这样明确禁止公开劝诱的条款,但 SEC 却在实践中发展出远比我国证券法严苛的公开劝诱禁止规则,并最终在 2012 年被《JOBS法》强令部分取消。这是私募法律制度发展历史上一段颇为曲折的历程。

(一) 公开劝诱禁止规则的兴起

虽然公开劝诱禁止制度来自美国,但美国证券法却根本没有像我国

---

[1] Frequently Asked Questions About the Exemption from Broker-Dealer Registration in Title II of the JOBS Act, https://www.sec.gov/divisions/marketreg/exemption-broker-dealer-registration-jobs-act-faq.htm.

[2] 同上。

证券法那样明文规定过公开劝诱禁止。这一切都是美国证券监管者揣摩立法者意图的结果。

1933年,为了应对1929年股市崩盘,在罗斯福政府的新政推动下,国会通过了《证券法》(Securities Act),确立了现代证券法的范本。1933年《证券法》以强制信息披露制度为核心,通过注册要求、SEC审阅、等待期要求、对证券中介机构的监管以及严格的反欺诈责任来实施强制信息披露制度,其目的是要削弱融资者与投资者之间的信息不对称。[1] 但强制信息披露制度在保护投资者的同时,也给企业融资带来了巨大成本。对于某些融资类型来说,这些成本或者不合适,或者过高,因此,法律提供了一些豁免安排,其中最主要的是私募豁免和小额豁免。[2]

1. 私募豁免中的公开劝诱禁止

私募豁免的法律依据是1933年《证券法》第4(a)(2)条,该条不过寥寥一句话:"不涉及公开发行的发行人交易"(transactions by an issuer not involving any public offering),根本没有提及公开劝诱禁止。但1933年证券法也没有对什么是"不涉及公开发行"作出界定,寻找对非公开发行,即私募的界定方法,因此成为SEC和法院的任务。

1935年,SEC的首席律师伯恩斯(General Counsel,John J. Burns)发布了一个解释公告,明确了SEC界定非公开发行的六大因素:(1)受要约人数;(2)受要约人之间的关系;(3)受要约人与发行人之间的关系;(4)发行证券的数量;(5)发行的规模;(6)发行方式。[3] 当时SEC正执着于简单确定的人数标准,因此,没有将公开劝诱作为一个因素明确提出。不过,其中第1、2、3和6这四个因素都与公开劝诱有些关系。向很多人发出要约,既构成了公开劝诱,也是一种公开发行,不符合私募标准。即使涉及人数不多,但向谁发出要约,也可能影响到发行的性质,例如,向

---

[1] 关于这套制度的详尽论述,可参见 James D. Cox, ect., *Securities Regulation: Cases and Materials*, 7th Edition, Wolters Kluwer, 2013, pp. 249—260. 简化的讨论,可参见 Robert B. Thompson & Donald C. Langevoort, "Redrawing The Public-Private Boundaries in Entrepreneurial Capital Raising", 98 *Cornell Law Review* 1573 (2013).

[2] 相关豁免制度,详尽的论述可看看 James D. Cox, ect., *Securities Regulation: Cases and Materials*, 7th Edition, Wolters Kluwer, 2013, pp. 249—260. 也可参考郭雳:《美国证券私募发行法律问题研究》,北京大学出版社2004年版,第41—50页。

[3] Letter of General Counsel Discussing Factors to be Considered in Determining the Availability of the Exemption From Registration Provided by the Second Clause of Section 4(1), Securities Act Release No. 285 (Jan. 24, 1935).

随机挑选的路人劝诱,显然是公开发行。受要约人之间的关系及其与发行人的关系,涉及如何挑选受要约人,因此与公开劝诱密切相关。至于直接采用公开劝诱方式发行,显然更不符合私募标准。

在1953年的Ralston案中,美国最高法院明确否定了SEC的人数标准。[1]

美国最高法院认为界定私募要考虑证券法的立法目的,即"证券法是通过提供那些投资者在决策时所需要的全面信息来保护投资者",私募豁免的范围是那些实际上不需要证券法提供保护的场合。因此,界定私募的标准应当是"受要约人能否保护自己"。

Ralston案将界定私募的焦点从发行的性质转向了受要约人的性质和特性上。不过,对于如何理解受要约人能够自己保护自己或者能够自行获得相关信息的能力,下级法院则有不同的解释。有些法院强调发行人与购买人之间的关系;有些法院强调购买人的成熟程度;有些法院则看重发行人披露信息的类型和受要约人的人数。这带来了很大的混乱。[2]

因此,SEC开始提出以公开劝诱禁止作为界定私募的一个重要因素。在一些案例中,当发行人与受要约人存在个人联系,并且没有使用广告或者投资银行、券商等中介时,发行更容易被视为私募发行。[3] SEC在1962发布的解释规则中第一次明确提出公开劝诱禁止。该解释主要针对私募发行人向那些无关的和无知的公众发出要约的行为。为了遏制这种行为,该解释明确规定:与不受限制的或者素无关系的潜在购买人谈判、交流,或者向他们发布公开劝诱,以确定他们是否愿意接受证券要约,不符合该交易私募的性质,即使最终购买人是少数富有经验的人。[4]

SEC在1974年发布的规则146,试图为私募界定提供明确的"安全港"规则,其中第一次正式全面地规定了私募中的公开劝诱禁止制度。[5]

---

[1] SEC v. Ralston Purina Co., 346 U.S. 119 (1953). 关于该案,参见本书第四章第四节的相关内容。

[2] 相关分析可以参见 William K. Sjostrom, Jr., "Direct Private Placements", 102 *Kentucky Law Journal* 947 (2014).

[3] 相关分析,参见 Patrick Daugherty, "Rethinking The Ban on General Solicitation", 38 *Emory Law Journal* 67 (1989).

[4] Non-public Offering Exemption, Securities Act Release No. 4552, 1 Fed. Sec. L. Rep. (CCH) P2770, at 2919-20 (Nov. 6, 1962).

[5] 关于规则146的介绍,参见郭雳:《美国证券私募发行法律问题研究》,北京大学出版社2004年版,第89—96页。

尽管规则146被证明是失败的尝试,但SEC在此基础上改进并最终于1982年颁布了大获成功、迄今仍然生效的条例D。[1] 条例D中的第502(c)条就沿袭了被废除的规则146,明确规定了公开劝诱禁止制度,并生效至今。条例D第502(c)条规定:

(c)限制发行方式。……发行人及其代理人不应采取任何形式的公开劝诱或者公开广告的方式要约或者销售证券,包括但不限于:

(1)在报纸、杂志或者类似媒体上或者在电视、广播上刊登、发布广告、文章、通知或其他信息传递形式;

(2)通过公开劝诱或者公开广告的方式邀请大众参与任何讲座或者会议……

2. 小额发行豁免中的公开劝诱禁止

条例D中包含了三个豁免,其中规则506是私募豁免,规则504和505则是小额豁免。第502(c)条对公开劝诱的禁止,不仅仅适用于规则506的私募豁免,也适用于规则504和规则505的小额豁免。

尽管有学者认为没有必要对小额豁免适用公开劝诱禁止[2],但也有学者认为,小额豁免确实与公开劝诱禁止有关。[3] 小额豁免的法律基础是1933年证券法第3(b)条的规定。该条规定SEC应当豁免那些不超过500万美元的发行,只要金额不大或者发行受到限制。依据该条,条例D的规则504豁免了金额100万美元以下的发行,因为金额不大;规则505豁免了金额500万美元以下的发行,但要求其只针对获许投资者和一定人数的成熟投资者,则是因为发行的限制性。因此,小额豁免的条件是两个:小额或者有限发行。其中有限发行就与公开劝诱禁止密切相关。[4]

(二)公开劝诱禁止的解释适用

禁止公开劝诱,说起来容易,适用起来却面临很多的困难。适用公开劝诱禁止规则,必须明确回答三个问题:(1)什么是公开劝诱?在公开媒体上发布广告,当然构成公开劝诱,但除此之外,向多大范围的人群发布

---

[1] 关于条例D较为详尽的论述,请参见郭雳:《美国证券私募发行法律问题研究》,北京大学出版社2004年版,第97—113页。

[2] Patrick Daugherty, "Rethinking The Ban on General Solicitation", 38 *Emory Law Journal* 67 (1989).

[3] William K. Sjostrom, Jr., "Relaxing The Ban: It's Time to Allow General Solicitation and Advertising in Exempt Offering", 32 *Florida State University Law Review* 1 (2004).

[4] 同上。

信息,会构成公开劝诱?(2)公开劝诱的内容是什么?公司发布的产品广告显然不在公开劝诱禁止的范围之内,只有涉及要约或者发售证券的公开劝诱才需要禁止。但什么时候是产品广告、什么时候是配合证券发行的劝诱,有时则很难区分。(3)发布公开劝诱的主体是谁?发行人及其明确宣布的代理人发布的公开劝诱被禁止没问题,但如果是第三人发布的公开劝诱,何时这些第三人会被认为是发行人的代理人?对这三个问题的解答,都非常复杂,SEC 的解答也并不都令人满意,存在很多模糊地带,为寻求私募豁免的发行人带来了不确定性。

1. 什么是公开劝诱

规则 502(c)条对公开劝诱没有定义,只是列举了两类行为:(1) 通过在报纸、杂志或者类似的电台电视上发表广告、文章或者其他交流信息;(2) 举办讲座或者宣讲会,通过公开宣传或者劝诱来邀请参加者。这两类行为都使用了可以触及一般公众的媒体,因此可以明确:使用大众传播媒介会构成公开劝诱。但如果没有使用大众传播媒介,只是采用定向信息传递的方式,在多大传播范围内会构成公开劝诱?

对于这一问题,SEC 发展出了所谓"事前实质关系"理论(pre-existing relationship requirement)。SEC 认为:在向投资者劝诱销售证券之前,发行人与投资者之间就应当存在某种关系,这种关系应当是实质性的并且持续了一段时间,从而能够使得发行人或其代表人了解投资者的财务状况或者成熟程度。尽管 SEC 宣称事前关系不是确定公开劝诱的唯一因素,但实际上,SEC 从来没有发布过一个无异议函(no-action letter),在缺乏事前关系时认定其不构成公开劝诱。[1]

因此,在界定某些行为是否构成公开劝诱时,SEC 主要关注发行人与投资者之间的关系,当发行人与投资者之间事前存在关系时,一般不会认为存在公开劝诱。投资银行已经存在的客户被认为属于此种事前关系。这些投行因此可以作为私募发行的渠道,为发行人提供客户基础。投行会因此收取发行金额 10% 的费用,许多时候还会从发行人处获得股权。[2]

---

[1] 相关分析,请参见 Patrick Daugherty, "Rethinking The Ban on General Solicitation", 38 *Emory Law Journal* 67 (1989).

[2] Larissa Lee, "The Ban Has Lifted: Now Is The time To Change the Accredited-Investor Standard", 2014 *Utah Law Review* 369 (2014).

2. 公开劝诱的内容

一般的产品广告当然不是公开劝诱禁止的对象,但如果一个公司在私募发行证券的同时大做其产品广告,就很可疑。SEC 认为,对此不但要分析广告的内容,还要分析特定广告在证券发行中的作用。[1] 但这需要分析个案的具体情形,SEC 并没有给出具体的标准。据学者分析,这需要考虑该公司规模大小和业务性质(如某公司只有一个知名产品,则该产品广告被用于发行推介的可能性就很大)、产品广告和私募融资的时间匹配,以及广告的特定媒体选择(如果广告是针对投资者群体发布而不是消费者群体,更像是发行的公开劝诱)等因素。[2]

3. 发布公开劝诱的主体

发行人及其指明的代理人如果发布公开劝诱,当然在禁止之列。按照 SEC 的解释,发行人的关联人如果发布此类信息,除非特别情况,均被视为是发行人代表。但如果是独立第三方,则需要具体分析。[3] 在一个案例中,第三方机构定期收集和发布需要私募融资的公司信息,列名其中的发行人会向该第三方提供信息并支付费用,该第三方被 SEC 认为构成了发行人的代理人。在另一个案例中,第三方从公共渠道收集私募融资信息发布,并不向发行人收取费用,则得到 SEC 的认可,不违反公开劝诱禁止,但 SEC 要求第三方发布的信息应当是全面的、客观的,没有经过挑选并不附加评论。[4]

SEC 在某些场合过于严格解释公开劝诱禁止的适用范围。在一个案例中,独立第三方(由律师、会计师和金融规划师组成)拟发布他们在日常工作中收到的某些私募融资信息,并加以分析。尽管该独立第三方与发行人没有任何关联,SEC 仍然认为这种行为很可能构成了发行人的公开劝诱,因为此种评论很容易被发行人所利用(susceptible-to-use theory)。[5]

(三)公开劝诱禁止的衰落

获许投资者概念在条例 D 中的适用大获成功,在发布条例 D 的当年,适用规则 506 条的私募融资金额就大幅度增加。1981 年,适用规则

---

[1] 相关分析,请参见 Patrick Daugherty, "Rethinking The Ban on General Solicitation", 38 *Emory Law Journal* 67 (1989).
[2] 同上。
[3] 同上。
[4] 同上。
[5] 同上。

146 的私募金额只有 42 亿美元,而在 1982 年,适用条例 D 的私募发行就达到了 155 亿美元。[1] 但随着条例 D 对获许投资者的强调,公开劝诱禁止的重要性也开始逐步下降。获许投资者概念的理论基础是:根据其标准挑选出来的投资者,具有自己保护自己的能力。既然投资者能保护自己,又何必需要禁止私募发行中的公开劝诱呢?

实践中,SEC 对公开劝诱的禁止极大限制了私募发行的范围,给企业融资带来了巨大障碍。因此,SEC 也一直在考虑是否需要放松甚至取消对公开劝诱的禁止,但在一系列调整和放松禁令的尝试后,彻底取消公开劝诱禁止的尝试失败了。2012 年,失去耐心的立法者直接通过《JOBS 法》命令 SEC 必须部分取消私募中的公开劝诱禁止。

1. 2012 年之前 SEC 对取消公开劝诱禁止的尝试

实际上,SEC 早就认识到公开劝诱禁止对私募融资的阻碍。1995 年 SEC 曾经公开征求过意见,讨论是否应该取消该禁止。[2] 在保留该禁止的情况下,SEC 也颁布了一系列具体规则,以减轻公开劝诱禁止对发行的影响,这些规则包括:

(1) 规则 135c:主要为公众公司提供豁免,让他们在私募发行时履行报告义务[3];

(2) 规则 135e:主要为外国私募发行人在境外举办新闻发布会提供豁免[4];

(3) 规则 155:对于那些公开发行没有成功转而寻求私募融资的发行人适用,虽然公开注册也构成了公开劝诱,但可以在此规则下得到豁免[5];

(4) 条例 A:条例 A 是小额豁免,允许发行额度在 500 万美元以下的

---

[1] 参见郭雳:《美国证券私募发行法律问题研究》,北京大学出版社 2004 年版,第 95 页。

[2] Exemption for Certain California Limited Issues, Release No. 33-7185 (June 27, 1995).

[3] Simplification of Registration and Reporting Requirements for Foreign Companies; Safe Harbors for Public Announcements of Unregistered Offerings and Broker-Dealer Research Reports, Securities Act of 1993 Release No. 33-7053, Securities Exchange Act of 1934 Release No. 34-33918 (Apr. 19, 1994).

[4] See Offshore Press Conferences, Meetings with Company Representatives Conducted Offshore and Press-Related Materials Released Offshore, Securities Act of 1933 Release No. 33-7470, Exchange Act of 1934 Release No. 34-39227 (Oct. 10, 1997).

[5] Integration of Abandoned Offerings, Securities Act of 1933 Release No. 33-7943 (Jan. 26, 2001).

发行豁免注册。不过,SEC 对条例 A 下的发行人仍然有简化的信息披露要求,条例 A 下的发行程序被称为"迷你注册"(mini-registration),成本也很高。SEC 在 1992 年发布了规则 254,允许条例 A 下的发行,可以在正式启动发行程序之前向公众宣传,以便测试公众的兴趣,即所谓的"试水"(test the waters)。不过 SEC 对这些书面宣传材料的内容作了具体规定,并要求在发布前提交 SEC 备案。[1]

除此之外,SEC 一度试图在规则 504 的小额发行中取消对公开劝诱的禁止。规则 504 是条例 D 下规定的小额豁免,豁免 100 万美元以下的发行融资。规则 504 在 1982 年发布的时候,是禁止公开劝诱的,在该豁免下发行的证券也是限制证券,禁止转售。在 1992 年,SEC 修改了规则,取消了规则 504 下的公开劝诱禁止和转售限制。但在 1999 年,SEC 再次修改规则,回到 1992 年之前,禁止公开劝诱和转售,宣告取消公开劝诱禁止的尝试失败。SEC 宣称回归老路的主要原因,是因为在改革期间发生了大量的小额发行欺诈。[2]

2. 2012 年《JOBS 法》对公开劝诱禁止的部分取消

可能是基于规则 504 变革失败的教训,SEC 一直对放松小企业融资监管持怀疑态度。但 2008 年全球金融危机之后美国的经济增长乏力,迫使国会采取行动。2012 年,美国在国会两党一致支持下,迅速通过了《JOBS 法》,该法第二章明确要求 SEC 采取措施取消规则 506 私募发行中的公开劝诱禁止。[3]

《JOBS 法》第 201 条中的 a 条要求在本法实施生效后 90 天内,SEC 对其公开劝诱禁止的规则进行修改,公开劝诱禁止不适用于规则 506 的发行,只要所有证券购买人均为获许投资者。同时,c 条还明确规定:任

---

[1] 参见条例 A 的规则 254。

[2] Revision of Rule 504 of Regulation D, the "Seed Capital" Exemption, Release No. 33-7644 (Feb. 25, 1999). 关于规则 504 的历史分析,可以参见 C. Steven Bradford, "Securities Regulation and Small Business: Rule 504 and The Case For An Unconditional Exemption", 5 *Journal of Small and Emerging Business Law* 1 (2001).

[3] 《JOBS 法》第二章其实是立法妥协的产物,一方面立法者希望提供不受监管的众筹豁免,解决创业企业和小企业融资难题,但另一方面反对者则担心投资者保护制度的缺乏。在第三章对于公募众筹豁免制度加强了投资者保护要求之后,议员 McHenry 提出了一个第二章的草案,并被迅速通过。这一条款因为在实践中可能主要被用于互联网上的私募融资,因此也被称为私募众筹条款。关于这一立法过程的介绍和关于这一条款从众筹角度的分析,请参见 Janson W. Parsont, "Crowdfunding: The Real And The Illusory Exemption", 4 *Harvard Business Law Review* 281 (2014).

何人不因为提供平台或机制允许证券发行、销售,或者允许证券发行人通过网络、面谈及其他方式运用一般劝诱、广告或者类似方式进行证券发行与销售,或者提供了诸如尽职调查等相关辅助服务,而被认定为证券经纪商。[1] 简而言之,《JOBS法》第201条的主要内容有两方面:(1)在购买人都是获许投资者的时候,可以采用广告或者公开劝诱的手段,尽管是私募发行;(2)提供发布证券广告的平台或者中介人不构成证券经纪商。

SEC认为《JOBS法》对公开劝诱禁止的取消并不是排他性规则,仅仅是对规则506的一个补充,增加了一种新的融资方式而已。SEC依据《JOBS法》第201条对规则506的修改,是增加了第506(c)条,允许按照该条的私募发行采取公开劝诱的方式。那些愿意采取传统私募融资方式、不使用公开劝诱方式的发行人,仍然可以适用规则506(b)条。该规则于2012年8月29日公开征求意见,2013年7月10日正式发布,2013年9月23日生效实施。[2]

二、取消公开劝诱禁止的理由

公开劝诱禁止不是投资者保护的结果,而是证券法区分公开发行和私募发行的产物。不过,虽然表面看起来,禁止公开劝诱直接与私募发行不涉及公开的性质相匹配,但若从学理上深究,则与SEC最初在私募界定时采用的人数标准一样,缺乏合理性。

1. 公开劝诱禁止与投资者保护

公开劝诱禁止虽然有助于限制欺诈的传播,但并没有起到真正保护投资者的作用。公开发行证券一般采用强制信息披露制度来保护投资者,但在私募发行中,按照美国最高法院在Ralston案确立的原则,保护投资者主要靠的是投资者的自身资质——私募发行中的最终购买人是那些能够自己保护自己的投资者——对此,条例D用了获许投资者的概念来界定,公开劝诱禁止对获许投资者的保护是没有意义的。

公开劝诱的发行方式,看起来违背了私募不涉及公众的性质,但只要坚持最终购买人符合获许投资者的标准,就不会损害公众投资者。固然,因为私募发行追究虚假陈述责任比较困难,允许公开劝诱可能导致证券

---

[1]《JOBS法》第201条,中文译本参见北京大学金融法中心网站,http://www.finlaw.pku.edu.cn/hulianwangjinrongyufalv/guokanDetail/4251.

[2] SEC Release No. 33-9415, http://www.sec.gov/rules/final/2013/33-9415.pdf.

欺诈信息广为扩散,容易为公众投资者获得。但这些公众投资者因为不符合获许投资者的标准,不能参与私募发行,不能购买私募发行的证券,即使其受到私募发行中公开劝诱的欺诈,其利益也不会受到损害。公众投资者既然没有购买股票,即使其阅读了无用甚至欺诈的私募发行广告,也不过是损失了一些时间和精力而已。

因此,即使禁止公开劝诱确实有助于减少证券欺诈行为——当欺诈发行不能采用公开劝诱手段时,受到其欺骗的投资者显然会减少。但是需要仔细考虑利弊:为了保护公众投资者不阅读这些欺诈信息而禁止公开劝诱,可能导致那些合法的发行人无法触及更多的获许投资者,无法获得企业发展所必需的资金;而公众投资者则实际上因为不能购买这些欺诈发行的证券而根本不会受到投资损失。在坚持获许投资者标准的情况下,公开劝诱禁止所带来的成本远远大于其收益。

SEC 对规则 504 改革的失败需要仔细分析。首先,规则 504 是小额发行,其对发行对象没有获许投资者的资格要求,因此,一旦允许公开劝诱,这些欺诈信息就很容易直接影响到公众投资者。其次,从 SEC 事后总结来看,在 1992 年规则 504 改革之后,主要盛行的欺诈行为是所谓的"吹捧与倾销"模式(pump and dump scheme),即发行人先依据规则 504 向自己的关系人发行股份,然后利用网络和不良证券经纪商在 BBS、股吧等大肆吹捧股票,抬高股价,最终将其销售给缺乏辨别能力的投资者。[1] 公开劝诱只能在吹捧中起到一定的作用,但最终欺诈能够发生主要是因为对规则 504 下发行的股票没有转售限制。[2] 因此,在要求购买人必须是获许投资者,同时对股票还有限售要求的情况下,放开公开劝诱禁止并不会对投资者产生很大的危害,却会在很大程度上便利创业企业和小企业的融资。

2. 公开劝诱禁止限制了信息交流

公开劝诱禁止实际上限制了私募市场的信息交流。公开劝诱禁止限制了发行人的信息披露,在实质上违背了现代证券监管的核心价值:信息公开原则。投资者、发行人和监管者都因此受到了损害。

---

[1] Revision of Rule 504 of Regulation D, the "Seed Capital" Exemption, Release No. 33-7644 (Feb. 25, 1999).

[2] William K. Sjostrom, Jr., "Relaxing The Ban: It's Time to Allow General Solicitation and Advertising in Exempt Offering", 32 *Florida State University Law Review* 1 (2004).

因为私募信息不能公开出现,一般的投资者无法获知私募信息,无法了解私募作为一种投资渠道的价值。这可能导致那些本来有资格参与私募的获许投资者因为缺乏相关信息,而从来没有加入过私募市场,因为其在成为获许投资者之前,缺乏了解私募市场的机会。私募筹资者则因为不能公开在市场上竞争,既可能无法获得更为合理的价格,也因为不能接触到更广泛的投资者人群,而可能筹资成本高昂。投资者也因为私募发行人之间的竞争不充分,无法获得更多的私募信息,无法选择更好的投资对象。对于监管者来说,因为私募不披露信息,导致监管者对私募的监管几乎处于黑暗状态。监管者很难发现私募发行中对投资者的欺诈行为,很难比较不同私募发行的条件。[1]

3. 公开劝诱禁止给企业融资带来了巨大成本

要求私募中发行人与投资者之间存在事前关系的规则,当然有一定价值:其一,事前关系的存在,说明受要约人已经对发行人或者发售人有所了解,或者有能力获得相关信息;其二,更重要的是,事前关系使得出售方可以有信心对未来的投资人是否成熟作出判断。但事前关系并不一定是认定受要约人成熟的唯一方法,在某些场合甚至不是主要方法。因此,一种不过是出售方确定受要约人成熟度的程序性方法,不应当被认为是决定性的方法,更不应该被上升为一般性规则。

以事前存在实质关系来界定公开劝诱,给创业企业和小企业融资带来了巨大的成本。证券发行从本质上来说,也是一种销售,也需要市场推广。公开劝诱禁止几乎限制了发行人的市场推广活动,这使得在私募发行中,除非是拥有庞大客户群的大企业,中小企业几乎很难找到私募投资者,也很难说服投资银行愿意为其提供私募发行服务。[2]因此有学者评价说:在证券法中,妨碍小企业融资的,几乎没有比公开劝诱禁止更大的障碍了。[3]

创业企业和小企业面临巨大的融资缺口。当创业者消耗完自己筹集的资金和亲友资金之后,到其能够发展出较为成熟的商业模式获得风险

---

[1] William K. Sjostrom, Jr., "Relaxing The Ban: It's Time to Allow General Solicitation and Advertising in Exempt Offering", 32 *Florida State University Law Review* 1 (2004).

[2] Alexis A. Geeza, "Put Your Money Where Your Mind Is: Protecting the Markets in the Age of Post-JOBS Act Rule 506 Offerings", 45 *Seton Hall Law Review* 581 (2015).

[3] Stuart R. Cohn & Gregory C. Yadley, "Capital Offense: The SEC's Continuing Failure to Address Small Business Financing Concerns", 4 *N.Y.U. J. L. & Bus.* 1, 36 (2007).

资本的投入,中间存在巨大的融资缺口。在这个阶段的企业,仍然处于发展早期,因为没有稳定的收入来源和现金流,以及没有担保财产,无法获得银行融资的支持;但由于商业模式尚不成熟,也很难获得风险资本的青睐。这个阶段本来是天使投资者提供融资的领域。但按照统计,美国早期创业企业的融资缺口每年在 600 亿美元左右,每年天使投资提供的融资只有 300 亿美元——并不是天使投资者的资金不足,而是因为天使投资者和企业之间信息不匹配。[1]

按照获许投资者的标准,2012 年美国获许投资者的人数在 870 万人左右,掌握的财富是全体美国人财富的 70% 以上,但在 2012 年参与创业企业和小企业投资的获许投资者只有 9.1 万人。[2] 换句话说,只有 1% 左右的获许投资者加入了投资,虽然其中有些人可能不愿意参与投资,但也不否认有许多人是在公开劝诱禁止下,因为与私募发行人或者投资银行没有事前关系,而被排除在私募投资的范围之外,根本无法获取私募融资的信息。许多学者认为,这种投资者和企业之间的信息不匹配,是造成早期创业企业融资缺口的主要原因。[3]

三、取消公开劝诱禁止后的投资者保护

公开劝诱禁止的目的是保护投资者,虽然按照上面的理论分析,在私募中禁止公开劝诱实际上并不能真正保护投资者,但鉴于对投资者保护的担心,SEC 在制定取消公开劝诱禁止规则时还是提供了一些额外的投资者保护措施。尽管如此,还有一些学者认为取消公开劝诱禁止破坏了便利企业融资和投资者保护这两种利益之间的平衡,因此提出了一些改进措施。本部分将分别进行讨论:

(一) SEC 在取消公开劝诱禁止时提供的额外投资者保护

按照《JOBS 法》第 201 条的规定,取消公开劝诱禁止的前提是购买者都是获许投资者。SEC 提供的额外保护措施主要是两种:(1) 发行人必须采取合理步骤确信购买人为获许投资者;(2) 禁止某些"坏人"适用规

---

[1] William K. Sjostrom, Jr., "Relaxing The Ban: It's Time to Allow General Solicitation and Advertising in Exempt Offering", 32 *Florida State University Law Review* 1 (2004).

[2] Jason W. Parsont, "Crowdfunding: The Real and The Illusory Exemption", 4 *Harvard Business Law Review* 281 (2014).

[3] William K. Sjostrom, Jr., "Relaxing The Ban: It's Time to Allow General Solicitation and Advertising in Exempt Offering", 32 *Florida State University Law Review* 1 (2004).

则 506 的私募发行。

1. 发行人必须采取合理步骤确信购买人为获许投资者（Accredited Investor）

按照 SEC 的定义，获许投资者的概念包括 8 类[1]，主要可以分为三种类型：一种是特殊性质的机构，例如银行、保险公司等，其资质本身就符合获许投资者的要求；另一种是要求达到一定财产标准的机构，例如总资产超过 500 万美元的公司、合伙；第三种是自然人。自然人也可以分为三类：一种是发行人的董事、高级管理人员，另一种是净资产超过 100 万美元的自然人，最后是年收入连续两年平均超过 20 万美元的自然人。获许投资者的理论基础是这些人具有自己保护自己的能力，因此不需要证券法的特别保护。在取消公开劝诱禁止的同时，要求发行人必须采取合理步骤确定购买人是获许投资者，是提高投资者保护水平的表现。

不过，发行人采取什么样的步骤确定购买人的资质才算合理，也是困难的问题：要求过高，会不当增加发行成本，增加豁免的不确定性；要求过低，会使得对购买人资质的要求变得形同虚设，不当引入公众投资者。这其中最为困难的是对自然人资质的确定，尤其是涉及净资产和年收入，除了隐私保护的考虑外，净资产还涉及要在资产总额中扣除负债，而确定负债相对比较困难。

SEC 对于发行人如何采取合理步骤确定购买人是获许投资者，规定了基本原则：发行人应当根据具体的情景和场合确定购买人是否为获许投资者。SEC 认为发行人应当考虑：(1) 购买人的性质（是自然人还是机构以及是哪类机构等）和购买人宣称自己符合哪种获许投资者类型；(2) 发行人掌握了购买人信息的范围和类型；(3) 发行的方式，例如购买人是如何参与到发行中来的，以及发行是否对最低投资金额有要求等。[2]

鉴于这种原则性的规定不够明确，SEC 在规则中还提供了四种非排他性的方式供发行人选用：

(1) 对于年收入：发行人可以要求投资者提供纳税证明（Internal Revenue Service form）来证明自己过去两年的收入，并提交一份手写声明，证明自己在未来一年收入还能达到此标准。

---

[1] 参见本书第 113—114 页第四章第四节有关讨论。
[2] SEC Release No. 33-9415, http://www.sec.gov/rules/final/2013/33-9415.pdf.

第五章　私募型众筹豁免制度　**151**

（2）对于净资产：发行人可以使用银行、券商或者其他证券持有机构的声明、存单、税务估算、评估报告等来证明购买人的资产；发行人可以依赖征信局出具的信用报告来证明购买人的负债，同时投资者必须书面声明所有负债都已经披露。

（3）发行人还可以依赖注册券商、注册投资顾问、注册律师或者审计师的声明，这些声明声称在过去3个月内已经证实了购买人的身份。

（4）若购买人作为获许投资者曾经参与过发行人以前的规则506发行，则发行人可以此为基础，只需要投资者声明其还符合获许投资者标准即可。[1]

2. 禁止"坏人"参与——坏人规则

为了减少欺诈，SEC特地制定了禁止"坏人"适用规则506开展私募的规则——增加了规则506(d)条。所谓禁止"坏人"参与条款，其实类似我们的消极资格条款，就是当发行人及其相关人在发行之前因为从事证券欺诈或者违反证券法而被处以行政处罚或者刑事制裁，则取消其援引规则506豁免的资格。

按照SEC的2013年7月颁布的禁止"坏人"参与的新规则：当发行人及其董事、高级管理人员及其他参与发行的人员、持有发行人20%以上股份的股东、发行人的承销商、当发行人为投资基金时其基金管理人，有下列违法行为时，发行人就不能援引规则506条，豁免发行注册：

（1）在此前10年内，因在买卖证券时向SEC提交虚假材料，被判决有罪；

（2）在此前5年内，因在买卖证券时向SEC提交虚假材料被法院裁定禁止从事此类行为；

（3）被各州的证券监管机构、银行监管机构或者保险监管机构，或者联邦银行监管机构、联邦期货监管委员会等金融监管者最终裁定不允许从事银行、证券、保险业务，或者担任这些金融公司的高级管理人员；或者在此前10年内被裁定违反了禁止欺诈活动的法律法规；

（4）在此时被SEC根据相关法律暂停或者取消注册为券商、投

---

[1] SEC Release No. 33-9415, http://www.sec.gov/rules/final/2013/33-9415.pdf.

资顾问，以及限制从事此类活动，或者被禁止从事和参与低价股的发行；

（5）在此前5年内因故意违反联邦证券法的反欺诈条款，或者因违反1933年证券法第5条，而被SEC以中止令（cease and desist）的形式命令未来不可再犯；

（6）因违反公平交易的行为规范，而被证券商自律组织、全国性证券交易所暂停或者取消成员资格；

（7）在此前5年内，因在条例A下的发行注册或者承销，SEC对其发布过拒绝令、停止令，或者暂停豁免资质；或者目前正处于此类调查过程中；

（8）在此前5年内，被美国邮政局认定有虚假陈述行为，或在目前，因此类虚假陈述行为被美国邮政局处以暂时限制令或初步禁令。[1]

（二）学者的改进建议

在《JOBS法》取消公开劝诱禁止之前，尽管学者对公开劝诱禁止也有很多批评，但为了平衡便利企业融资和保护投资者之间的关系，这些学者也提出了一些补救措施，例如取消公开劝诱禁止之后，不允许发行人直接发行而必须通过注册券商来发行[2]；设立集中统一的私募网站，所有采用公开劝诱的私募发行都在该网站上进行，只有经过SEC审查的发行人才能在该私募网站上融资，也只有经过审查符合获许投资者标准的投资者才能在该网站上阅读私募融资信息。[3]

不过，当《JOBS法》颁布以及SEC按照《JOBS法》的要求正式发布规则，创设了规则506下的新规则，允许以公开劝诱的方式私募融资之后，学者们又纷纷提出了自己的担心。例如，此前坚决要求取消公开劝诱禁止的Sjostrom,Jr.教授，就表达了自己对于私募监管失衡的担心。在回顾了自20世纪90年代以来一系列促进企业融资便利的措施，以及降低

---

[1] 参见 SEC Release No. 33-9414, http://www.sec.gov/rules/final/2013/33-9414.pdf. 该限制与本书第四章对公募众筹发行人资质限制的"坏人规则"类似，虽然规定在不同的规则中。

[2] William K. Sjostrom, Jr., "Relaxing The Ban: It's Time to Allow General Solicitation and Advertising in Exempt Offering", 32 *Florida State University Law Review* 1 (2004).

[3] Todd A. Mazur, "Securities Regulation In The Electronic Era: Private Placements and The Internet", 75 *Indiana Law Journal* 379 (2000).

投资者保护水平的措施之后,尽管没有充分的分析和论证,但鉴于私募融资规模日渐庞大,作者还是表达了对于监管失衡过于偏向企业融资便利的担心,甚至认为可能产生系统性风险。[1] 也有一些学者对取消公开劝诱的基础——获许投资者概念的效用提出了怀疑,认为应该重新考虑该概念的设定。[2]

总体而言,学者们对取消公开劝诱禁止之后的私募发行,从投资者保护角度提出了三个方面的未来改进建议,限于篇幅,本书简单讨论如下:

1. 强制信息披露要求

在规则506下的私募发行,当购买人都是获许投资者时,对发行人并无任何信息披露要求。基于投资者保护的要求,有学者认为持续信息披露、有针对性的信息披露要求还是必要的。为了降低企业融资成本,可以要求私募发行人披露简化的年度报告等信息,对于关联交易、高管薪酬等公司治理信息,也需要披露。[3]

2. 加强私募发行的虚假陈述责任

私募发行虽然也受到联邦证券法中反欺诈条款的规制,但传统上对于私募发行人追究责任一般适用的是1934年《证券交易法》中的规则10b-5。按照判例法上形成的规则,此类诉讼需要证明发行人虚假陈述的故意,并且要证明原告对虚假陈述行为的信赖和因此导致的损失,才能获得赔偿,在实践中非常困难。

因此有学者提出,为了平衡企业融资便利与投资者保护的关系,需要在证券法中专门为私募发行设置虚假陈述法律责任的条款,以保护投资者。该条款应当与1933年《证券法》第11条关于公开发行的虚假陈述法律责任一样,对发行人采用严格责任,对其他人则采用推定责任(可以勤勉尽责抗辩免责)。同时,考虑到私募发行的性质,作者还建议该责任条款对不同类型的私募发行分层适用,对于涉及非获许投资者的私募发行,该法律责任必须适用;对于只针对获许投资者的私募发行,发行人可以选择该条款不适用;对于只针对合格机构购买人的私募发行,该条款原则不

---

[1] William K. Sjostrom, Jr., "Rebalancing Private Placement Regulation", 36 *The Seattle University Law Review* 1143 (2013).

[2] Larissa Lee, "The Ban Has Lifted: Now Is The time To Change the Accredited-Investor Standard", 2014 *Utah Law Review* 369 (2014).

[3] Michael D. Guttentag, "Protection From What? Investor Protection and The JOBS Act", 13 *U. C. Davis Business Law Journal*, 207 (2013).

适用,但发行人也可以主动选择适用该条款。[1]

3. 重新评估获许投资者概念

获许投资者概念尽管在实践中大获成功,但在理论上一直存在争议。除了一些特殊性质的机构和个人外,获许投资者概念主要以财富标准来确定投资者范围,作为一种标准,财富标准具有客观明确的优势,可以为发行人带来确定性,因此在实践中大受欢迎。但在理论上,按照公认的 Ralston 案确定的投资者自己保护自己标准,获许投资者概念中的财富标准则颇有漏洞。

限于篇幅,这里没有办法对获许投资者的概念展开分析,但至少有两个共识是理论界比较明确的:(1)财富和成熟并非两个相互替代的标准[2],财富虽然可能是投资者拥有投资经验的结果,但也可能另有来源,与投资者是否具有投资经验无关。一个"富二代"可能富裕,符合获许投资者标准,但实际上没有投资和财务经验;一个金融学博士可能有投资和财务经验,但却不够富裕,不能成为获许投资者。但在获许投资者概念上,财富和成熟这两者被混同了。(2)即使条例 D 在 1982 年颁布时确定的获许投资者财富标准能够划出一个人群,随着通货膨胀,近 30 年来这一标准划定的人群范围已经急剧扩大,不能提供可靠的精英筛选标准了。[3] 基于通货膨胀因素调整获许投资者的标准,2010 年的《多德—弗兰克法》已经授权 SEC 每 4 年考虑一次。但 SEC 目前还没有调整的计划。[4]

在公开劝诱禁止被取消之后,学者们还提出一些对获许投资者概念修改的建议,包括增加对成熟金融经验的要求,可以包括:金融教育背景、金融行业从业经验等因素,甚至可以举办证明具有金融经验的考试。在要求有成熟金融经验的基础上,财富标准则可以降低,例如净资产可以降

---

[1] William K. Sjostrom, Jr. , "Rebalancing Private Placement Regulation", 36 *The Seattle University Law Review* 1143 (2013).

[2] Cary Martin, "Private Investment Companies in the Wake of the Financial Crisis: Rethinking the Effectiveness of the Sophisticated Investor Exemption", 37 *The Journal of Corporation Law* 49 (2012).

[3] Greg Oguss, "Should Size Or Wealth Equal Sophistication In Federal Securities Laws?", 107 *Northwestern University Law Review* 285 (2012).

[4] 同上。

到 50 万美元，年收入可以降到 10 万美元。[1] 也有人提出，应当限制每个获许投资者在单一私募项目中的投资额度，例如净资产的 10%，以便分散风险。[2]

第三节　私募众筹的优势

2012 年《JOBS 法》第二章通过取消规则 506 条下的公开劝诱禁止，以及明确提供此类信息的平台不构成证券经纪商，而创造了私募众筹豁免。尽管这一规定不像第三章《众筹法》那么引人注目，但还是得到了业界的认可。SEC 迅速颁布了相关规则使其可以具体实施，目前美国众多股权众筹平台都是依据该规则得以运行。有些学者也更为看好私募众筹，认为相比公募众筹，私募众筹更有优势。[3] 我们可以从发行额度、发行成本、法律责任和投资者关系和实际效果五个方面来比较两者的优劣。[4]

一、发行额度

法律对于公募众筹有融资额度限制，12 个月内的众筹融资总额不得超过 100 万美元，这是延续了小额豁免的立法精神。但私募众筹因为遵守的是规则 506 的私募豁免，对发行额度没有限制。虽然对于创业企业来说，融资需求可能不大，100 万美元也许就能满足要求，但没有发行额度限制，显然更为自由，更加灵活。创业企业面临不确定的未来，资金的需求不像成熟企业那样容易事前确定计划，公募众筹 12 个月 100 万美元的融资额度很可能限制了发行人的下次融资规模，灵活性不够。

二、发行成本

按照 SEC 的估算，100 万美元的公募众筹，发行成本在 15 万美元以

---

[1] Larissa Lee, "The Ban Has Lifted: Now Is The time To Change the Accredited-Investor Standard", 2014 *Utah Law Review* 369 (2014).
[2] 同上。
[3] 同上。
[4] 更为详细的比较分析，参见 Jason W. Parsont, "Crowdfunding: The Real and The Illusory Exemption", 4 *Harvard Business Law Review* 281 (2014).

上，发行成本中最主要的构成是信息披露和中介机构费用。[1] 从信息披露角度来看，公募众筹虽然信息披露要求不多，并且按照发行规模分级有不同的要求，但目前的信息披露要求仍然带来了一定的成本，发行人可能仍然需要聘请律师和会计师来准备相关信息披露文件。而按照规则506，在购买人全部是获许投资者时，发行人不需要主动披露信息，也就是说，只要保证私募众筹的购买人都是获许投资者，就没有信息披露成本。

不过，为了保证购买人是获许投资者，发行人需要验证投资者的身份，这当然也构成了发行成本。不过，公募众筹也需要验证投资者的财务信息以便掌握其是否符合了投资额度的限制。两者都会发生验证成本，相差不大。

公募众筹强制要求发行必须通过集资平台或者经纪商这样的证券中介进行，并且法律赋予这些证券中介机构对发行人相关信息进行核实调查的要求，并负有一定的监控义务，这些成本最终都会转化到发行人身上，构成发行成本。在私募众筹中，规则506并没有要求必须通过券商发行。虽然在原有的私募发行中，因为禁止公开劝诱，发行人会聘请投资银行以便利用其客户群体，但在公开劝诱禁止取消的情况下，通过平台网站进行的私募发行可以大幅度降低其中介成本，成本将主要体现在对获许投资者的身份验证上。

三、法律责任

为了应对公募众筹中信息披露要求的减少，《众筹法》规定了公募众筹发行人的严格法律责任。按照上文的分析，此责任几乎与公开发行的虚假陈述责任类似。这也会转换为发行人的成本。私募众筹虽然也面对欺诈的法律责任，但在美国现行法下，一般的反欺诈条款对于私募发行人的威胁不是很大，因为：(1) 原告必须建立初步的证据，这在私募发行中因缺乏证据调查程序，很难做到；(2) 即使能够做到，还必须初步证明被告是故意，也很难举证；(3) 还必须证明原告信赖，而且因为不是在有效市场上，每个原告的信赖可能不同，因此，无法适用集团诉讼。[2]

---

[1] SEC Release No. 33-9470, dated October 23, 2013, https://www.sec.gov/rules/proposed/2013/33-9470.pdf.

[2] David Mashburn, "The Anti-Crowd Pleaser: Fixing The Crowdfund Act's Hidden Risks and Inadequate Remedies", 63 *Emory Law Journal* 127 (2013).

四、投资者关系

公募众筹对投资者有投资限额要求,私募众筹则没有投资额度限制。

公募众筹对投资者资质没有要求,私募众筹则要求投资者必须是获许投资者。粗粗看来,私募众筹面对的投资者群体受到限制,大大少于公募众筹面对的投资者范围。但如果从财富的角度来看,则因为社会财富分配的不平等,私募众筹所面临的投资者群体限制并没有带来融资来源的大幅度减少。按照统计,虽然美国获许投资者只有870万人,而他们持有的财富是全体美国人财富的至少70%以上。对于筹资的发行人来说,两个群体所带来的财富实际上并没有很大差别。[1]

但因为投资限额和投资群体的不同,公募众筹为发行人所带来的投资者人数显然会大大超过私募众筹,这将极大增加发行人在未来管理投资者关系的成本。

通过上述的比较,我们可以看到,相比公募众筹,私募众筹有着巨大的优势。

当然,私募众筹也存在其本身的问题。例如,相比原有的私募发行,私募众筹因为采用了公开劝诱的手段,其吸引到的投资者人数可能会多于传统的私募发行。据统计,在传统的私募发行中,投资者参与人数平均为8人,中位数只有4人。[2] 在传统私募中,因为投资者人数少,相应每个投资者的投资金额就较大,这些私募投资者有动力去监控发行人和帮助发行人,这就解决了直接融资中的信息不对称问题,也使得创业企业更容易成功。而私募众筹则可能因公开劝诱导致参与的投资者人数相对较多,相应每个投资者的投资额度也会减少,这会产生集体行动的困难,导致发行人企业无人监管也无人提供帮助,可能产生"柠檬市场"的问题,也会增加创业企业失败的概率。有学者认为,目前美国私募众筹网站中普遍采用的领投—跟投制度可以在一定程度上解决这种集体行动的困难。[3] 不过,这需要在制度设计上充分调动和发挥领投人的积极性。

---

[1] Jason W. Parsont, "Crowdfunding: The Real and The Illusory Exemption", 4 *Harvard Business Law Review* 281 (2014).

[2] 同上。

[3] 同上。

五、实际效果

私募众筹制度从 SEC 修改条例 D，创设规则 506(c)开始，该规则于 2013 年 7 月 10 日正式发布，2013 年 9 月 23 日生效实施，是 JOBS 实验的几种众筹模式中最早生效的一类。至今已经三年，效果如何？

从 SEC 公布的数据看，效果应该还不错。从 2013 年 9 月 23 日至 2014 年 12 月 31 日，SEC 统计依据规则 506(c)条的发行总计有 2117 起，涉及 1911 个发行人，总融资量为 330 亿美元，其中融资的平均规模（中位数）为 240 万美元。[1]

如果扣除投资基金利用规则 506(c)条的发行，只计算实业融资，则截至 2014 年 12 月 31 日的规则 506(c)条发行总计有 1627 起。按照融资规模来区分，则发行规模在 100 万美元以下的有 588 起，100 万—500 万美元之间的有 531 起，500 万—5000 万美元之间的有 419 起，超过 5000 万美元的发行则只有 89 起。[2]

按照 SEC 最新公布的数据，则是截止到 2015 年 12 月 31 日的统计，利用规则 506(c)条规定的发行人实业融资总计有 2842 起，也就是说，2015 年一年，利用规则 506(c)条的发行实业融资有 1215 起，其中仍然以小规模融资为主，100 万美元以下的发行有 419 起，100 万—500 万美元之间的有 388 起，500 万美元—5000 万美元的有 344 起，5000 万美元以上的有 64 起。[3]

表 5-1　自生效以来的规则 506(c)条发行[4]

	100 万以下	100—500 万	500—5000 万	5000 万以上	总计
2013—2014 年	588	531	419	89	1627
2015 年	419	388	344	64	1215
2015 年规则 506(b)条发行	4989	5095	3621	642	14347

---

[1] Scott Bauguess, ect., "Capital Raising in the U.S.: An Analysis of the Market for Unregistered Securities Offerings", 2009—2014, available at: https://www.sec.gov/dera/staff-papers/white-papers/30oct15_white_unregistered_offering.html.

[2] Regulation Crowdfunding, SEC Release Nos. 33-9974, p. 354.

[3] Exemptions to Facilitate Intrastate and Regional Securities Offerings, SEC Release Nos. 33-10238, p. 108.

[4] SEC 并未公布单一年度的条例 D 下的融资数据，这是作者根据 SEC 前后公布的两个表格合并计算得出的数据。

从这个数据来看规则506(c)条的发行这两年每年不过1200起左右，只是规则506(b)条发行的十分之一，后者是传统的私募发行，前者则是本章所讨论的私募型众筹。不过，从数据也可以看出，规则506(c)条下的发行以中小规模融资为主（500万美元以下），每年接近1000起的发行数量已经超过传统的小额豁免发行，算是为中小企业融资开辟了一条新道路。

SEC自己在分析中也认为，对规则506(c)条的发行，市场还需要一个熟悉的过程，新规则带来的不确定性以及对投资者资质的认证要求，都可能暂时阻碍了发行人对规则506(c)条的运用。[1] 随着规则在适用中进一步的明确，以及市场认证机构的发展，相信规则506(c)的发行会得到更为广泛的适用。

第四节 中国私募众筹制度的构建

一、股权型众筹在中国的发展

（一）股权型众筹在中国的发展现状

根据零壹财经研究院发布的《2016年中国P2P网贷年度报告》[2]，截至2016年年末，国内正常运营的平台数量仅余1625家，占行业累计上线平台的33%；累计问题平台3201家，其中2016年有1106家，同比减少15.4%。2016年交易额接近两万亿，为19544亿元，累计交易额保守估计为3.36万亿元；年末贷款余额（本金部分）达到8303亿元，同比增长95.4%；年平均借款期限和投资利率分别为231天和9.93%；活跃借款人和投资人分别在572万人和998万人左右。

根据零壹财经研究院最新发布的《互联网众筹半年报》[3]，截至2016年6月30日，国内累积上线的互联网众筹平台共有414家，正常平台267

---

[1] cott Bauguess, ect., Capital Raising in the U.S.: An Analysis of the Market for Unregistered Securities Offerings, 2009—2014, available at: https://www.sec.gov/dera/staff-papers/white-papers/30oct15_white_unregistered_offering.html.
[2] 零壹财经：《2016中国P2P网贷年度报告》, http://www.01caijing.com/article/12992.htm, 最后访问日期2017年1月20日。
[3] 零壹财经：《互联网众筹半年报》, http://www.01caijing.com/news/4974.htm, 最后访问日期2017年1月20日。

家,占64.5%;停运、倒闭或转型的平台至少有147家,约占35.5%。正常运营的平台中,以股权众筹为主,约有136家,占51.6%。涉及产品众筹业务的有62家,占比23.5%;兼有两种业务的平台有37家。另有汽车众筹平台17家,单纯的公益众筹和房产众筹平台分别为7家和5家。从交易量上来看,截至2016年6月末,产品众筹累积成功筹款金额达到49.6亿元,累积支持人次约为3237万;股权众筹累积筹资规模在100—120亿元左右;工业众筹累积18亿元左右。

从上述数据可以看出,相比捐赠型众筹、回报或预售型众筹,股权型众筹更有发展潜力。

(二)我国对股权型众筹的政策支持

1. 中国证券业协会发布《私募股权众筹融资管理办法》征求意见稿

中国证监会最早提到股权众筹,是在2014年5月30日的新闻发布会上。针对记者关于股权众筹的问题,证监会发言人回答说:股权众筹融资是对传统融资方式的补充,主要服务于中小微企业,对于拓宽中小微企业融资渠道,促进资本形成,支持创新创业,完善多层次资本市场体系均有现实意义。证监会对股权众筹行业进行了深入调研,正在抓紧研究制定众筹融资的监管规则。[1]

2014年12月18日,在证监会创新业务监管部支持下,中国证券业协会起草了《私募股权众筹融资管理办法(试行)(征求意见稿)》,向社会公开征求意见。[2]

在2014年12月26日,中国证监会的新闻发布会上,对于证券业协会日前发布的《私募股权众筹融资管理办法(试行)(征求意见稿)》,新闻发言人说:以是否采取公开发行方式为划分标准,股权众筹可以分为面向合格投资者的私募股权众筹和面向普通大众投资者的公募股权众筹。证券业协会发布的办法,是专门针对私募股权众筹平台的自律管理规则。证监会正在抓紧制定股权众筹融资的相关监管规则,以公开发行方式开

---

[1] 中国证监会2014年5月30日新闻发布会,相关内容请参见中国证监会网站,http://www.csrc.gov.cn/pub/newsite/zjhxwfb/xwfbh/201405/t20140530_255288.html,最后访问日期2016年11月10日。

[2] 参见中国证券业协会网站,http://www.sac.net.cn/tzgg/201412/t20141218_113326.html,最后访问日期2016年11月10日。

展股权众筹融资的相关政策也正在研究中。[1]

2. 证监会态度转变：股权众筹就是公募

2015年3月13日中共中央、国务院《关于深化体制机制改革加快实施创新驱动发展战略的若干意见》中明确提出："开展股权众筹融资试点，积极探索和规范发展服务创新的互联网金融。"此后，在一些国务院文件中，都明确要支持互联网金融发展，"开展公开、小额股权众筹试点"。[2]

2015年7月18日，以中国人民银行为首的十部委联合发布《关于促进互联网金融健康发展的指导意见》（以下简称：《指导意见》）[3]，其中股权众筹融资作为一种互联网金融的形式得到了明确规定："股权众筹融资主要是指通过互联网形式进行公开小额股权融资的活动"，要求股权众筹融资必须通过股权众筹融资中介机构平台进行；融资方应当为小微企业，必须通过股权众筹融资中介机构披露关键信息；要求投资者充分了解股权众筹融资活动的风险，具备相应的风险承受能力，进行小额投资。

证监会则转变了对私募股权融资的态度。在2015年7月24日的新闻发布会上，证监会发言人明确宣布：股权众筹融资具有"公开、小额、大众"的特征，目前一些地方的市场机构开展的冠以"股权众筹"名义的活动，是通过互联网方式进行的私募股权融资活动，不属于《指导意见》规定的股权众筹融资活动。[4]

2015年8月7日，中国证监会更发布《关于对通过互联网开展股权融资活动的机构进行专项检查的通知》，并向各省级人民政府印发了《关于商请规范通过互联网开展股权融资活动的函》，称股权众筹具有"公开、小额、大众"的特征，目前一些市场机构开展的冠以"股权众筹"名义的活动，是通过互联网形式进行的非公开股权融资或私募股权投资基金募集行为，不属于《指导意见》规定的股权众筹融资范围。目前一些地方正在

---

[1] 中国证监会2014年12月26日新闻发布会，相关内容请参见中国证监会网站，http://www.csrc.gov.cn/pub/newsite/zjhxwfb/xwfbh/201412/t20141226_265703.html，最后访问日期2016年11月10日。

[2] 参见国务院《关于大力推进大众创业万众创新若干政策措施的意见》（2015年6月11日）。

[3] "中国人民银行等十部委发布《关于促进互联网金融健康发展的指导意见》"，参见中国人民银行网站，http://www.pbc.gov.cn/goutongjiaoliu/113456/113469/2813898/index.html，最后访问日期2016年11月10日。

[4] 中国证监会2015年7月24日新闻发布会，相关内容请参见中国证监会网站，http://www.csrc.gov.cn/pub/newsite/zjhxwfb/xwfbh/201507/t20150724_281483.html，最后访问日期2016年11月10日。

制定或者已经发布开展互联网股权众筹试点的相关政策性文件,其中界定的"股权众筹"与《指导意见》定义的"股权众筹"不一致。将非公开股权融资或私募股权投资基金募集行为称为"股权众筹",易引起市场和社会公众对股权众筹概念的混淆。[1]

2015年8月10日,中国证券业协会发布《关于调整〈场外证券业务备案管理办法〉个别条款的通知》,宣布将《场外证券业务备案管理办法》第20条第(十)项"私募股权众筹"修改为"互联网非公开股权融资"。[2]

3. 证券法修改草案

在2015年4月提交全国人大常委会第一次审议的《证券法修订草案》中,增加了股权众筹豁免的条款,即第13条。从该条款的表述来看,主要规定的是公募众筹。[3]

其实,《证券法修订草案》第16条也规定了一个私募众筹豁免条款,即在只向合格投资者发行的情况下,允许公开发行而豁免注册。[4] 不过,对于该条款似乎没有人关注,也很少讨论,新闻和理论界关注更多的是第13条公募众筹豁免条款。[5]

---

[1] "中国证监会致函各地方政府 规范通过互联网开展股权融资活动",参见中国证监会网站,http://www.csrc.gov.cn/pub/newsite/zjhxwfb/xwdd/201508/t20150807_282509.html,最后访问日期2016年11月10日。

[2] 参见《关于调整〈场外证券业务备案管理办法〉个别条款的通知》(中证协发〔2015〕170号),http://www.sac.net.cn/tzgg/201508/t20150810_125195.html,最后访问日期2016年11月10日。

[3] 《证券法修订草案》第13条规定:"通过证券经营机构或者国务院证券监督管理机构认可的其他机构以互联网等众筹方式公开发行证券,发行人和投资者均符合国务院证券监督管理机构规定的条件的,可以豁免注册或者核准。"请参见:http://www.financialservicelaw.com.cn/article/default.asp?id=4777,最后访问日期2016年11月10日。

[4] 《证券法修订草案》第16条规定:"向下列合格投资者公开发行证券,可以豁免注册或者核准:(1)国务院及其金融行政管理部门批准设立的金融机构或者认可的境外机构;(2)前项规定的金融机构管理的证券投资基金以及其他投资性计划;(3)实缴资本不低于3000万元、所有或者管理的金融资产净值不低于1000万元的投资公司或者其他投资管理机构;(4)实缴资本或者实际出资额不低于500万元、净资产不低于500万元的除金融机构以及投资管理机构以外的其他企业;(5)年收入不低于50万元、金融资产不少于300万元、具有2年以上证券、期货投资经验的个人。国务院证券监督管理机构可以根据市场情况变化,调整合格投资者的条件。"请参见同上。

[5] 参见杨东、刘磊:《论我国股权众筹监管的困局与出路——以〈证券法〉修改为背景》,载《中国政法大学学报》2015年第3期;彭冰:《股权众筹的法律构建》,载《财经法学》2015年第3期。

4. 问题

目前,中国证监会将股权众筹定位为公募型的融资活动,认为股权众筹的核心是向公众募集小额资金,属于证券法上的公开发行。虽然有中国证券业协会制定并正在征求意见的《私募股权众筹管理办法》,但一方面该办法采用了管理公募众筹的办法来监管私募,实际上为私募众筹带来了巨大的成本;另一方面,随着中国证监会对股权众筹的公募理解,上述私募众筹管理办法似乎也在废弃之列。在监管者这个态度下,《证券法修订草案》中关于公募众筹豁免的条款受到过多关注,对公募众筹的优势也颇多过度夸张的说法;私募众筹豁免条款则乏人问津,今后在修订过程中是否能够存留下来甚是可疑。

但通过前面的讨论能够揭示:公募众筹豁免缺乏理论基础,很难平衡融资人和投资者之间的关系,在实践上其商业逻辑也处于劣势。公募众筹虽然能够成为某些类型企业的融资渠道,但其在解决创业企业和中小融资困难以及激发投资者投资热情方面的作用,并没有想象中那么大。相反,私募众筹豁免则具有更为合理的理论基础,私募众筹的商业模式在未来也会有更广阔的发展空间。因此,证券监管者不应对公募众筹寄予过高期望,对股权众筹的理解也不应局限于公募众筹,应当更多考虑如何发挥私募众筹的作用。立法者则不但要在证券法修改中设计公募众筹豁免条款,也要对私募众筹豁免予以重视,在修法时合理设计私募众筹豁免条款。

二、中国证券业协会的《私募众筹办法》征求意见稿

按照上文的分析,公募众筹虽然看起来很美好,但在理论上却缺乏基础:群体的智慧和大数据能否克服直接融资中的信息不对称问题还无定论。目前公募众筹豁免更好像脱胎于传统证券法中的小额豁免,只是创新地运用了投资限额来控制公众投资者的投资风险。虽然在投资限额的运用下,公募众筹也能正常运作,但因为公众投资者缺乏风险识别能力,虽然有些许的信息披露要求和平台监控职责,但公募众筹只会变成全民投资赌运气的赌场,而且在市场竞争的环境下,优质发行人会倾向于选择私募市场,使得公募众筹市场变成一个风险更大的坏赌场。在这种情况下,要解决创业企业和小企业融资缺口的问题,放开传统私募中对于公开劝诱的禁止,设立私募众筹豁免可能是一个更好的选择。

放眼中国,创业企业和小企业融资困难是不争的事实,也是国务院力

推股权众筹的一个重要理由。从目前来看,虽然在2014年中国证券业协会推出了《私募股权众筹管理办法》征求意见(以下简称《私募众筹办法》),但该办法没有理解私募众筹的核心逻辑,采用了公募众筹的监管手段,不利于私募众筹优势的发挥。而自2015年十部委发布互联网指导意见之后,证监会更明确宣布股权众筹只包括公募众筹,私募众筹被彻底否定,更是监管者对股权众筹本性的错误认识。

本来《私募众筹办法》不过是在证券法修改之前发展股权众筹的权宜之计[1],但其中却沿用了美国《JOBS法》中对于公募众筹的监管思路,增大了私募众筹的成本,实际上不具有可行性。

对于融资者,《私募众筹办法》虽然要求必须是中小微企业或其发起人,但没有明确限制融资额度。同时,《私募众筹办法》要求融资者必须披露一定的信息,包括:向平台提供真实、准确和完整的用户信息;保证融资项目的真实、合法;按照约定向投资者如实报告影响或者可能影响投资者权益的重大信息。《私募众筹办法》禁止融资者欺诈发行,禁止向投资者承诺本金不受损失或者承诺最低收益,以及禁止在两个以上平台就同一融资项目融资,禁止在平台之外的公开场所发布融资信息。目前来看,这些禁止性规定都有一定的合理性。

对于投资者,主要是资质要求。《私募众筹办法》设定了合格投资者的标准,这一标准参照了《私募投资基金监督管理暂行办法》的相关要求,要求投资者必须具备下列情况之一:投资单个融资项目的最低金额不低于100万元人民币,或者金融资产不低于300万元人民币或最近三年个人年均收入不低于50万元人民币的个人,并能辨识、判断和承担相应投资风险。

《私募众筹办法》的监管重点是众筹平台,除了要求众筹平台净资产不低于500万元人民币外,要求众筹平台必须在证券业协会备案,并成为证券业协会会员。《私募众筹办法》也对众筹平台的职责有明确规定,包括:对投融资双方进行实名认证,对用户信息的真实性进行必要审核;对融资项目的合法性进行必要审核;采取措施防范欺诈行为;对募集期资金设立专户管理;对投融资双方的信息进行妥善保管,并保护商业秘密和客

---

[1] 参见彭冰:《私募众筹?一个自相矛盾的词汇》,载《法律与新金融》第1期(2015年),该文认为我国现行《证券法》其实并没有为公募众筹设置不可逾越的法律障碍。不过,当时作者认为股权众筹只有公募众筹的观点,现在已经变化,认为私募众筹更有优势。

户隐私；对投资者进行风险揭示和教育；按照证券业协会的要求报送相关业务信息并遵守反洗钱等合规要求。

可以看出，《私募众筹办法》的上述规定主要来自美国《JOBS法》第三章的规定，但美国《众筹法》主要规定的是公募众筹活动，因此，需要在减少信息披露成本和投资者保护之间努力达成某种平衡——尽管如上文分析，这种平衡是否达致还有争议。但在私募众筹中，众筹的参与方是合格投资者，合格投资者的界定本身就已经表明了其具有风险识别能力和风险承担能力，因此，信息披露的义务是不必要的，众筹平台的监控义务也不应该是法定的。因为这些都会转化为发行成本，导致私募本身的意义丧失。

《私募众筹办法》另外一个问题是将100万元最低投资额度设定为认定合格投资者的一个标准。能够拿出100万来对一个融资项目投资，本身说明投资者的金融资产达到了一定的水平。但从风险分散的角度来说，这可能是投资者的全部资产，这样的投资不符合风险承担能力的要求。

《私募众筹办法》不仅是用公募管理的方式增加了私募发行的成本，更重要的是其根本没有解决私募众筹的合法性问题。我国《证券法》如美国证券法一样，在界定私募时也是同时采用了两个因素：发行对象和发行方式（此外还多了一个人数标准）。按照《证券法》第10条第2款和第3款的规定，私募的发行对象必须是特定对象，并且累计人数不能超过200人；私募发行不得采用广告、公开劝诱和变相公开方式。

对于私募的发行对象，我国法上至今没有明确的规定。所谓特定对象，到底是范围确定，还是指特殊资质的投资群体，一直存有争议，实践上也颇为模糊。目前实践中更多是一些含糊的界定，例如亲友、单位职工，一般被认为构成了特定对象。[1] 200人的人数标准也在实践中被放大，成为一个较为重要的界定因素。《私募众筹办法》明确采用了以财富标准为主的合格投资者概念，是对私募发行界定的一个重大贡献。

但《私募众筹办法》没有规定私募众筹能否豁免公开劝诱禁止，相反还在第12条规定：融资者不得公开或者采用变相公开方式发行证券。那

---

[1] 最高人民法院在2010年发布的《关于审理非法集资刑事案件具体应用法律若干问题的解释》（法释〔2010〕18号）第1条第2款规定：未向社会公开宣传，在亲友或者单位内部针对特定对象吸收资金的，不属于非法吸收或者变相吸收公众存款。

么,在众筹平台上发布融资信息,是否构成了广告或者公开劝诱？是否直接违反了《证券法》第 10 条第 3 款的规定？除了《证券法》第 10 条第 3 款对公告、公开劝诱的禁止外,国务院办公厅在其发布的《关于严厉打击非法发行股票和非法经营证券业务有关问题的通知》(2006 年 12 月 12 日国办发〔2006〕99 号) 中还明确规定:"非公开发行股票及其股权转让,不得采用广告、公告、广播、电话、传真、信函、推介会、说明会、网络、短信、公开劝诱等公开方式或变相公开方式向社会公众发行。"

基于网络无远弗届的性质,在网络上发布的信息同时就变成公开信息,因此,在众筹平台上发布融资信息,也就构成了广告或者公开劝诱。除非众筹平台不公开刊登融资信息,网络浏览者不能随意看到这些信息,必须通过身份认证、符合合格投资者要求之后,才能接触这些融资信息。但这样一来,私募众筹的意义也就基本丧失——因为只有众筹网站认证过后的客户才能接触到融资者的信息,融资者能够接触到的投资者群体范围被大大地缩小。私募众筹的基础:通过取消对公开劝诱的禁止,来减少融资企业和合格投资者之间的信息不匹配,也就无法实现。

当然,中国证监会对于公开劝诱禁止的执行,从来没有像美国 SEC 那样严格。在《私募众筹办法》颁布之前,就已经有一些私募众筹网站在中国运营,并没有受到中国证监会的查处。中国证监会也没有像美国 SEC 那样,发展出"事前实质关系"理论作为界定公开劝诱行为的标准。但《证券法》对公开劝诱的禁止,是时刻悬在这些私募众筹网站头上的达摩克利斯之剑,增加了私募众筹的法律风险,也增加了不确定性。

2015 年 4 月提交全国人大常委会讨论的《证券法修订草案》中,增加了众筹豁免条款:"第 13 条 通过证券经营机构或者国务院证券监督管理机构认可的其他机构以互联网等众筹方式公开发行证券,发行人和投资者符合国务院证券监督管理机构规定的条件的,可以豁免注册或者核准。"从条文可以看出,该条主要是针对的是公募众筹。

在界定公开发行的第 12 条中,其第 4 款仍然规定:"非公开发行证券,不得向不特定对象宣传推介,不得公开劝诱,不得采用变相公开方式。"

不过《证券法修订草案》第 16 条,似乎为私募众筹,创设了一个新的豁免,下文具体分析。

三、在中国创设私募股权众筹

股权众筹是随着互联网技术的进步而出现的一种新的直接融资方式。对于创新,监管者应当采取宽容的态度,在风险可控的情况下,允许金融创新出现和发展。实际上,随着国务院提出"大众创业、万众创新"的口号,证券监管者对股权众筹明显采取了鼓励态度,这当然值得提倡。只是现在监管者将股权众筹完全理解为公募众筹,不但对于中国证券业协会曾经征求意见的《私募众筹办法》不再眷顾,甚至连私募众筹这个词都不许提了。

2015年7月18日,以中国人民银行为首的十部委联合发布《关于促进互联网金融健康发展的指导意见》,其中对股权众筹融资作了定义:"股权众筹融资主要是指通过互联网形式进行公开小额股权融资的活动。"《指导意见》要求股权众筹融资必须通过股权众筹融资中介机构平台进行,要求融资方应当为小微企业,必须通过股权众筹融资中介机构披露关键信息,要求投资者充分了解股权众筹融资活动的风险,具备相应的风险承受能力,进行小额投资。这都是对公募众筹的监管要求。[1]

中国证监会则在2015年7月24日的新闻发布会上明确宣布:股权众筹融资具有"公开、小额、大众"的特征,目前一些地方的市场机构开展的冠以"股权众筹"名义的活动,是通过互联网方式进行的私募股权融资活动,不属于《指导意见》规定的股权众筹融资活动。[2] 此后,中国证监会更宣称:将非公开股权融资或私募股权投资基金募集行为称为"股权众筹",易引起市场和社会公众对股权众筹概念的混淆。[3] 2015年8月10日,中国证券业协会也发布通知,将《场外证券业务备案管理办法》第2条

---

[1]《中国人民银行等十部委发布〈关于促进互联网金融健康发展的指导意见〉》,参见中国人民银行网站,http://www.pbc.gov.cn/goutongjiaoliu/113456/113469/2813898/index.html,最后访问日期2016年11月10日。

[2] 中国证监会2015年7月24日新闻发布会,相关内容请参见中国证监会网站,http://www.csrc.gov.cn/pub/newsite/zjhxwfb/xwfbh/201507/t20150724_281483.html,最后访问日期2016年11月10日。

[3]《中国证监会致函各地方政府 规范通过互联网开展股权融资活动》,参见中国证监会网站,http://www.csrc.gov.cn/pub/newsite/zjhxwfb/xwdd/201508/t20150807_282509.html,最后访问日期2016年11月10日。

第(十)项"私募股权众筹"修改为"互联网非公开股权融资"。[1]

但正如上文已经讨论过的,公募众筹在理论上有缺陷,在市场竞争的商业逻辑上也处于劣势,反而是私募众筹更有优势。在中国,考虑到互联网带来的金融体系变革和挑战,在立法上鼓励和促进公募众筹的发展,让实践来检验群体的智慧或者社交媒体、大数据对信息不对称问题的解决是否可行,是不错的想法,但不能将解决创业企业或者小企业融资缺口的重任都交给公募众筹解决——发展私募众筹也许是一个更优的选择。至少,在鼓励金融创新的精神下,应当允许公募众筹和私募众筹共同发展,在实践中让他们各自证明自己的优势,让市场选择来决定最终的胜出者,而不是由监管者来决定谁更有优势,谁更符合中国现实。

因此,在中国不但要在《证券法》修改时加入公募众筹的豁免条款,也应当加入对于私募众筹的豁免。目前提交全国人大常委会审议的《证券法修改草案》中,实际上已经增加了一个豁免条款,可以作为私募众筹豁免的基础——《证券法修订草案》第16条规定:向合格投资者公开发行证券,可以豁免注册或核准。该条的精髓是:向合格投资者公开发行,豁免注册,恰好是我们讨论的私募众筹的标准。该条规定的私募众筹意义重大,上文已经论述。但如何具体设计相关制度,还需要更多思考。

就中国实际来说,设计私募众筹豁免制度,需要考虑三个因素:合格投资者概念、公开劝诱禁止制度的取消、证券业务经营的豁免。

(一)合格投资者制度

1.《证券法修订草案》第16条

《证券法修订草案》第16条对合格投资者概念的规定[2],与美国基本类似,只是在自然人方面,一方面缺乏对发行人董事、监事和高级管理人员的规定,另一方面,在财富标准适用上,将年收入和金融资产要求合在一起,有所不妥。

(1)在美国,发行人的董事、高级管理人员,是基于与发行人的特殊关系而被纳入获许投资者概念的。从理论上来说,董事、监事与高级管理人员与发行人的特殊关系,足以使其获得相关信息,比财富标准更能体现

---

[1] 《关于调整〈场外证券业务备案管理办法〉个别条款的通知》(中证协发〔2015〕170号),http://www.sac.net.cn/tzgg/201508/t20150810_125195.html,最后访问日期2016年11月10日。
[2] 参见本书第162页注释。

私募中投资者自己能够保护自己的理念。《证券法修订草案》第 16 条在界定合格投资者概念时,则完全忽视了这一群体。

(2)《证券法修订草案》中使用的"金融资产"这一概念相比美国获许投资者中的净资产概念,当然更准确,因为美国获许投资者概念在计算时虽然排除了主要住宅的价值,但仍然可能包括了许多难以变现的财产。而金融资产主要是存款、证券等流动性资产,其中可用于投资的比例会大大提高。但金融资产是个总资产的概念,虽然计算起来比较简单,却没有考虑到投资者的负债情况,显然是不完备的。在最极端的情况下,投资者可以借入 300 万元存入银行,这样看起来投资者拥有 300 万元的金融资产,但实际上全部是负债,可以动用投资的自有资金一分钱都没有。因此,在使用财富标准界定合格投资者时,美国法上的净资产概念也许还有可借鉴的余地。

(3) 在美国获许投资者概念下,自然人的年收入和净资产是两个分别的标准,只要符合其中一个标准就可成为获许投资者。而按照《证券法修订草案》第 16 条的表述,自然人要成为合格投资者,需要满足三个标准:年收入不低于 50 万,金融资产不少于 300 万元,具有 2 年以上证券、期货投资经验。看起来标准很严格,但是否过高呢?这样的标准测算下来,覆盖了目前中国社会中多大范围的人群?需要用相关数据进行测算。

(4) 虽然美国获许投资者概念基本采用财富标准,但也受到了许多学者的批评,要求增加投资经验等成熟标准。《证券法修订草案》第 16 条要求的两年证券、期货投资经验,看起来好像是成熟标准,但因为要求过低,实际上不起作用。中国也需要考虑是否在财富标准之外,增加一个单独的成熟标准,作为合格投资者的认定标准。

2.《证券期货投资者适当性管理办法》

2016 年 12 月,中国证监会发布了《证券期货投资者适当性管理办法》(以下简称《适当性办法》),对证券和期货经营机构都提出了适当性要求。《适当性办法》要求:证券和期货经营机构在向投资者销售公开或者非公开发行的证券、公开或者非公开募集的证券投资基金和股权投资基金、公开或者非公开转让的期货及其他衍生产品,或者为投资者提供相关业务服务时,都需要遵守适当性原则,将适当的产品或者服务销售或者提供给适合的投资者。

《适当性办法》禁止证券和期货经营机构进行下列销售产品或者提供服务的活动:

(1) 向不符合准入要求的投资者销售产品或者提供服务；

(2) 向投资者就不确定事项提供确定性的判断，或者告知投资者有可能使其误认为具有确定性的意见；

(3) 向普通投资者主动推介风险等级高于其风险承受能力的产品或者服务；

(4) 向普通投资者主动推介不符合其投资目标的产品或者服务；

(5) 向风险承受能力最低类别的投资者销售或者提供风险等级高于其风险承受能力的产品或者服务；

(6) 其他违背适当性要求，损害投资者合法权益的行为。

为了满足适当性原则，证券和期货经营机构就必须了解投资者的情况，对投资者进行分类。《适当性办法》将投资者分为普通投资者与专业投资者。普通投资者在信息告知、风险警示、适当性匹配等方面享有特别保护。

《适当性办法》规定：符合下列条件之一的是专业投资者：

(1) 经有关金融监管部门批准设立的金融机构，包括证券公司、期货公司、基金管理公司及其子公司、商业银行、保险公司、信托公司、财务公司等；经行业协会备案或者登记的证券公司子公司、期货公司子公司、私募基金管理人。

(2) 上述机构面向投资者发行的理财产品，包括但不限于证券公司资产管理产品、基金管理公司及其子公司产品、期货公司资产管理产品、银行理财产品、保险产品、信托产品、经行业协会备案的私募基金。

(3) 社会保障基金、企业年金等养老基金，慈善基金等社会公益基金，合格境外机构投资者（QFII）、人民币合格境外机构投资者（RQFII）。

(4) 同时符合下列条件的法人或者其他组织：最近 1 年末净资产不低于 2000 万元；最近 1 年末金融资产不低于 1000 万元；具有 2 年以上证券、基金、期货、黄金、外汇等投资经历。

(5) 同时符合下列条件的自然人：

a. 金融资产不低于 500 万元，或者最近 3 年个人年均收入不低于 50 万元；

b. 具有 2 年以上证券、基金、期货、黄金、外汇等投资经历,或者具有 2 年以上金融产品设计、投资、风险管理及相关工作经历,或者属于本条第(1)项规定的专业投资者的高级管理人员、获得职业资格认证的从事金融相关业务的注册会计师和律师。

前款所称金融资产,是指银行存款、股票、债券、基金份额、资产管理计划、银行理财产品、信托计划、保险产品、期货及其他衍生产品等。

专业投资者之外的投资者为普通投资者。

《适当性办法》中虽然使用了专业投资者的概念,但在理论上其和合格投资者一样,可以发现其也是以投资者的本身资质为标准,寻求的是投资者具有风险识别能力和风险承受能力。

在未来,中国私募众筹的发展可能就需要以上述专业投资者作为发行对象,在其中也许还需要再细分人群,寻找有能力参与私募众筹发行的投资者。

(二) 中国法上如何取消公开劝诱禁止

中国《证券法》第 10 条第 3 款明确规定:非公开发行,不得采用广告、公开劝诱和变相公开发行方式,明确禁止了私募发行中的公开劝诱行为。对于什么是广告、公开劝诱,《证券法》没有界定,中国证监会也没有解释。国务院办公厅在其发布的《关于严厉打击非法发行股票和非法经营证券业务有关问题的通知》(2006 年 12 月 12 日 国办发〔2006〕99 号)中明确规定:"非公开发行股票及其股权转让,不得采用广告、公告、广播、电话、传真、信函、推介会、说明会、网络、短信、公开劝诱等公开方式或变相公开方式向社会公众发行",对公告、公开劝诱行为进行了一些列举。

不过,虽然相比美国证券法,中国证券法上明确规定了公开劝诱禁止的条文,但中国证监会对此的解释却没有像美国 SEC 那样严苛。迄今为止,中国证监会对于公开劝诱禁止没有规定诸如"事前实质关系"之类的标准。在实践中,一些私募网站发布融资信息,只要坚持了合格投资者标准,证监会也没有因其采用了公开劝诱的方式予以禁止。实际上,除了在私募投资基金领域[1]和全国中小股份转让系统(即所谓"新三板市场")[2]之外,中国证券法和证监会都没有明确规定私募中的合格投资者标准,各私募网站掌握的合格投资者标准也各不相同,差异颇大。

在这样宽松的环境下,《证券法修订草案》提出第16条,规定向合格投资者的公开发行,可以豁免注册,并同时规定了合格投资者的具体标准,看起来更重要的是合格投资者标准,而不是取消公开劝诱禁止。不过,第16条规定的合格投资者标准采用的也是财富标准,其实更适合在《证券法》上作一个原则性规定,具体标准留给证监会通过规章规定更好,这样也可以根据通货膨胀等因素不时调整合格投资者的标准。取消针对合格投资者发行中的公开劝诱禁止,则有利于将私募搬到互联网上,利用互联网无远弗届的优势,动员更多的资金参与私募,为创业企业和小企业提供更多资金支持,大力发展私募股权众筹。[3]

实际上,与美国类似,中国创业企业和小企业也面临巨大的融资缺口。中国在经历了持续的经济增长之后,也有大批的高净值客户手中握有闲散的资金需要投资。这些高净值客户大部分符合合格投资者的财富标准,完全可能成为私募股权众筹的投资者。因此,保留《证券法修订草案》第16条,为向合格投资者公开私募提供合法性和确定性,对弥补中国创业企业和小企业的融资缺口意义重大,也是支持目前国务院提倡的"互联网+"[4]大力发展的基础制度保障。

考虑到美国相关制度发展,以及中国证券法相关制度,本书认为《证券法修订草案》第16条的实施,还有赖于相关制度的配套。这些配套制

---

[1] 中国证监会2014年在《私募投资基金监督管理暂行办法》(证监会令第105号)中规定:"私募基金的合格投资者是指具备相应风险识别能力和风险承担能力,投资于单只私募基金的金额不低于100万元且符合下列相关标准的单位和个人:(1) 净资产不低于1000万元的单位;(2) 金融资产不低于300万元或者最近三年个人年均收入不低于50万元的个人。"

[2] 《全国中小企业股份转让系统投资者适当性管理细则(试行)》(股转系统公告〔2013〕41号)第5条规定:"同时符合下列条件的自然人投资者可以申请参与挂牌公司股票公开转让:(1) 投资者本人名下前一交易日日终证券类资产市值500万元人民币以上。(2) 具有两年以上证券投资经验,或具有会计、金融、投资、财经等相关专业背景或培训经历。"

[3] 关于股权众筹是公募好还是私募好的话题,请参见本章第三节的讨论。

[4] 2015年7月,国务院发布《关于积极推进"互联网+"行动的指导意见》(国发〔2015〕40号),提出要"鼓励互联网企业依法合规提供创新金融产品和服务,更好满足中小微企业、创新型企业和个人的投融资需求",同时要"加快'互联网+'相关立法工作,研究调整完善不适应'互联网+'发展和管理的现行法规及政策规定"。

度包括:

1. 信息披露义务

美国规则 506 下只针对获许投资者的发行,对发行人没有信息披露要求。因此,有些学者提出了简化但是强制的信息披露义务,认为有助于加强投资者保护。[1] 我国《证券法》原本对于私募发行也没有任何信息披露要求。不过,《证券法修订草案》第 17 条规定了信息披露制度。《证券法修订草案》第 17 条规定:依照本法第 13 条至第 16 条的规定公开发行证券豁免注册或者核准的,发行人应当按照国务院证券监督管理机构的规定,披露招股说明书或者公开发行证券募集说明书。这就将具体规定信息披露义务的职责授予了中国证监会。

这一授权是合适的,因为对于私募发行规定信息披露义务,需要慎重平衡企业融资便利与投资者保护之间的关系。私募发行的优势在于发行成本,私募豁免的理论基础又在于投资者不需要证券法的特别保护,因此,传统私募发行基本上没有信息披露要求。但我国《证券法修订草案》第 16 条的发行,虽然针对合格投资者,却允许公开劝诱,为免造成对投资者保护不足的担心,因此授权证监会根据实践情况,随时调整信息披露要求,是合适的安排。

2. 合格投资者的认证要求

如前文所述,美国 SEC 对于取消公开劝诱禁止后的投资者保护措施,主要是要求发行人采取合理步骤确定购买人的资质,以及对发行人的"坏人"禁入规则。

我国《证券法修订草案》第 16 条虽然规定针对合格投资者的公开发行可以豁免注册,但谁来确定发行对象是合格投资者,则需要斟酌。一般而言,证明发行对象是合格投资者的责任,在发行人。但要求发行人在发行前去逐个核实、确定发行对象的资质,成本很高,也具有不确定性。如果事后证明某个投资者不符合合格投资者的资质要求,就可能导致发行人丧失豁免资格。因此,由中国证监会来提供一个非排他性的安全港规则,规定一些步骤,如果发行人按照此类步骤操作,就被认为履行了核实发行对象是否符合资质的义务,能够为私募发行提供确定性,将大幅度减少发行成本。

---

[1] Michael D. Guttentag, "Protection From What? Investor Protection and The JOBS Act", 13 *U. C. Daves Business Law Journal*, 207 (2013).

3. 发行人的消极条件

像 SEC 那样规定适用《证券法修订草案》第 16 条的消极条件，不允许某些"坏人"使用第 16 条规定的豁免，是中国证监会拿手的事情。[1] 因此，中国证监会可以学习 SEC，对第 16 条的发行人资质作出明确规定。

4. 私募发行的虚假陈述责任

私募发行虽然没有信息披露要求，但对于私募发行中的虚假信息披露应当追究法律责任，才能减少欺诈的发生。不过，我国现行《证券法》，对于虚假陈述的法律责任，主要规定于公开发行和上市公司的场合，对于私募发行则没有规定。[2] 虽然可以适用一般的反欺诈规则，但存在种种法律适用上的困难。

我国《证券法修订草案》对此作了一些处理，较为合适，建议保留。《证券法修订草案》第 270 条规定发行人在招股说明书或者其他证券募集说明书中有虚假陈述的，可以给予行政处罚；而第 17 条规定了即使豁免注册的公开发行，也要按照证监会的要求披露招股说明书或者证券募集说明书。这样就有效地将享受豁免的私募发行也纳入了虚假陈述法律责任的范围。

5. 私募证券的限售制度

私募众筹的股份，虽然看起来是"公开发行"所得，但实质上是私募发行，对于其转售行为应当有所限制。我国《证券法修订草案》中只对上市公司的股份限售作了规定，要求未经公开发行注册的股票，自发行人股票在证券交易所上市交易之日起 12 个月内不得转让。[3] 同时规定了非依法公开发行的证券，不得公开交易。[4] 但对于没有上市的发行人未经注册但公开发行的证券，则没有规定。

对于私募众筹中获得的证券规定一定的限售期，有两个考虑：一是允许自由转售，可能会导致某些欺诈活动的发生。当年规则 504 下发生的小额欺诈交易，就是利用了自由转售的特性，实施欺诈活动。发行人先依据规则 504 向自己的关系人发行股份，然后利用网络和不良证券经纪商在 BBS、股吧等大肆吹捧股票，抬高股价，并最终将其销售给受害投资者，

---

[1] 例如早在 2006 年，中国证监会就在《上市公司收购管理办法》中规定了收购人的消极条件，尽管没有任何法律的授权。参见《上市公司收购管理办法》第 6 条的规定。
[2] 参见我国《证券法》第 69 条和第 193 条的规定。
[3] 参见我国《证券法修订草案》第 50 条。
[4] 参见我国《证券法修订草案》第 59 条。

即所谓"吹捧和倾销"类的欺诈活动("pump and dump" scheme)。[1]

二是对于私募众筹的股份予以一定的限售期规定,有助于私募投资者更关注自己的投资,克服集体行动的困难,在投资前更加谨慎决策,在投资后也对发行人给予一定的监控,甚至帮助。正像上文讨论过的,天使投资的经验表明,发生在投资人和发行人之间的这种互动关系,有助于项目的成功。

目前我国《证券法修订草案》中对于私募众筹的限售期没有具体规定,本书建议至少应当有一个原则性规定,具体限售期则可交由中国证监会做具体规定。

正如前文所讨论,美国规则 504 修改的历史表明,在小额发行中欺诈盛行的主要原因不是公开劝诱,而是证券的自由流通。因此,私募证券的限售要求有其必要和合理性。我国现行《证券法》没有对私募证券的限售作出规定,在实践中也带来了许多问题,以至于在 2006 年国务院办公厅不得不发文明确禁止非上市公司的股东公开转让股份。[2]

我国《证券法修订草案》专门列出了"股票转售限制"一节,对股票转售作出了限制,是一大进步。不过,也许立法者疏忽,该节只考虑了非公开发行的公司上市之后股票何时可以自由转让、如何转让的问题,没有考虑公司不上市,其股票转让如何限制的问题。《证券法修订草案》第 50 条沿袭现行《公司法》的愚蠢规定:未经公开发行注册的股票,自发行人的股票在证券交易所上市交易之日起 12 个月内不得转让。[3] 那试问:(1)在上市交易之前,是否可以转让?(2)如果该发行人不去上市交易,其股票是否限售?难道还采用现在的办法,一律禁止公开转让?一律禁止股份的公开交易,完全不符合股份公司的股份可自由流通的基本原则。并且草案对此也并无规定——《证券法修订草案》第 59 条只规定说:未依法公开发行的证券,不得公开交易,而依照《证券法修订草案》第 16 条发行的证券,是公开发行但豁免注册的证券,不属于该条禁止之列。

因此,建议在草案中增加对于未经注册发行股份转让的明确限售规

---

[1] Thomas Lee Hazen, "Crowdfunding or Fraudfunding? Social Networks and The Securities Laws: Why The Specially Tailored Exemption Must Be Conditioned On Meaningful Disclosure", 90 *North Carolina Law Review* 35 (2012).
[2] 参见国务院办公厅发布的《关于严厉打击非法发行股票和非法经营证券业务有关问题的通知》(国办发〔2006〕99 号)。
[3] 参见我国《公司法》第 141 条。

定,但也不能规定过于严格,否则私募证券彻底丧失流动性,损害的是投资者利益,最终也会增加发行成本。

(三) 证券业务经营豁免

我国《证券法》虽然在第122条规定:"设立证券公司,必须经国务院证券监督管理机构审查批准。未经国务院证券监督管理机构批准,任何单位和个人不得经营证券业务",确立了证券业务特许经营的规则。但我国《证券法》中并没有对什么是证券业务予以定义。

现实中,国务院办公厅于2006年12月发布《关于严厉打击非法发行股票和非法经营证券业务有关问题的通知》(国办发〔2006〕99号),在其中明确规定:

> 严禁非法经营证券业务。股票承销、经纪(代理买卖)、证券投资咨询等证券业务由证监会依法批准设立的证券机构经营,未经证监会批准,其他任何机构和个人不得经营证券业务。

换句话说,除了证券投资咨询业务在以前已经被专门设定为特许业务之外,该《通知》明确将股票承销、经纪(代理买卖)纳入证券业务范围,需要遵守特许经营的规则。

但是,很遗憾的是,该《通知》仍然没有明确界定什么是股票承销、什么是经纪(代理买卖),导致在适用时,存在众多问题。

例如,在2015年发生股灾时被当作批评对象的场外配资,往往是通过所谓的电子交易系统来开展。2016年11月,中国证监会对提供配资的公司和提供技术支持的公司都作出处罚,认为它们构成了非法经营证券业务。其中,证监会认定:三家网络技术公司明知一些不具有经营证券业务资质的机构或个人的证券经营模式,仍向其销售具有证券业务属性的软件(涉案软件具有开立证券交易账户、接受证券交易委托、查询证券交易信息、进行证券和资金的交易结算等功能),提供相关服务,并获取收益的行为违反了《证券法》第122条规定,构成非法经营证券业务。[1]

多家公司和个人利用信托计划募集资金,通过上面三家网络公司提供的第三方交易终端软件为客户提供账户开立、证券委托交易、清算、查

---

[1] 《证监会对场外配资中证券违法违规案件作出行政处罚》,载中国证监会官网,www.csrc.gov.cn/pub/newsite/zjhxwfb/xwdd/201611/t20161125_306638.html,最后访问日期2017年1月20日。

询等证券服务,且按照证券交易量的一定比例收取费用。证监会认定这些配资公司的上述行为,违反了《证券法》第122条规定,构成非法经营证券业务。[1]

然而,在法律对证券业务没有明确界定的情况下,上述处罚虽然有一定的道理,但却缺乏法律依据。监管者若能规定明确具体可操作的标准,则有利于减少不确定性。

因此,在设计私募众筹豁免规则时,对于私募众筹平台是否构成证券业务,是否需要特别许可,还需要有明确的规定,否则私募众筹平台仍然处于性质不明的状态,不确定性很大,这导致整个私募众筹的合法性也就存疑了。

四、结论

股权众筹是随着互联网技术的进步而出现的一种新的直接融资方式。对于创新,监管者应当采取宽容的态度,在风险可控的情况下,允许金融创新出现和发展。实际上,随着国务院"大众创业、万众创新"的提出,证券监管者对股权众筹明显采取了鼓励态度,这当然值得提倡。只是现在监管者将股权众筹完全理解为公募众筹,则是对股权众筹的错误理解,对公募众筹的过度美好想象。

公募众筹虽然看起来很美好,在理论上却缺乏基础:群体的智慧、社交媒体和大数据能否克服直接融资中的信息不对称问题还无定论。目前公募众筹豁免脱胎于传统证券法中的小额豁免,只是创新运用了投资限额来控制公众投资者的投资风险。虽然在投资限额的运用下,公募众筹也能正常运作,但因为公众投资者缺乏风险识别能力,公募众筹市场只能变成全民赌投资运气的赌场。而在市场竞争的环境下,优质发行人会更多选择私募发行方式,使得公募众筹市场沦落为一个风险更大的坏赌场。在这种情况下,要解决创业企业和小企业融资缺口的问题,放开传统私募中对于公开劝诱的禁止、设立私募众筹可能是一个更好的选择。

至少,在鼓励金融创新的精神下,应当允许公募众筹和私募众筹共同发展,在实践中让它们各自证明自己的优势,让市场选择来决定最终的胜出者,而不是由监管者在事前决定谁更有优势,谁更符合中国现实。

---

[1]《证监会对场外配资中证券违法违规案件作出行政处罚》,载中国证监会官网,www.csrc.gov.cn/pub/newsite/zjhxwfb/xwdd/201611/t20161125_306638.html,最后访问日期2017年1月20日。

第六章　众筹的小额豁免模式

群体的智慧即使存在,能否在公募众筹中发挥作用,也还有待进一步证明;大数据或者人工智能也许能有效消除信息不对称问题,但目前还不成熟。在技术能够成熟和完整证明其能力之前,传统的投资者保护手段仍然需要发挥作用。这也就是有些学者声称股权众筹立法中仍然需要强调发行人信息披露的主要原因。[1]

但为创业企业和小企业提供融资的众筹模式,显然无法支付强制信息披露的高昂成本,因此,合理利用现有的证券豁免制度就成为最佳选择。传统证券法中的三种豁免,众筹直接适用看起来都有些困难,因此,需要经过适当调整。其中,美国证券法对三种豁免都予以了调整,试图为中小企业融资开辟出新的道路,众筹能否顺利走通这三条道路,还有待实践的检验。三种豁免模式中,中国现行证券法中只有私募豁免一种,因此,本书接下来的两章先借用美国法分别讨论小额豁免和区域豁免在众筹中的适用,为中国未来修法提供借鉴。

第一节 小额豁免及其问题

一、小额豁免的理论基础

小额豁免的理论基础其实非常简单:成本收益核算。按照传统证券监管的逻辑,公开发行证券必须遵守强制信息披露制度,经过注册或者核准程序,在发行上市后还需要履行持续信息披露义务。这给融资企业带来了巨大的成本。

融资企业注册发行,需要支付注册费;准备相关信息披露材料,还需要花费大量的成本;聘请各种专业中介机构来对这些信息进行验证,要支付律师费、审计费等专业费用;在发行成功之后,企业还要持续披露信息,同样需要花费大量的成本。美国证监会曾经做过的两个调查表明:在美国,成功操作一次首次公开发行(IPO)需要支付的合规成本,平均大约在250万美元,而企业上市之后,每年平均花费的合规成本还需要150万美

---

[1] Thomas Lee Hazen, "Crowdfunding or Fraudfunding? Social Networks and The Securities Laws: Why The Specially Tailored Exemption Must Be Conditioned On Meaningful Disclosure", 90 *North Carolina Law Review* 35 (2012).

元左右。[1] 这其中还不包括发行时向承销商支付的承销费。在美国,首次公开发行中向承销商支付的承销费平均在融资金额的7%左右,在上市公司增发股票中,平均承销费大约是融资金额的5%,在公开债券发行中承销费大约是1%—1.5%。[2]

这么高昂的成本,融资额度过低显然是不划算的。上面说的IPO中花费的250万美元成本,是固定成本,与承销费按照融资金额的比例收取不同,无论融资额度的大小,均需要支付。但无论发行人融资多少,按照强制信息披露要求,在注册程序中都必须披露信息,均需要聘请专业中介机构对相关信息进行验证。专业中介机构往往是按照工作量而不是按照融资额来收费。中小企业很可能因为还处于企业发展早期阶段,各种企业行为和内部管理不够规范,反而需要花费更多的时间和工作量来准备和验证相关的信息披露材料。

对创业企业和小企业来说,在企业发展早期,依据现有企业规模和发展阶段,不需要很多的资金支持。换句话说,这个阶段的企业融资规模没那么大,要求其必须经过正式的注册程序,从成本收益的角度来看,显然是不划算的。如果企业只需要融资100万美元,让其通过IPO去注册,固定成本就需要花费250万美元,IPO这条路如何走得通?

从社会管理角度来看,企业融资规模不大,即使发生风险或者欺诈,对社会造成危害的后果也比较小。如果一个企业只融资100万美元,即使其失败,也不会对社会造成太大影响。融资金额小,参与的投资者人数也不会太多(如果参与的投资者人数多,则每个人平摊的金额就小),即使发生融资欺诈或者企业经营失败,公众投资者受到的影响也很有限。另一方面,中小企业又一直存在融资困难,中小企业还是社会经济发展和容纳就业的主要力量,从便利企业融资的角度,在成本收益考量下,允许中小企业避免走成本高昂的正规融资渠道也就具有了合理性。

但从投资者保护角度来看,是不是对于小额融资就完全放任不管?这也一直是一个问题。虽然小额融资因为金额小,牵涉的投资者少,对社会整体影响不大,但具体到每一个投资者来说,一旦受到欺诈,其损失可

---

[1] IPO Task Force, "Rebuilding the IPO On-Ramp", available at http://www.sec.gov/info/smallbus/acsec/rebuilding_the_ipo_on-ramp.pdf.
[2] Mark Abrahamson, Tim Jenkinson, and Howard Jones, "Why Don't U. S. Issuers Demand European Fees for IPOs?", 66 J. FIN. 2055—2082 (2011).

都是实实在在地落在了个人身上。100万美元的融资规模,对社会来说可能不值一提,但如果有10个投资者参与这次融资,每人10万美元,一旦受到欺诈血本无归,对这10个投资者来说,这10万美元都是血汗钱,可能就会直接影响到这些投资者的家庭生活。

因此,小额豁免在理论上虽然有其存在的合理性,但具体如何设计小额豁免制度,则还需要仔细掂量。美国证券法对此设计了多种途径,但目前来看,效果都不尽如人意。

二、美国的小额豁免制度

美国证券法中的小额豁免制度主要表现为1933年《证券法》原来的第3(b)条。该条在2012年《JOBS法》修改之前,只有一个条款,即现在的第3(b)(1)条。该条规定:对于总额不超过500万美元的证券发行[1],只要SEC认为,基于其涉及金额不大(small amount)或者公开发行的限制性质(the limited character of the public offering),要求其注册对公共利益或者投资者保护没有太大必要,可以颁布规则或者条例豁免该类证券注册。

在该条和其他相关条款的授权下,SEC相继颁布了各种规则和条例拓展小额豁免制度,其中主要的是专门规定小额豁免的条例A和主要规定私募但也涉及小额发行的条例D中的规则504和规则505。

(一) 条例A(2015年修改之前)

条例A最早颁布于1936年,此后经过多次修改。在2015年SEC依据《JOBS法》对其作出最新修改之前,最近一次修改是1992年。当年,SEC为了方便中小企业融资,对条例D中的规则504和条例A同时作出了修改,这两者构成了2015年之前美国证券法上两个主要的小额豁免制度。

2015年修改之前,条例A的主要内容包括:

1. 发行额度

最能体现小额豁免本质的就是对发行额度的限制:条例A要求发行人在12个月内的发行总额不超过500万美元。如果仅从融资额度来看,这一额度要求应该能够满足创业企业和小企业的融资需求。这也是该条

---

[1] 历史上,美国国会曾经多次修改第3(b)条中规定的豁免金额:1933年《证券法》颁布时该金额为10万美元;1945年,修改为30万美元;1970年,提高为50万美元;1978年一年修改两次,从150万提高到200万美元;1980年,才最终修改为目前的500万美元。

例被视为小额豁免制度的主要原因。

2. 发行人要求

条例 A 对发行人有所限制,但并没有对发行人的企业规模作出任何要求。条例 A 的发行人必须是注册在美国或者加拿大的企业,但不能是 1934 年《证券交易法》下的报告公司(reporting company)。这是因为按照 1934 年《证券交易法》,美国公司达到一定资产规模和股东人数之后[1]就负有了信息披露义务,条例 A 将这些公司排除在适用范围之外,其实就是将条例 A 的适用范围圈定为中小企业。

同时,条例 A 还禁止那些"没有特定商业计划或目的的公司"为发行人,以及发行人不得为发行石油或者天然气权益的投资公司。这主要是考虑发行人应当是实业公司而不是空壳公司。

条例 A 对发行人最主要的限制是规定了发行人的消极条件,即如果发行人或其关系人曾经有某些违法行为,则不得适用条例 A,包括发行人及其关系人曾经在 5 年内受到过 SEC 停止令(stop order)的处罚,或者发行人或者承销商的任何董事、高级管理人员或者持股 10% 以上的股东曾经在 10 年内受到过证券交易犯罪的刑罚等。

3. 披露要求

条例 A 下的发行虽然可以豁免正式的发行注册,但并非没有任何要求。条例 A 下的发行仍然需要向 SEC 提交申请文件——表格 1-A,并经过 SEC 的审查同意。只是相比正式的注册程序,条例 A 下的注册更加简单,一般被称为"迷你首次公开发行"(Mini-IPO)。

条例 A 要求发行人向 SEC 提交的表格 1-A,包括四部分内容:申请通知(the notification)、发行说明书(the offering circular)、表格和签字页。签字页需要发行人的 CEO、CFO 和董事签字,那些准备在发行时出售老股的股东也要签字。发行申请文件中最为重要的是发行说明书,需要披露与投资相关的基础信息,并且需要在证券发行时提供给投资者。准备发行说明书是条例 A 下发行中耗费最多成本的事项。

发行说明书可以采用问答式或者叙述式,但都需要包括发行人业务、

---

[1] 在《JOBS 法》之前,《证券交易法》第 12(g)条规定,任何公司在会计年度的首日,资产规模超过 1000 万美元,同时在册股东人数达到或超过 500 人的,必须注册其证券并履行定期报告义务,一般称之为报告公司。《JOBS 法》修改了该标准,将股东人数提高到了 2000 人,或非获许投资者达到或超过 500 人。

财产、股权结构、风险因素、面临的诉讼等方面的信息,以及董事、高管人员的信息。在财务信息方面,必须披露一年的资产负债表和两年的收入信息,以及至发行日前任何更新的财务信息。这些财务信息必须按照公认会计准则(GAAP)编制,不过并不要求经过审计。

4. 发行程序

SEC 在接受发行申请后,会对这些材料进行审查,可能还会提出评论意见,要求申请人澄清、修改或者补充某些信息。如果申请人不能及时对 SEC 的评论意见进行回复,或者回复不能让 SEC 满意,则 SEC 可能拖延发行申请的批准,甚至直接宣布取消发行申请。

当 SEC 认为表格 1-A 已经完整提交之后,该表格在 20 天后自动合格(qualified);经发行人申请 SEC 也可宣布该表格提前合格。发行人在此时才可以正式发行证券。

发行人在发行结束后 30 日内向 SEC 提交报告,告知筹资金额。此后每六个月向 SEC 提交报告,告知募集资金的使用情况,直到募集资金使用完毕。

5. 试水规则

条例 A 允许发行人在申请表格合格前试探市场,这被称为试水(testing the waters),这是《JOBS 法》之前条例 A 比较特殊的规定。传统上,SEC 对于 IPO 在注册文件生效前的销售行为有严格限制,仅仅允许口头宣传。但在试水规则下,条例 A 的发行人可以在申请材料合格前,就通过口头、书面和大众媒体开展宣传,只是不允许正式销售,这样发行人可以试探市场对其发行的反应,在不利时可以撤回发行申请。

试水规则允许发行人在注册文件生效前寻求对发行可能感兴趣的投资者,甚至允许发行人在正式发行前先做广告。发行人可以通过口头、书面寻求投资者,也可以通过广播电视等媒体做广告。但规则要求,发行人必须明确告知投资者,在注册文件生效前并不会从投资者处收取资金,投资者现在表达的兴趣也不会构成有约束力的承诺。在发行人的广播电视媒体广告中,只能包含下列信息:(1) 证券发行人的名称;(2) 证券的名称、发行的数量以及向公众发行的价格;(3) 发行人业务的一般种类;(4) 发行人主要营业的位置及其财产状况的简单说明。

发行人在试探投资者兴趣之前,必须将所有宣传材料提交 SEC 审查。在 SEC 同意后,才可以试水。

6. 发行方式

条例 A 下的发行可以采用广告和公开劝诱的公开发行方式,可以针对公众投资者。

7. 转售要求

条例 A 下发行的证券没有转售限制,任何非发行人关联人的投资者都可以自由转售条例 A 发行中购买的证券。

(二) 条例 D 中的规则 504 和规则 505(2016 年修改之前)

条例 D 发布于 1982 年,原来主要包括了三个豁免规则:规则 504、规则 505 和规则 506。其中规则 506 是被适用最为广泛的私募豁免规则,主要针对获许投资者和成熟投资者,没有发行金额限制。规则 504 和规则 505 则有金额限制,看起来更像小额豁免。2016 年 10 月,SEC 颁布新规则,宣布修改规则 504,并废除了规则 505。这里主要介绍修改之前的情况。

规则 504 是一个典型的小额豁免,该条规定:发行人在 12 个月内的发行不超过 100 万美元的,可以豁免发行注册。

在规则 504 下的发行,对于发行人资质、发行方式都有所限制。对发行人的限制,与条例 A 的要求类似:发行人必须不能是报告公司,不能是投资公司,也不能是空壳公司。

不过,规则 504 下的发行,只有在满足州注册条件的情况下,才能采取公开宣传的方式和转售证券,而州注册条件是:(1) 只在那些要求证券注册和向投资者公开销售证券前提交充分信息披露材料的州发行;(2) 若在无发行注册要求的州发行,则必须同时在上述有注册要求的州注册并向所有投资者(无论所在州是否要求)提供信息披露材料;或者(3) 按照州的注册豁免要求,只向获许投资者发行。

实际上,规则 504 的这些限制要求曾经有过反复。在 1992 年,SEC 为了方便中小企业融资,曾经修改规则 504,允许在 12 个月内证券发行 100 万美元,并对公开宣传和证券的转售没有任何限制。但实践中随后发生了大量的证券欺诈活动,小企业的廉价证券成为欺诈分子的工具,给公众投资者带来了巨大的损失。1999 年,美国 SEC 不得不再次修改规则 504,对公开宣传和证券转售都作出了限制。对此,本书第五章有所讨论。

修改之后,规则 504 下的发行如果要公开宣传,必须在(1) 那些对公开发行和提交信息披露有规定的州法下注册,或者(2) 在州法规定只向获许投资者销售时可以豁免公开劝诱禁止的时候,才能允许公开宣传。

同时，修改后的规则504对发行的证券也作出了限售的规定，要求投资者必须至少持有一年才能转售。因为SEC认为，规则504之所以会被证券欺诈者滥用，就是因为豁免发行注册的证券可以自由转售，方便了证券欺诈者可以聚集起很多数量的证券池子(pool)用于欺诈。

规则505则是另一个小额豁免，该规则允许发行人在12个月内豁免注册发行不超过500万美元的证券，但要求其只能针对获许投资者和不超过35人的非获许投资者。既然限制了发行对象的资质和人数，所以规则505的发行也不得采用公开宣传的方式，同时，规则505下发行的证券也必须遵守转售限制。

三、美国小额豁免制度中存在的问题

尽管在《JOBS法》颁布之前，美国证券法上已经有多种小额豁免制度，但实际适用情况并不乐观，中小企业仍然抱怨缺乏融资途径。

（一）小额豁免在实践中的适用

实际上，无论是条例A还是规则504和505，在实践中适用的机会都比较少，这可能主要是因为这些豁免规则并不好用，在适用时成本仍然很高，存在种种障碍。

美国政府审计署(United States Government Accountability Office，GAO)的报告研究了从1992年到2011年期间的条例A发行，发现条例A

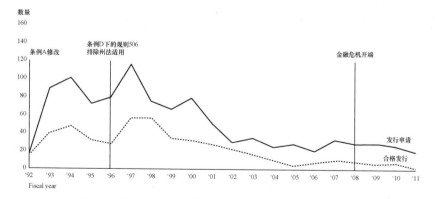

图6-1 从1992—2011年条例A的发行申请数量(实线)与合格发行数量(虚线)。[1]

---

[1] GAO Report to Congressional Committees, "Factors That May Affect Trends in Regulation A Offerings" (July 2012), https://www.sec.gov/rules/proposed/2013/33-9497.pdf.

下的发行一直数量不多,并且从 1997 年以来一直呈下降趋势。

从图 6-1 中可以看出,自 1992 年 SEC 修改条例 A,将发行限额从 150 万美元提高到 500 万美元,并设置了试水规则之后,条例 A 的发行申请数量从 1992 年的 15 起增长到了 1997 年的 116 起,相应被批准的合格发行数量(qualified)也从 1992 年的 14 起增加到 1997 年的 56 起。但此后条例 A 的发行数量就一直下降:从 1997 年的 116 起发行申请一直下降到 2011 年的 19 起,被批准的合格发行数量也从 1998 年的 57 起下降到 2011 年的 1 起。

与此同时,从统计的豁免发行数量来看,条例 D 的发行数量则一直在上升,并被小额发行人广泛使用。

表 6-1 经许可的合格条例 A 发行与发行金额在 500 万美元以下的条例 D 发行和注册的公开发行的数量比较(2008—2011 年)[1]

	2008 年	2009 年	2010 年	2011 年
条例 A 的发行	8	3	6	1
条例 D 的发行	无数据	无数据	7517	8194
注册的公开发行	536	246	195	312

条例 D 下的发行有三个途径:规则 504、规则 505 和规则 506,其中规则 504 和 505 是典型的小额豁免,规则 506 是私募豁免。SEC 对条例 D 下发行的研究也发现:条例 D 下规则 506 是被使用最为广泛的发行豁免,规则 504 和 505 则相应较少得到适用。SEC 统计了 2009 年至 2012 年的条例 D 下的发行(参见表 6-2),发现这四年中,采用规则 504 的发行,总计有 1997 起,采用规则 505 的发行有 934 起,采用规则 506 的发行则有 40752 起。其中,规则 506 并没有限制发行金额,但采用该规则的发行中,也有很大部分发行金额并没有超过 100 万美元。按照 SEC 对发行金额的统计,这样的小额融资舍弃可用的规则 504 不用,仍然适用规则 506 的发行,四年也总计有 19424 起。相比之下,同一时期,真正适用规则 504 的小额发行只有 1997 起,只有同样融资规模的规则 506 发行的 10% 左右。这充分说明了现有小额豁免规则存在重大的问题,使得小额发行

---

[1] GAO Report to Congressional Committees, "Factors That May Affect Trends in Regulation A Offerings"(July 2012), https://www.sec.gov/rules/proposed/2013/33-9497.pdf.

人无法适用,而宁愿去适用私募豁免的规则,尽管后者对投资者资质和发行证券的转售都有着严格的限制。

表 6-2 美国 SEC 对 2009—2012 年条例 D 下发行的统计

(只包括非基金类企业 non-fund issuers)[1]

发行规模(美元)	100 万以下	100 万—500 万	500 万—5000 万	5000 万以上
规则 504	1997	/	/	/
规则 505	705	229	/	/
规则 506	19424	11957	8103	1268

(二)小额豁免可能存在的问题

小额豁免制度的设计初衷是便利中小企业融资,但从实际效果来看,无论是专门为小额融资设计的条例 A,还是在条例 D 中设计的规则 504 和 505,适用效果都并不理想:小额发行人很少去使用这些规则,而宁愿采取限制更多的私募豁免规则。原因何在?

1. 条例 A 的问题

研究者认为,条例 A 没有得到广泛适用的主要原因是两个:(1) 发行成本太高;(2) 复杂的州法监管。[2]

(1) 发行成本太高

小额豁免制度存在的主要理由就是成本收益考量:较小的发行融资额度不足以支付正式发行注册的成本,要求发行人走正规的发行注册程序得不偿失。因此,条例 A 在制度设计时就已经考虑了发行成本的控制,尽量通过减少信息披露要求来降低发行成本。例如,条例 A 虽然要求发行人披露财务信息,但并不要求披露的财务报表经过审计。即使如此,实践来看,条例 A 下的信息披露要求仍然任务繁重,并且因为 SEC 需要对发行申请进行审查和批准,条例 A 的发行还有沉重的发行时间成本。

---

[1] Vladimir Ivanov and Scott Bauguess,"Capital Raising in the U. S.:The Significance of Unregistered Offerings Using the Regulation D Exemption"(June 2013),available at:http://www. sec. gov/dera/staff-papers/white-papers/1jul13_ivanov_capital-raising-in. html.

[2] Rutheford B Campbell,JR.,"Regulation A:Small Business' Search For 'A Moderate Capital'",31 *Delaware Journal of Corporate Law* 77(2006).

从条例 A 的信息披露要求来看,SEC 要求披露的发行说明书(offering circular)和注册发行中的招股说明书十分类似,这对发行人而言是一项非常大的成本支出。

SEC 目前提供三种发行说明书格式供企业选择,每一种都要求发行人向每一个投资者提供关于发行人的实质投资信息。格式 A 采用问答式,一共含有 49 个问答;格式 B 要求发行人披露 12 项有关信息,与招股说明书中的表 S 和表 S-K 非常相似。发行说明书必须包括对规定财务信息的披露,如一年度资产负债表和两年收入情况,外加必要时在中期提供最新收入情况等。这些财务信息都必须依据一般会计准则(GAAP)进行准备和披露,但不需要符合《S-X 条例》,通常也不需要经过审计。

总体而言,条例 A 对发行说明书要求披露的内容虽然不及招股说明书的要求那么广泛细致,但也是实质性披露。更重要的是,律师很容易把 S 表、《S-X 条例》及其在注册发行中的一般经验当作是起草发行说明书的指导,外加对违规风险的有意规避,这导致条例 A 中的披露很可能会比预期的程度要深得多。[1]

同时,条例 A 下的发行人必须向 SEC 提交发行申请,报送相关信息披露材料,并经 SEC 员工审核通过才能正式发售证券。根据美国审计署的报告,SEC 对条例 A 的申请材料包括了多重步骤:SEC 的公司融资部工作人员负责审查发行说明书,他们会关注其中的财务信息披露是否符合 SEC 的规则,以及是否符合会计标准。SEC 的工作人员会指出发行说明书存在的缺陷,以及要求澄清的地方。按照 SEC 的说法,缺陷是指披露不充分、财务报表不完整等。在 SEC 工作人员提出审核意见后,发行人申请人应当作出相应回应,可以解释或者修改申请文件。SEC 的工作人员也可以再次提出审核意见。这种评论和回应的过程会持续到 SEC 最终对披露文件完全满意,然后才会批准发行说明书合格。[2]

发行申请人可以在 SEC 的审查过程中随时宣布撤回(withdrawn)条例 A 的发行申请。如果发行申请人没有及时回应审核意见,或者较长时间没有修改发行说明书,SEC 也会宣布发行申请人已经放弃(abandoned)了发行申请。美国审计署的报告声称在 1992 年到 2012 年期间,总计 1006 起条例 A 的发行申请中,有 214 起被撤回或者放弃。

---

[1] 参见徐瑶:《从〈A+条例〉看美国小额豁免之殇》,载《法律与新金融》第 14 期(2016 年)。
[2] 同上。

根据美国审计署的统计,从 2002 年到 2011 年,企业提交的条例 A 发行申请平均需要 228 天的审核时间,而在 2012 年到 2014 年,平均审核时间甚至超过了 300 天。

SEC 的审核也绝不是简单的走形式,实际上,从图 6-1 可以看出,提交发行申请通过审核的比例平均一半都不到:1997 年是发行申请数量最高的一年,有 116 份发行申请,但获得审核通过的合格发行只有 56 起。2011 年有 19 起发行申请,审核通过的合格发行却只有 1 起。实际上,尽管 2008—2011 年每年申请条例 A 发行的数量在 20—40 份之间,每年获得审核通过的条例 A 发行都只是个位数:2008 年 8 起,2009 年 3 起,2010 年 6 起,2011 年 1 起。

条例 A 虽然被称为小额发行豁免,但其要求的披露义务与首次公开发行十分相似,再加上 SEC 复杂严格的审核程序,这使得条例 A 下的发行也一般被称为"迷你首次公开发行"。虽然相比正式的 IPO,条例 A 下的发行成本肯定要低得多,但考虑到条例 A 下的融资金额与 IPO 募集资金的体量相差更大,相对而言,条例 A 下的发行成本可能仍然过高。

(2) 复杂的州法监管

条例 A 下的发行存在的另一个重要问题是无法取得州法的广泛豁免,因此条例 A 下的发行还需要在各州进行证券注册,这大幅增加了发行成本。

美国证券监管一直区分为联邦和州的两层监管,两者并存,联邦监管并不必然排斥州法监管,而各州证券立法被称为"蓝天法",多采用实质监管(merit regulation)方式,对发行人注册有更为严格的要求。1996 年美国《全国证券市场统一促进法》(National Securities Markets Improvement Act, NAMIA)将在全国性证券交易所挂牌的证券排除在州法监管范围之外,并授权 SEC 可以规定不受州法监管的证券(covered securities)。

条例 A 在 1992 年修订之后,各州证券监管者持有较大的异议,尤其是针对"试水规则",他们认为这会将市场上最具风险的证券发售给最没有投资经验的人,因此,多数州都表示拒绝放开州层面的监管,导致条例 A 的发行虽然在联邦层面上可以获得注册登记的豁免,但在实践中仍然要到发行所涉及的各州完成相应的注册登记程序或满足各州的证券发行豁免要求,否则,就可能导致证券发行在该州无效,甚至会被追究法律责任。[1]

各州的证券发行注册程序要求也各不相同。有些州也有所谓的小额发行豁免,但在要约人数等方面都有严格的限制,例如为部分州所采用的《统一证券法》(Uniform Securities Act)豁免 12 个月内向不超过 10 人发出要约的证券发行。向不超过 10 人要约的要求,显然限制了发行人不能采用公开劝诱的发行方式,这就严重损害了条例 A 发行的最大优势——公开。

条例 A 发行在州证券监管层面能够适用的最有效的注册程序是两个:一个是小企业发行注册程序(the Small Corporate Offering Registration, SCOR),这一程序相对简单。但适用该程序有很多限制,要求发行金额不超过 100 万美元,每股发行价格必须在 5 美元以上,不能在注册生效前销售(禁止适用试水规则),并且需要提交独立会计师审计财务报表。这就使得条例 A 下发行的所有优势都丧失殆尽。

另一个可能的简化程序是所谓的合作注册(Coordinated Equity Review, CER)和备案注册(Registration by Notification),发行人在联邦注册后,只需要向发行相关的州提交相应表格即可。不过认同合作注册的州数量很少,采用备案注册的州则有一些实质条件要求,例如犹他州就要求备案注册的发行人必须已经连续运行至少 5 年,前三年未曾有违约记录,过去三年的盈利至少达到已经发行证券价值的 5% 等。另外,还有 16 个州未能采取备案注册程序。

因此,实践中,条例 A 下的发行除了在联邦层面获得 SEC 的批准之外,还必须在拟发行证券的州进行实质注册(Registration by Qualification),同时如果发行人符合条件,还可以在那些允许采取备案注册的州进行备案注册。

这样一来,对企业来说,联邦层面上的豁免基本丧失了意义,因为州法审核的不确定性会极大增加整个融资活动的不确定性,并且要花费巨大的成本。如果发行人在多个州进行发行活动,州法之间的差异导致在每一个州完成相应程序所要花费的时间和法律成本都是巨大的。考虑到小企业的资金需求较小,州层面监管造成的成本导致打算在多个州进行小额发行的企业根本不会选择这种方式。

---

[1] 徐瑶:《从〈A+条例〉看美国小额发行豁免之殇》,载《法律与新金融》第 14 期(2016 年)。

2. 规则504和规则505的问题

规则504豁免在12个月内不超过100万美元的发行,对投资者资质和人数都没有限制,也没有强制信息披露要求,本来是小额融资比较方便的豁免,但1999年修改之后的规则504对广告等公开劝诱方式有所限制,对发行证券还有限售规定,这使得规则504的适用受到了限制。

其实就如前面所述,规则504曾经经历过一段自由放任的实验。但很遗憾,这个实验失败了。

规则505豁免在12个月内不超过500万美元的发行,金额高于规则504,但规则505对投资者资质有所限制:如果投资者不是获许投资者,人数不能超过35人,发行人还必须向非获许投资者提供相关的投资信息。同样,规则505下的发行也不能采用广告等公开劝诱方式,所发行的证券也受到转售的限制。

同时,规则504和规则505也面临与条例A同样的问题:这两个规则的发行,仍然需要遵守各州的证券监管,在不能获得各州证券注册豁免的情况下,必须去发行涉及的各州注册,这带来了巨大的成本。相比较而言,规则506下的发行,虽然投资者资质受到了限制,必须是获许投资者和成熟投资者,不能采用广告等公开劝诱的方式,发行的证券还受到转售限制,但其在1996年之后可以豁免州证券监管,在联邦取得证券注册豁免后,就不需要再去各州寻求证券注册了,因此,受到了小额发行人的欢迎。实际上,有大量的小额发行,虽然有规则504和505可以适用,但仍然选择了规则506的发行。

有学者曾经对2008年9月15日至2010年10月18日期间条例D下的发行进行了统计分析[1],发现在此期间适用条例D的发行一共有2.7万多起,其中94%都是规则506的发行,规则504的发行占比只有4.4%,规则505则更低,只有1.6%。规则506虽然对发行金额没有限制,但实际上,条例D的发行中并非都是很高金额的发行,按照统计,其中发行金额不超过100万美元的有7880起,占比28.9%,发行金额在100万—500万之间的有7059起,占比25.9%。也就是说,所有条例D的发行中,超过半数的发行金额并不高,在500万美元以下,本来可以适用规则504和规则505的,但实际上,大多数小额发行人并没有选择这两

---

[1] Rutheford B Campbell, JR., "The Wreck of Regulation D: The Unintended (and Bad) Outcomes for the SEC's Crown Jewel Exemptions", 66 *The Business Lawyer* 919 (2011).

个规则,而是选择了规则506,尽管规则506对投资者资质有严格限制。这显然是因为规则506的发行可以排除州法监管,不需要去州进行证券发行注册,减少了发行成本。

按照该学者的统计,在此期间,发行金额不超过100万美元的发行总计有7880起,其中只有1125起选择使用规则504,占比14.3%;发行金额在100万—500万美元之间的发行有7059起,其中适用规则505的只有276起,占比只有3.9%。

前面表6-2是SEC对2009—2012年期间的条例D的发行统计,三个规则占比也差不多,说明这种情况的延续性。

四、小额豁免与众筹

众筹是通过互联网向公众募集小额资金,利用众筹的往往是创业企业或者小企业,融资金额不会很大,但众筹融资在证券法上面临的困难是涉及公开发行证券,如果不能符合证券法上的豁免条件,就必须走正式的发行注册途径,成本高昂,显然是众筹融资者无法承受的。既然众筹的金额不高,小额豁免应该是众筹融资可以走的一条道路。

但众筹通过互联网融资,往往涉及广告和公开劝诱的问题。传统证券法对于采用广告和公开劝诱手段进行的发行,往往有严格限制,一般不会允许。在美国证券法关于小额发行的传统豁免制度中,规则504和规则505都对广告和公开劝诱有所限制。规则505完全禁止广告和公开劝诱;规则504则要求必须符合州法对公开宣传或者公开注册的要求,才能采用广告等公开宣传手段。众筹融资无法满足这两个规则的要求。

与规则504和规则505相反,条例A允许采用广告等公开宣传的手段,本来是众筹可以利用的一个途径。但正如上文所讨论的,在修改之前,条例A虽然豁免了发行人的正式注册要求,但要求提交发行申请,并经过SEC审查批准,发行成本也相对比较高昂;而不能排除州法的监管,使得条例A的发行人必须去各州注册,更是增加了发行成本和复杂程度。这一切也使得条例A很难被众筹融资直接使用。

因此,在《JOBS法》出台之前,美国法上的小额豁免制度并不能被众筹融资所使用。

第二节 小额豁免模式的众筹——条例 A＋与其他

一、《JOBS 法》的修改

2012 年 4 月,国会两院一致通过了《工商初创企业推动法》(《JOBS 法》),时任总统奥巴马签署生效。该法旨在促进创业企业和小企业的发展,促进就业,重要的考虑就是如何便利中小企业融资。便利中小企业融资涉及很多方面,小额豁免制度显然是其中重要的一项内容。《JOBS 法》第四章对现行的小额豁免制度作出了重大修改。

《JOBS 法》第四章对小额豁免制度的最大修改,就是增加了一项新的小额豁免制度,该条构成了后来 SEC 修改条例 A,创造条例 A＋规则的基础。

按照《JOBS 法》第四章的规定,对 1933 年《证券法》作出修改,将原来的第 3(b)条(授权 SEC 在 500 万美元限额内豁免发行注册的规定)改为第 3(b)(1)条,另增加一条作为第 3(b)(2)条,该条主要内容为:

(2) 附加事项——证券交易委员会应当制定规则或者规章,在本条款规定的豁免证券中新增一类证券,并符合以下条件:

A. 依据本段规定而增加的豁免,在前 12 个月内发行和出售的证券总额不应超过 5000 万美元;

B. 证券可以以公开方式发行和出售;

C. 此类证券不应是联邦证券法律及其下设规章所规定的限制性证券;

D. 第 12(a)(2)条款关于民事责任的规定应适用于任何发行或出售此类证券的个人;

E. 证券发行人可以在提交发行申请书之前,按照证券交易委员会为公众利益或保护投资者而规定的条款和条件,吸引投资者对其发行的兴趣;

F. 证券交易委员会应要求发行人每年向证监会提交经审计的财务报告;

G. 为了公众利益和保护投资者,证券交易委员会可以设定其他必要的条款、条件或要求,包括:

(i)要求证券发行人以委员会规定的格式和内容准备招股说明书及相关文件,以电子方式向证券交易委员会提交,并发送给潜在投资者,包括经审计的财务报告,发行人经营运作、财务状况、公司治理原则、投资者资金使用情况和其他相关事宜的介绍;另外

(ii)关于发行人或者其前身、关联人、高管、董事、承销商或者其他相关个人丧失豁免权资格的规定,本质上同《多德—弗兰克华尔街改革与消费者保护法案》第 926 条款(法条编号:15 U.S.C. 77d note)所规定的资格丧失条款类似。

除此之外,《JOBS 法》还授权 SEC 可以要求发行人履行定期披露义务。同时,要求 SEC 每隔两年应对上述发行限额进行合理性评估,确定是否需要提高该金额。如果决定不提高的,SEC 则应向国会报告不提高的理由。

总结一下,《JOBS 法》第四章对小额豁免制度的规定主要包括这几个方面:

(1)将小额豁免的最高额度提高到了 12 个月内不超过 5000 万美元;

(2)适用小额豁免的发行人应当适用"坏人规则";

(3)SEC 应当要求小额豁免的发行人每年提交经过审计的财务报告;

(4)SEC 可以要求发行人在小额豁免发行时必须披露相关信息;

(5)小额豁免的发行人适用"试水规则",在申请期间可以进行宣传;

(6)小额豁免发行可以采用广告等公开劝诱的方式;

(7)小额豁免发行的证券可以不受转售限制。

其中,(4)—(7)的要求,都是现行条例 A 已经具有的规定,(1)—(3)的要求则是《JOBS 法》的新规定。

二、条例 A+的出台

在《JOBS 法》授权下,2013 年 12 月 18 日,SEC 发布了对条例 A 的修改建议稿,公开征求意见。2015 年 3 月 25 日,SEC 颁布了最终规则,对条例 A 作出了大幅度修改,使得条例 A 变成了改进版的条例 A+(Regulation A-Plus),该条例于 2015 年 6 月 19 日正式生效。[1]

条例 A＋将小额豁免发行区分为了两类金额不同的发行,2000 万美元以下的为第一层级发行,5000 万美元以下的为第二层级发行。其中,第一层级发行的要求和传统的条例 A 差不多,没有太大变化,对于第二层级发行则施加更为严格监管要求,包括信息披露要求更为严格,财务报表必须经过审计,以及持续信息披露要求,对投资者资质和投资限额加以限制,但与之相应的,是排除了第二层级发行的州法注册要求。

(一)坏人规则

按照《JOBS 法》的规定,小额豁免中对于发行人应当适用"坏人规则"。传统条例 A 对发行人已经有一些资格要求,例如必须是注册在美国和加拿大的公司,不能是报告公司或者空壳公司等。《JOBS 法》增加的"坏人规则"则是对发行人资格的进一步限制,条例 A＋下的两个层级的发行都必须遵守。

所谓"坏人规则",其实就是消极资格条款,也就是规定,当发行人及其相关人在发行之前因为从事证券欺诈或者违反证券法而被处以行政处罚或者刑事制裁时,取消其获得发行豁免的资格,该规则的主要目的是防止欺诈发生。按照《JOBS 法》的要求,条例 A＋的"坏人规则"与私募众筹中的"坏人规则"一致。本书在第五章第二节已有详细讨论,此处不再赘述。[2]

除此之外,SEC 还将那些已经按照条例 A＋发行但在前两年没有履行持续披露义务的发行人排除在外。

(二)发行程序

条例 A＋在发行程序上与原来的条例 A 并无太大区别:仍然适用"试水规则",可以在提交发行申请前就通过广告,试探市场兴趣;也仍然需要向 SEC 提交发行申请,接受 SEC 工作人员的审核,不过增加了一个非公开审核程序(Non-Public Review)。

传统上发行人向 SEC 提交的任何申请材料,都会立即在 SEC 的电子数据库(EDGAR)中公开。非公开审核程序则允许条例 A＋的发行申

---

[1] Amendments for Small and Additional Issues Exemptions under the Securities Act (Regulation A), SEC Release Nos. 33-9741. 本节对条例 A＋的内容介绍,来自该文件。以下不再一一注明。
[2] "坏人规则"的具体内容,参见本书第 151—152 页。

请人可以秘密向 SEC 提交申请材料,SEC 的审核和发行人的回应都可以在非公开状态下进行。不过,只有首次利用条例 A＋发行的发行人才可以适用非公开审核程序。发行人必须最迟在申请得到批准的 21 天前将发行说明书在 SEC 电子数据库公开。

在条例 A＋下发行的证券,只需要部分遵守转售限制。首先,在发行时,老股东可以同时出售不超过 30％的股份,即第一层级发行中老股东出售不得超过 600 万美元,第二层级发行中老股东出售不得超过 1500 万美元。其次,在条例 A＋发行后一年内,股东转售的股份也不得超过 30％,一年之后,则对发行人的非关系人转售证券没有限制。

(三) 第二层级发行

《JOBS 法》将小额豁免发行的最高额度提高到了 12 个月内不超过 5000 万美元,这是美国立法者综合考虑通货膨胀、财富积累、投资者成熟度等诸多因素的结果。实际上,历史上美国立法者已经多次提高小额豁免的限额。1933 年《证券法》刚刚颁布时,第 3(b) 条的豁免限额仅为 10 万美元。1945 年,修改为 30 万美元;1970 年,再次提高为 50 万美元;1978 年一年修改两次,先提高到 150 万,再提高到 200 万美元;1980 年,修改为 500 万美元。

此次,SEC 对条例 A 的修改没有机械适用 5000 万美元的新额度。SEC 以 2000 万美元为界限,将条例 A＋下的发行区分为了两个不同层级发行。2000 万美元以下的为第一层级发行,基本上沿用原有条例 A 的豁免要求。5000 万美元以下的为第二层级发行,则增加了许多额外豁免条件,主要表现为信息披露要求更为严格,以及对投资者有所限制。

1. 第二层级发行的信息披露要求

首先,在发行申请材料中,对信息披露的范围要求更为广泛。第二层级发行的申请人必须披露此前两年与关联人的交易,只要该交易金额达到 12 万美元或者为企业总资产的 1％;同时,申请人还需要披露此前一年收入最高的三位高管的工资报酬,以及支付给所有高管的总报酬。

其次,第二层级发行提交的申请材料中,财务报告必须经过审计。

另外,第二层级发行人还必须遵守持续信息披露要求:其必须提交半年报和年度报告,其中半年报中的财务报告可以不经过审计。

不过,SEC 豁免了第二层级发行在证券交易法上的报告义务,只要其继续遵守条例 A＋中的持续披露要求,并且其公众持股市值不超过 7500 万美元,或者其年收入少于 5000 万美元。

2. 第二层级发行的投资者要求

条例A+对第一层级发行没有任何投资人资质要求,也没有投资额度限制,但对于第二层级的发行,则要求投资者必须是获许投资者。

如果投资者不是获许投资者,则对其投资额度施加限制:如果是自然人,投资额度不能超过其年收入或者净资产的10%(以两者中最高者为准);如果是非自然人,则不能超过其年营业收入或者前一会计年度末净资产的10%(以两者中最高者为准)。

发行人必须在第二层级发行中告知投资者上述投资限额,不过允许发行人依赖投资者的自我陈述确认其是否符合了投资限额要求,除非发行人明知该陈述不实。

不过,虽然条例A+对第二层级的发行施加了种种限制,但却排除了州法对第二层级发行的监管,这可能大大减少第二层级发行的成本。

表6-3 对第一层级发行和第二层级的发行比较[1]

	一级	二级
发行限额(12个月内)	0—2000万美元	5000万美元以下
转售限额(12个月内)	600万美元(30%)	1500万美元(30%)
信息披露	提供经审核的财务报表(最近两年)	提供经审计的财务报表(最近两年);提交年度、半年度和临时事件报告;向投资者提供发行说明书
州证券注册	需要	不需要
投资者投资限额	无限制	非获许投资者限制为年收入或净资产的10%

(四)排除州法适用——界定合格购买人

州层面对证券发行进行审核的根本目的在于帮助缺乏投资经验的公众投资者审核投资风险,从而实现对投资者的保护,但这种保护也给企业发行带来了巨大的成本,是原来条例A不能得到广泛适用的主要原因。

条例A+在提高第二层级发行融资额度的同时,施加了更为严格的信息披露要求,看起来增加了发行成本,但条例A+也作出了巨大的努力——排除了第二层级发行的州法适用。这一排除是通过SEC界定"合格购买人"(qualified purchaser)概念体现出来的。

---

[1] 徐瑶:《从〈A+条例〉看美国小额发行豁免之殇》,载《法律与新金融》第14期(2016年)。

此前,美国证券法上并没有合格购买者的概念,类似的概念只有获许投资者(accredited investor),或者合格机构购买者(qualified institutional buyer)。2012 年的《JOBS 法》,修改了 1996 年《全美证券市场促进法》(The National Securities Markets Improvement Act of 1996, NSMIA),规定了能够得到州法注册豁免的两种情形:(1)通过全国性的证券交易所发行或出售;或者(2)向符合 SEC 界定的合格购买人发行或出售,并授权 SEC 对合格购买人作出界定,其实这也就意味着授权 SEC 决定在小额豁免下哪些投资者可以排除州法的适用。

SEC 在行使该项授权时还是比较谨慎的,尽管有学者一直建议 SEC 行使该项权力将所有小额发行都排除在州法适用之外,但 SEC 经过考虑,还是只将第二层级发行的投资人排除在州法适用范围之外。

条例 A+说的"合格购买人"实际上就是第二层级发行的所有投资者,包括两类,一类是获许投资者。"获许投资者"是指年收入在 20 万美元以上或是净财富至少达到 100 万美元的个人,参见本书第四章的相关讨论。[1] 另一类则是一般的公众投资者,但对其有投资限额要求:自然人的投资限额为其 10% 年收入和净资产中的较大值;非自然人的投资限额为财政年度内 10% 年收入和净资产中的较大值。

也就是说,这种合格购买人实质上并没有限制购买者的人数和资格,而是对需要保护的非获许投资者在投资金额上作出了一定限制,发行人要获得州层面的注册登记豁免,就必须保证其发行符合这样的条件。

条例 A+对第二层级的发行在州层面上给予注册豁免,同时附加了相对严格的披露程序和义务,在一定程度上解决了原来条例 A 下的发行在各州进行注册审核程序耗时和高成本等问题,平衡了联邦和州的证券管辖权。

SEC 解释如此安排的原因是第一层级发行更多具有地方性质,信息披露要求简化且没有持续信息披露要求,要求州证券监管者施加更多监管是合适的。但第二层级发行则往往是全国性的证券发行,现有的严格信息披露要求和持续信息披露义务,再加上对公众投资者投资额度的限制,应该能够保护投资者,不需要州证券监管的介入。

但实际上,州监管者一直非常反对在条例 A+中排除州法监管。在 SEC 制订条例 A+的过程中,各州监管者提出了无数评论意见,反对排除

---

[1] 参见本书第 113—114 页。

州法监管。他们也发动了美国参议员和众议员向SEC的主席写信,劝说其不要排除州法适用。当SEC发布条例A+的最终规则,宣布在第二层级的发行中排除州法监管之后,各州监管者采取了一个新的策略——他们在法院起诉了SEC,宣称其在条例A+中对州法的排除,超越了法律授权,因此,要求法院宣告该条例此部分的内容无效。

不过,D.C.地方法院最近驳回了起诉,支持SEC在第二层级发行中排除州法监管,认为其完全在法律授权范围之内。[1]

(五)条例A+与众筹

条例A+颁布后,曾经被称为"大额"众筹规则,因为其允许发行的金额远远高于一般的众筹融资规模,达到了5000万美元。

应该说,条例A+为众筹融资开辟了新的道路,主要表现在几个方面:

(1)融资金额提高:在条例A+下,融资最高限额为5000万美元,第一层级的发行融资限额也为2000万美元。虽然按照条例A+的发行,需要披露不少财务信息,还需要经过SEC的审查批准,需要耗费不少的成本,但相对融资额度来说,这些成本也就相对可以忍受了。

(2)允许公开宣传:原来条例A就允许公开宣传,本来是最为适合众筹融资的豁免制度,但因为不能排除州法的监管,导致条例A的发行必须去各州注册,增加了发行成本。在条例A+下,第一层级的发行虽然不能排除州法监管,仍然需要去各州注册,但因为发行限额提高到了2000万美元,发行成本相对也就降低了。第二层级的发行则可以排除州法监管,但对投资人有资质限制或者投资额度限制,对于通过互联网融资的众筹模式来说,这也许存在部分困难,但应该也不是大问题,一些平台应该可以通过帮助发行人识别投资者来解决这一问题。

因此,条例A+通过之后,一直被业界视为可能是众筹的一条新道路。

三、SEC对规则504的修改与废除规则505

2015年10月30日,SEC发布《便利州内和区域性证券发行的豁免规则》的文件,对规则147和规则504、505提出修改建议,公开征求意见。

---

[1] Samuel S. Guzik, "Regulation A+ Offerings—A New Era at the SEC", *The Harvard Law School Forum on Corporate Governance and Financial Regulation*, 2014.

2016年10月26日，SEC正式发布该规则，对规则147与规则504、505作出修改。对规则504的修改，于2017年1月20日生效；对规则505的废除，于2017年3月22日生效。对规则147的修改，参见本书第七章的讨论。本部分主要介绍对规则504与505的修改。

SEC对规则504的修改则非常简单，主要是两条：(1)将限额提高到500万美元；(2)适用"坏人规则"，即对某些发行人因为消极条件，不允许其适用规则504的豁免。[1]

500万美元是1933年《证券法》第3(b)(1)条允许豁免的最大金额。从1988年，SEC将规则504的豁免金额从50万美元提高到100万美元之后，SEC虽然多次修改规则504，但对豁免金额却一直没有再次提高。这次提高是多年经济发展之后SEC的积极应对。据说，按照通货膨胀调整之后，1988年的100万美元相当于现在的200万美元，但SEC并没有止步于根据通货膨胀的调整，而是大幅度增加豁免金额至法律允许的最高额度，其目的还是为了方便小企业融资。

SEC认为，对规则504豁免额度的提高，将有助于增加各州证券监管者的监管灵活性，各州证券监管者可以设置其本州的发行额度，以及是否需要增加额外的监管要求。同时，其也有助于促进各州在地方性证券发行中，发展合作注册制度。

同时，SEC宣布废除规则505。原来规则505规定的是对于12个月内发行不超过500万美元的，只要其发行对象为获许投资者，如果是非获许投资者，则不超过35人，就豁免其注册，也是一个小额豁免制度。不过，从实际来看，该豁免制度适用的情况并不多。一旦规则504的豁免金额也提高到了500万美元，SEC认为规则505就丧失了存在必要，因此干脆就废除了它。

其实，SEC本来也考虑过同时提高规则505的豁免金额，例如提高到1000万美元，但因为规则506对于豁免金额根本就没有限制，同时规则506(c)又允许发行时公开宣传，只需要保证最终购买人是获许投资者即可，这使得即使提高规则505的豁免金额，可能也没有多大用处。

从图6-2可以看出，从1992年至2015年期间，条例D下的三个豁免制度的适用情况，其中规则506(b)的适用数量最多，虽然2001年互联网泡沫破灭和2008年金融危机造成发行数量下降，但很快又增长起来。而

---

[1] 请参见本书第五章第二节的关于"坏人规则"的介绍，具体见第151—152页。

规则504和规则505的发行则一直下降,2015年的发行数量只有1993年的四分之一。其中,规则504的发行曾经在1999年达到高峰(该年修改规则504,对公开劝诱和证券转售作出限制),但此后就急剧下降。规则505则下降得更为厉害。至2015年,规则504的发行只占条例D的所有新增发行数量的4%,规则505的发行则不足1%。

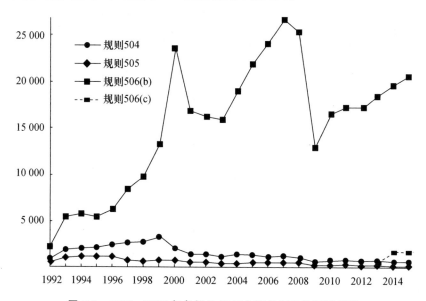

图6-2 1992—2015年条例D下三个豁免制度的适用情况

四、条例A+发布后的初步效果

条例A+自2015年3月颁布,同年6月19日已经正式生效,至今已经运行一年多,其效果如何,大家都颇为关注。

2016年11月,SEC工作人员发布了条例A+实施效果的研究报告。[1]报告统计了自2015年6月19日条例A+生效以来,至2016年10月31日的所有条例A+下的发行数据。从数据来看,效果应该还是不错的。

1. 条例A+的发行

统计表明,在这一期间提出条例A+发行申请的有147起,申请发行

---

[1] Anzhela Knyazeva, "Regulation A+: What Do We Know So Far?", https://www.sec.gov/dera/staff-papers/white-papers/18nov16 _ knyazeva _ regulation-a-plus-what-do-we-know-so-far.html.

的金额总计 26 亿美元。获得批准的合格发行有 81 起,其中第二层级发行占获批项目的 60%。这 81 起发行实际募集金额为 1.9 亿美元,平均每起发行额度为 1800 万美元。

这 147 起发行申请是由 145 家企业提出的,其中第一层级的发行申请有 72 起,占比 49%,第二层级的发行申请有 75 起,占比 51%,看起来差不多。不过,从批准的合格发行数量来看,两者的差距还是比较大的。批准的合格发行总计有 81 起,其中第一层级的发行有 33 起,占 41%,第二层级的发行有 48 起,占比 59%。

从发行金额来看,不同层次发行的金额占比相差比较大,在发行申请中,第一层级发行申请发行金额占比只有 27%,第二层级发行申请金额占比 73%。在批准的合格发行中,第一层级发行金额占比进一步降低,只有 15%,第二层级发行金额占比达到了 85%。

表 6-4 发行金额[1]

Panel A:所有发行	All	Tier 1	Tier 2	Diff.
总发行金额(百万美元)	$2,633	$701	$1,932	
占比	100%	27%	73%	
发行数量	147	72	75	
占比	100%	49%	51%	
发行人数量	145	70	75	
占比	100%	48%	52%	
中位数(百万美元)	$14	$6	$20	$14
平均金额(百万美元)	$18	$10	$26	$16
Panel B:经批准的合格发行	All	Tier 1	Tier 2	Diff.
总发行金额(百万美元)	$1,463	$222	$1,241	
占比	100%	15%	85%	
发行数量	81	33	48	
占比	100%	41%	59%	
发行人数量	79	31	48	
占比	100%	39%	61%	
中位数(百万美元)	$10	$5	$20	$15
平均金额(百万美元)	$18	$7	$26	$19

[1] Anzhela Knyazeva, "Regulation A+: What Do We Know So Far?", https://www.sec.gov/dera/staff-papers/white-papers/18nov16_knyazeva_regulation-a-plus-what-do-we-know-so-far.html.

不过，尽管没有更为详细的数据，我们有理由相信有相当多的发行人虽然发行金额低于 2000 万美元，但仍然选择了第二层级的发行，尽管第二层级发行对披露文件、投资者资质等都有所限制。从表 6-4 中的数据来看，147 起发行申请中，平均每个项目的融资额度为 1800 万美元，但这个数据可能是高估的，因为按照中位数平均值计算，每个项目的融资额度只有 1400 万美元，更进一步的数据揭示，所有第二层级发行申请的中位数平均值，是 2000 万美元。也就是说，有相当数量的发行申请拟发行的金额并没有超过 2000 万美元，但仍然选择了第二层级的发行。从批准的合格发行来看，实际上也是如此，81 起实际发生的条例 A+ 发行，中位数平均值每个项目金额是 1000 万美元，不过，第二层级发行的中位数平均值还是 2000 万美元。

这一数据表明发行人更倾向于第二层级的发行，这可能主要是因为第二层级的发行可以排除州证券注册，虽然在信息披露上有更多要求，但也极大减少了发行成本。两害相权取其轻，不少发行人最终还是选择了第二层级发行，尽管其融资金额并没有超过 2000 万美元。

2. 发行程序

在条例 A+ 下，发行人仍然需要向 SEC 提出发行申请材料，其中包括初步的发行说明书（draft offering statement，DOS）；SEC 官员对这些材料进行审查后，可以提出意见，当 SEC 审查满意之后，发布合格通知（notice of qualification）。只有条例 A 的发行说明书合格之后，发行人才能正式销售证券。

```
                试水（可选择）
   ┌─────────────────────────┐
───┴───┬────┬─────┬─────┬────┬─────┬────→
 非公开  公开提  审核反馈  合格生效  开始发行  发行结束  持续报告
 提交申请 交申请  与修正                          （第二层级
 （可选择）                                      发行适用）
```

原来条例 A 的审查时间平均需要 200 多天，按照 GAO 的报告，从 2002 年到 2011 年，SEC 对条例 A 申请的审查合格的时间平均为 228 天，从 2012 年到 2014 年，平均审查时间超过了 300 天。这也一直是大家诟病条例 A 增加成本的一个理由。

按照 SEC 工作人员的这份报告，在条例 A+ 程序下，虽然流程差不多，但速度已经提高很多：目前这些批准的合格发行申请，平均审查时间只有 78 天。

3. 发行成本

SEC的最新报告也粗略计算了一下条例A＋的发行成本：其中律师成本的中位数平均值为4万美元，如果仅计算批准的合格发行的话，则为5万美元。审计成本的中位数平均值为1.5万美元（批准的合格发行与此相同）。中介费用的中位数平均值为15万美元，如果仅计算批准的合格发行的话，则为10万美元。

4. 小结

从发行数量上来看，条例A＋的实施应该还是成功的。在报告统计期16个月内，有147起发行申请，81起批准的合格发行，而此前2012年至2014年，在条例A下只有26起合格发行，平均每年不过8—9起。SEC自己在报告中说，在条例A＋生效前的500天里，一共有70起发行申请，拟发行金额2.18亿美元，但只有16起合格发行，发行金额为460万美元。

换句话说，发行申请数量翻了1倍，批准的合格发行数量则翻了4倍，大大增加了实际的发行数量。

按照一般估算，发行成本为发行金额的10%是比较合适的。从这个角度来说，每个条例A＋发行申请的中位数平均成本超过20万美元，而每个项目的发行金额为1800万美元，发行成本只占发行金额的1%多。

这样看起来，条例A＋的设计应该还是成功的。

5. 条例A＋与众筹

尽管从实际效果来看，在条例A＋生效一年多来，适用条例A＋的发行申请和经过批准的发行数量都有所增加，但采用网络做条例A＋的发行却很少，使得大家期望的采用条例A＋的众筹道路至今还没有被广泛采用。

SEC的研究报告发现：确实有一些条例A＋的发行使用了证券中介机构，包括承销商和券商等，但中介参与的程度不大。按照统计，条例A＋的发行申请中使用承销商的比例只有18%，实际批准的发行中使用承销商的比例更是只有10%。换句话说，条例A＋的发行多数是发行人自己直接发行。SEC推测其原因是条例A＋的发行金额不高，承销费用的绝对值也就不大，不足以吸引市场上多数承销商。

同时，SEC的研究报告发现：虽然有些网站汇聚条例A＋发行的信息，提供信息服务，但条例A＋直接通过网站发行的几乎没有。SEC的报告认为，这主要是因为网站平台如果直接为发行提供服务，可能构成从事证券业务，需要注册为券商（broker-dealer）。虽然 SEC 在《众筹条例》中豁免了集资平台的券商注册，但条例 A+中却没有此类豁免。

不过，未来在《众筹条例》下注册为集资平台的网站，能否同时帮助发行人做条例 A+的发行？或者，条例 A+的发行是否还有其他利用互联网发行的方式，SEC 的报告也说还有待进一步观察。

第三节　中国如何借鉴小额豁免制度

一、中国也需要小额豁免制度

中国现行证券法上并没有规定小额豁免制度。按照《证券法》第10条的规定，任何公开发行证券的活动，都必须符合法定条件，由证券监督管理部门依法定程序予以核准。

从实践来看，中国目前首次公开发行证券的成本也相当高昂。按照最近几次首次公开发行企业披露的文件来看，发行费用（扣除承销费）一般也高达600—800万元人民币。

以最近在深圳中小企业板首次公开发行并上市的新宏泽为例。公司于2016年12月20日首次公开发行股份，发行2000万股，发行价格为8.09元/股，筹集资金16180万元（1.6亿）。按照《招股说明书》的披露，其发行费用概算为4107.58万元，其中承销、保荐费用2300万元，申报会计师费用830万元，律师费用450万元，用于本次发行的信息披露费、上网发行及材料制作费用527.58万元。[1] 扣除承销保荐费用，固定的发行费用达1807.58万元人民币！

这个费用看起来太高了，这还是在中小企业板块的发行啊！

另一家同时在中小企业板发行的和胜股份的招股说明书披露，承销费用2000万元，律师费用127万元，审计费用155万元，用于本次发行的信息披露费用279万元，发行手续费用37.6万元。不算承销费，固定发行费用也在598.6万元，将近600万元。[2]

---

[1] 参见《广东新宏泽包装股份有限公司首次公开发行招股说明书摘要》（2016年），第17—18页。
[2] 参见《广东和胜工业铝材股份有限公司首次公开发行股票招股意向书摘要》（2016年），第23页。

单独为创业企业和小企业开设的创业板,发行成本是否会下降?看一下最近IPO的熙菱股份。熙菱股份于2016年12月23日公开发行,拟发行2500万股,发行价格为4.94元/股,拟募集资金12350万元。招股说明书披露,发行费用为3115万元,其中承销保荐费用2300万元,审计费用300万元,律师费用105万元,用于本次发行的信息披露费用350万元,发行手续费及其他60万元。[1]扣除承销费的固定成本也在805万元。

显然,对于中国企业来说,如果融资额度不大,正规的公开发行之路也是走不通的。融资成本如此高昂,创业企业和小企业根本无力支付。

中国的证券发行制度中也需要小额豁免制度。

二、中国如何建立小额豁免制度

迄今为止,中国现行《证券法》中并无小额豁免制度。2015年提交第一次审议的《证券法修订草案》中曾经有过一个类似小额豁免的条款,其中第14条规定:"通过证券经营机构公开发行证券,募集资金限额、发行人和投资者符合国务院证券监督管理机构规定的条件的,可以豁免注册或者核准"。[2]

但随着2015年下半年的股灾等事件发生,《证券法》修订工作进展迟缓。小额豁免制度如何纳入证券法?是否应当结合通过网络众筹的模式一起进行?

相关讨论请见本书第八章第二节。

---

[1] 参见《新疆熙菱信息技术股份有限公司首次公开发行招股说明书》(2016年),第28页。
[2] 《中华人民共和国证券法(修订草案)》全文(2015年4月20日人大审议版),http://www.financialservicelaw.com.cn/article/default.asp? id=4777。

第七章 区域性众筹——州内众筹豁免制度

第七章 区域性众筹——州内众筹豁免制度

中小企业融资的困难一直困扰着各国立法者，特别是2008年金融危机以来，中小企业的融资难问题有进一步加剧的趋势。

一个研究报告发现：从2008年至2011年，小企业获得的银行贷款累积金额下降了1000亿美元。同时，该报告还发现：2012年，只有不到三分之一的小企业报告说其获得了银行贷款。[1] 美国联邦存款保险公司（FDIC）在一份2015年12月的报告中说，由其承保的存款机构向小企业发放的总额在100万美元以内的贷款，总量只有6060亿美元，比2008年6月的数据要低15%，不过比2014年12月的数据要高2%。[2]

正是在这个背景下，美国两党才通力合作，国会两院迅速立法通过了《JOBS法》，试图通过便利中小企业的融资，促进创业和增加就业。该法第三章命名为《众筹法》（Crowdfunding Act），即希望能够在证券法中设置众筹豁免，以帮助中小企业利用互联网新技术融资。

但是，SEC对此却一直拖延。

因为某些原因，SEC并没有积极参与2012年的《JOBS法》起草工作，导致的结果就是在SEC没有参与下，《JOBS法》对证券法作出了重大修改。这些修改意味着国会对SEC的工作并不满意：SEC多年来的工作就是便利企业融资、促进市场诚信和保护投资者，而小企业作为经济的主要发动机，却一直融资不畅。本来SEC的积极参与也许可以有机会对证券法作出彻底修改（holistic overhaul），但SEC没有参与《JOBS法》起草的过程，导致的结果是国会对证券法的修改留下了满是漏洞的补丁（hole-istic）。[3]

以众筹豁免为例，很多人都认为是没有经过仔细考虑的立法，实践效果可能也不会好。实际上，第三章《众筹法》所设置的这个豁免，企业融资金额被限制在100万美元以下，但还需要履行那么多的信息披露义务（50万—100万美元的众筹发行，需要提交经过审计的财务报告，以及还需要

---

[1] 参见 The Kauffman Foundation, "2013 State of Entrepreneurship Address" (Feb. 5, 2013), available at http://www.kauffman.org/~/media/kauffman_org/research%20reports%20and%20covers/2013/02/soe%20report_2013pdf.pdf.
[2] 参见 "Federal Deposit Insurance Corporation, Statistics on Depository Institutions Report", available at http://www2.fdic.gov/SDI/SOB/.
[3] 这是某学者调侃的说法，参见 Samuel S. Guzik, "Regulation A+ Offerings—A New Era at the SEC", *The Harvard Law School Forum on Corporate Governance and Financial Regulation*, 2014.

履行定期报告义务)。投资者的人数没有限制,也没有资质要求,任何公众都可以参与。发行人可以通过互联网平台向公众公开宣传,所披露的信息不需要经过 SEC 或者州证券监管者的审查。

当时的 SEC 主席就认为股权众筹的概念与 SEC 保护投资者的责任之间是不协调的,所以当股权众筹豁免出来时,其与 SEC 一贯以来的政策相冲突,也就不令人惊奇了。

尽管 2013 年,更换了新主席 Mary Jo White 之后,SEC 开始积极行动试图实现国会的立法意图,但毕竟弯绕的太大,《JOBS 法》捅出来的窟窿太多,如何既能与过去的立法相协调,同时又能实现国会立法意图,是个麻烦的事情。

可能正是这个原因,导致 SEC 对《JOBS 法》中的立法要求一拖再拖。《JOBS 法》第三章的众筹立法,需要 SEC 通过颁布条例来实施。《JOBS 法》要求 SEC 在法律颁布之后 270 日内就此立法,而实际上 SEC 整整拖了将近四年才完成这项工作:在《JOBS 法》规定的最后期限一年之后,2013 年 10 月 23 日,SEC 才发布了众筹条例草案,公开征求意见;然后又过了两年,2015 年 10 月 30 日,SEC 才终于发布了正式的《众筹条例》,该条例最终于 2016 年 5 月 16 日全部生效。

在这个漫长的过程中,不但 SEC 受到了各方指责,一些地方政府也等不及 SEC 的拖延,开始积极自发行动,试图通过州内立法,解决本地中小企业的融资困难,这就是所谓的州内众筹豁免制度(Intrastate Crowd-funding Exemption)。

最早颁布州内众筹立法的是堪萨斯州。2011 年 3 月,堪萨斯州证券委员会颁布了《堪萨斯投资豁免法》(the Invest Kansas Exemption),佐治亚州(Georgia)紧随其后,在当年 11 月也颁布了自己的豁免规则。据北美证券监管者协会(NASAA)统计,截至 2016 年 5 月 20 日,已经有 33 个州和哥伦比亚特区(the District of Columbia)颁布了州内众筹的豁免规则。同时,其他州还在讨论和商议过程中,只有 3 个州已经明确声明不会就众筹立法。

实际上,从 NASAA 的统计来看,州内众筹豁免并没有得到广泛的适用:自 2011 年堪萨斯州颁布众筹豁免规则以来,5 年期间,在颁布了众筹豁免规则的各州提出申请众筹豁免的,只有 179 个项目,截至 2016 年 7 月,其中 166 个被批准和完成。

这说明州内众筹豁免规则还存在种种障碍。但 2016 年 10 月,SEC

再次颁布新规则,宣布对州内发行豁免制度作出重大修改,同时修改了小额豁免的规则504,其目的就是要便利州内众筹豁免制度的适用,便利中小企业在本地融资。

因此,本章主要解释美国各州颁布的众筹豁免规则,讨论这种地方性众筹如何可能。

第一节 蓝天法:美国联邦与州在证券监管上的分工

美国是一个联邦制国家,由各州组成,除了在宪法中交付给联邦政府的权力外,各州保留自己的权力。因此,理论上,只要在美国联邦宪法中没有明确规定的权力,都保留在州层面。

多年来,随着美国联邦政府权力的扩张,联邦的权力越来越大。虽然1933年以来,美国联邦在证券领域进行了一系列立法,包括1933年《证券法》、1934年《证券交易法》、1940年《投资公司法》和《投资顾问法》等,并于1934年建立了专门的证券监督机构——美国证券交易委员会(SEC),但各州并未完全放弃其证券领域的监管权。在1996年之前,证券发行不仅仅要在SEC进行联邦注册,还需要同时在发行所涉及的各州注册。这带来了巨大的发行成本。

1996年,美国通过《全国证券市场改善法》(National Securities Markets Improvement Act,NAMIA),扩张了联邦在证券监管上的权力,在IPO等领域排除了州法监管,但仍然没有解决问题,尤其是针对小企业融资的那些小额融资和私募融资。

一、美国各州的证券监管——蓝天法

1. 蓝天法概况

在19世纪末期,随着公共事业企业和矿业企业的公开融资,证券发行活动也兴盛起来,美国中部各州居民面临来自发达东部各州证券销售商的推销和诱惑,其中欺诈盛行,淳朴的中部居民损失不少。

1911年,堪萨斯州率先立法,要求在本州发行证券必须经过州监管机构的批准,销售证券者需要获得特许。"蓝天法"的名字就来自于此——据说,堪萨斯州立法就是要打击那些"试图将盖在蓝天里面的房子优惠地卖给你"的推销者。很快,以堪萨斯州证券法为模板的蓝天法为其

他州所仿效。

1917年,美国联邦最高法院在一系列判决中支持了密歇根、俄亥俄等州证券法的有效性,认为其不违反《联邦宪法修正案》第14条,也不构成对跨州贸易的不当阻碍(unduly burdened interstate commerce)。[1]

因此,当1933年美国联邦开始证券立法的时候,各州已经普遍制订了各自的蓝天法。但蓝天法的困难在于只能适用于本州内发生的证券发行和交易活动,无力对跨州的证券发行和交易进行监管,这就造成了巨大的漏洞,为联邦立法创造了条件。但1933年之后的联邦证券立法并未排除州证券法的适用,直到1996年之前,各州的证券法都充分发挥了监管作用。

各州制定的证券法有所不同,目前比较普遍适用的模板是1956年州法统一委员会和美国律师协会联合制定的《统一证券法》(Uniform Securities Act),为36个州所采用,其他州也部分采用了其内容。《统一证券法》主要分四个部分,前三个部分分别是反欺诈、券商监管和证券注册,最后一部分是定义、豁免等相关条款。

反欺诈部分主要有两个条款:(1)宣布一切与证券买卖相关的欺诈活动违法;(2)禁止证券投资顾问活动中的欺诈活动。

券商监管则要求所有证券自营商、经纪商和投资顾问都要在州监管机构进行年度注册,注册券商和投资顾问需要保持最低资本金和缴纳保证金,并遵守账户管理、财务报告等要求。

最为重要的是第三部分,证券注册。该部分规定:除非满足豁免条件,所有在该州发行和销售的证券都必须事前注册。注册有三种方式:通知注册、合作注册和实质注册。

(1)通知注册(registration by notification)。发行人要想适用通知注册,必须满足下列条件:A. 发行人已经持续运营至少5年,在此前三年没有在任何优先证券上违约,三年平均净利润(average net earnings)达到其普通股的5%;B. 如果发行人销售其已经发行的股份,则不需要符合上述条件。

在通知注册下,申请文件中要求披露的内容比较简单,并且申请一旦提交,除非州监管当局宣布拒绝注册,将在提交后的第二个工作日下午自

---

[1] Hall v. Geiger-Jones Co., 242 U.S. 539 (1917); Caldwell v. Sioux Falls Stock Yards Co., 242 U.S 559 (1917); Merrick v. N.W. Halsey & Co., 242 U.S. 568 (1917).

动生效。

（2）合作注册（registration by coordination）。合作注册主要适用于那些已经在联邦按照1933年《证券法》注册的发行人，发行人只需要将在联邦注册的申请材料同时提交给州监管者，除非州监管者主动拒绝注册，则该注册与联邦注册同时生效。

（3）实质注册（registration by qualification），主要适用于那些不能满足上面两个条件和其他豁免条件的发行人。这个注册程序是州证券监管中比较正式的程序，发行人必须提交州证券法要求的所有申请材料，满足州监管者对发行条件的要求，才可能获得州监管者的批准，在该州发行证券。该程序中要求披露的信息内容很多，注册也不会自动生效，必须等待州监管者的批准后才能生效。

2. 州法的实质监管（merit regulation）

与联邦证券法采用强制信息披露作为主要监管手段不同，州证券法奉行的是实质监管理念。所谓实质监管，并没有统一界定，主要授权监管者基于公平原则可以拒绝证券注册。

按照美国律师协会州证券监管委员会的总结，所谓实质监管就是授权州的证券监管者可以拒绝证券发行注册，除非他们认为发行和相关交易在实质上满足下列要求：(1)确保了推销人与公众投资者的关系公正；(2)并且使公众投资者承担的风险与回报合理匹配。

尽管并非所有州都采用了实质监管的审查方式，但仍然有很多州坚持这一原则，这使得发行人仅仅充分披露信息是不够的，监管者还会对发行的证券、发行条件、发行人的业务进行审查，以确定其是否满足一些正式或者非正式的发行条件，以及对公众来说，证券是否风险过高，整个交易是否"公平、公正和合理"（fair, just and equitable）。[1]

因此，在严格实行实质监管的州，州监管者可能因为发行价格过高而拒绝发行注册；或者因向公众发行的证券所附投票权受到了不公平限制，甚至因为主承销商在发行中收取的承销费过高，州监管者拒绝发行注册。[2]

这种实质监管给发行人带来了很大的不确定性。在理论上，对证券

---

[1] Marc L. Steinberg, *Understanding Securities Law*, sixth edition, Matthew Bender & Company Inc., 2014, p.153.

[2] 同上。

监管应当采用实质监管方法还是强制信息披露监管方法,一直存在很大争议。历史上,各州的蓝天法尽管采用实质监管的方式,仍然没能阻止1929年的股市大崩盘。1933年开始的联邦证券立法最终放弃了实质监管的思路,采取了强制信息披露的监管哲学。但实质监管的支持者认为,1920年代盛行的证券欺诈,是因为各州实质监管受到了监管边界限制导致的——跨州证券发行和交易,超出州证券法监管的范围。

不过,州法这样严格的监管,对某些产业或者某些阶段的公司融资非常不利。例如生物科技行业(biotechnology),就因为在早期不能产生现金流而无法得到某些州的发行许可,一些高科技公司如果发行价格高于某些标准,也会被一些州禁止发行。

比较典型的是1980年,马萨诸塞州禁止了苹果公司的股票发行,因为监管者认为,相对于苹果公司当时的利润和账面价值,每股22美元的发行价格太高了。结果苹果公司不得不被迫撤回了在马萨诸塞州的发行,最终只向27个州发行股票。

二、联邦法优先

美国1933年《证券法》第5条规定的是:所有证券交易,除非满足豁免条件,都必须在SEC注册,否则非法。按照该规定,一项证券发行,如果不能适用联邦证券法的某项豁免,就必须在SEC注册。而如果州法并没有被排除,则该项发行就必须进行双重注册:在联邦SEC注册,同时还需要在发行所涉及的各州分别注册。可想而知,这会给发行人带来巨大的发行成本。同时,考虑到有些州实行实质监管,发行人在该州的发行还可能因各种原因被拒绝注册,不得不撤回在该州的发行。就像苹果公司当年的遭遇一样。

实践中,各州基于种种原因,也对此有所考虑。例如,《统一证券法》提出的合作注册模式,就被不少州所采纳:在SEC进行了正式注册的证券发行,只需要将相应文件同时提交给发行所涉及的州,同时附加某些州特别要求的额外材料,即可满足注册条件。但这种方式有很大的局限性:首先,只有部分州采纳了这一制度,并不是所有州都接受合作注册;其次,这种方式只能适用于那些在联邦正式注册发行的证券,对于那些在联邦已经取得豁免的证券,则无法适用。例如,私募发行的证券,可能满足联邦证券法的条件,在SEC可以豁免注册,但却仍然必须在发行所涉及的州注册,发行人因此面临巨大的成本。

1996年,美国国会通过了《全国证券市场改善法》(National Securities Markets Improvement Act, NAMIA),试图解决联邦证券法和州证券法的适用顺位问题。该法主要修改了1933年《证券法》第18条,确认在满足该条的情况下,"监管证券"(covered securities)可以排除州法的适用,监管证券的发行和交易也就不需要在州的层面进行注册。

按照1933年《证券法》的定义,监管证券主要包括四类:

(1) 已经和准备在纽约股票交易所、美国证券交易所和纳斯达克上市的证券;以及在SEC认为其上市条件和纽约股票交易所差不多的全国性证券交易所上市的证券;

(2) 在SEC注册的投资公司所发行的证券;

(3) 向合格购买人(qualified purchasers)销售的证券,合格购买人将由SEC基于公共利益和投资者保护的考虑而针对不同类型的证券制定不同的标准;

(4) 某些联邦豁免注册下发行的证券,这些豁免包括:1933年《证券法》第4条下的(1)(2)(3)和(4)项,以及第3(a)条下的(4)(10)(11)项。

不过,第18条只排除了这些监管证券在州层面注册的要求,州监管者仍然可以要求这些证券的发行人向其提交发行通知,并缴纳相关注册费用,以及州法中的反欺诈条款仍然可以适用。

应该说,1996年NAMIA法的适用,明确了对州法的排除条件,有利于公开注册发行和大企业融资。对于小企业来说,其在联邦层面注册已经力不从心,往往需要寻求各种豁免才能顺利融资,但小企业能够适用的这些豁免,在1996年法中却并没有被排除州法适用,例如条例A、规则504等。因此,有学者说:对小企业来说,NAMIA基本上什么也没有改变。当小企业试图通过发行融资时,各州仍然为其融资增加了额外的负担。[1]

三、州内发行豁免

按照证券法理论,对于一些区域性的证券发行,应当给予注册豁免。这种豁免的理由是:同处一地的投资人对发行人比较熟悉,获取信息也比较方便;而且本地的发行人可能规模较小,不能承担去联邦注册的成本,

---

[1] Campbell, "The Impact of NSMIA on Small Issuers", 54 *Business Lawyer* 575, 583 (1998).

因此,交给本地监管者监管即可。

1.《证券法》第3(a)(11)条

美国《证券法》在第3(a)(11)条规定了州内发行豁免,即是这种区域豁免的表现,具体内容为:当任何证券的发行和销售对象都是本州居民,而发行人也是本州居民,并在本州从事业务时(如果是公司等组织,则注册在本州并在本州从事业务),该等证券可以豁免注册。[1]

从该条的表述可以看出,要适用该条豁免,必须满足三个条件:发行人必须是本州居民并在该州从事业务;投资者必须是本州居民;证券转售时对象也应该是本州居民。

发行的对象必须为本州居民,这是该条的硬性要求。向任何一个外州居民发行,都可能导致不符合该豁免条件,不能适用该豁免。但美国并没有所谓的户籍制度,如何确定投资者的居民身份是一个问题。SEC曾经采用了定居(domicile)的概念,即看投资者选择在哪个州长期居住。这一标准有很大的主观性,为发行带来很大的不确定性。

发行人不但必须是本州居民,还必须在本州从事业务。发行人是否为本州居民,这可以看公司的注册地,比较容易确定。对于从事业务,一般解释是企业的主要业务应当在本州,并不需要全部业务都在州内。不过,主要业务要求的范围有多大,并不明确。

对于转售限制,则一般解释并不完全禁止向外州居民销售,毕竟美国没有户籍制度限制,投资者跨州流动也非常频繁。因此,此处的转售限制主要是要求发行时投资者必须为本州居民,这些投资者必须持有证券一段时间,等待该证券在该州落定(come to rest),才可以向外州居民转售。在这段期间内,投资者只能向本州居民转售。这段期间应当多长?SEC曾经认为1年比较合适,但法院并不一定同意,在一个判例中,法院认为投资者持有7个月就符合了本条要求。[2] 因为法律对转售限制期间没有明确规定,也带来很大的不确定性。

2. 规则147(修订前)

为了消除本条豁免在适用中的各种不确定性,1974年,SEC颁布了

---

[1] Section 3(a)(11): Any security which is a part of an issue offered and sold only to persons resident within a single State or Territory, where the issuer of such security is a person resident and doing business within or, if a corporation, incorporated by and doing business within, such State or Territory.

[2] Busch v. Carpenter, 598 F. Supp. 519 (D. Utah. 1984).

规则 147，作为本条适用的"安全港"规则，对上述规定模糊的地方作出明确规定。不过，规则 147 只是安全港规则，发行人即使不符合规则 147 的条件，也仍然可以适用第 3(a)(11)条，只是其必须证明其满足了第 3(a)(11)条的上述三个条件。

规则 147 遵守第 3(a)(11)条的规定，对发行金额和投资者人数没有限制。其主要功能是提供了客观标准的条件，只要遵守这些条件，SEC 就承认该发行符合第 3(a)(11)条的要求，可以获得联邦的发行注册豁免。

对于投资者是否为本州居民，规则 147 采用了主要住所的概念，相比定居，主要住所是一个客观标准，同时，规则 147 要求投资者只需要在发行和销售证券的当时满足主要住所在本州的条件即可。

对于发行人的条件，规则 147 要求发行人必须是本州居民并在该州从事业务。对于如何界定在本州从事业务，规则 147 规定了四个条件：（1）企业的主要部门（principal office）位于该州；（2）企业总收入的 80% 必须来自在该州从事的业务或者提供的服务；（3）企业财产的 80% 位于该州；（4）企业发行筹资的 80% 必须在该州运用。

对于转售限制，规则 147 规定，发行人完成发行 9 个月后，投资者才可以向外州居民转售证券，在此之前，投资者只能向本州居民转售。发行人应当采取必要措施防止投资者从事不合法的转售活动。这些措施包括：向所有发行对象发送纸质的转售限制警告；在证券上贴上转售限制标签；要求所有证券购买人都声明自己为本州居民等。

《证券法》第 3(a)(11)条和规则 147 是区域发行豁免，同时排除了州法的监管适用，本来应该是较为合适的小企业融资渠道。但第 3(a)(11)条的条件模糊不清，充满了不确定性，而规则 147 的规定极为严格，特别是对于发行人三个 80% 的要求，发行人必须同时满足，极大限制了该规则的适用范围。

因此，对于小企业融资来说，州内发行豁免并不是一个畅通的渠道。

第二节 州内众筹豁免制度

一、州内众筹的兴起和现状

美国各州肩负促进地方经济发展的任务。它们逐渐认识到小企业在促进地方经济发展和就业方面的重要性。美国中小企业局的研究报告表明：1970年以来，小企业提供了55％的工作和60％的新增工作机会。但2007年以来的经济危机严重打击了小企业，从2007年至2010年2月，小企业提供的工作机会减少了60％。经济危机对小企业打击的一个重要方面就是导致了小企业的融资困难加剧。研究报告发现：从2008年至2011年，小企业获得的银行贷款累积金额下降了1000亿美元。同时，该报告还发现：2012年，只有不到三分之一的小企业报告说其获得了银行贷款。[1]

与此同时，众筹作为一种新型的融资模式开始兴起。以Kickstarter为代表的回报型众筹平台，成功资助了很多创意项目。截至2016年10月11日，Kickstarter成功筹资的项目已经有113251个，项目承诺的总额约为26.5亿美元。某个项目最高的筹款额甚至达到了千万美元级别。这说明，公众投资者愿意参与对这些创新项目的投资，他们对冒险的兴趣超乎想象。考虑到Kickstarter只能提供与投入不成比例的回报，并且还有很多项目最后并未成功生产出许诺的产品，愿意参与投资型众筹的公众投资者范围可能会更为广泛。因为投资型众筹将提供与风险相匹配的利润回报，而不是象征性的产品。

正是这两个因素的结合，导致在经济危机之后急于促进小企业恢复发展的各州政府对众筹融资模式的建立充满了期望。然而，国会立法行动迟缓。2011年，等不及国会行动的堪萨斯州率先通过了本州的众筹豁免规则，即《堪萨斯州投资豁免法》（the Invest Kansas Exemption）。佐治亚州（Georgia）紧随其后，在当年10月也通过了本州的众筹豁免规则。有意思的是，100年前，正是堪萨斯州在1911年率先对证券立法，发动了蓝天法的立法潮流。

2012年4月，美国国会通过了《JOBS法》，其中第三章规定了众筹豁免规则。不过，SEC在将《JOBS法》的第三章《众筹法》落实为具体规则时，仍然行动迟缓。《JOBS法》要求SEC在法律颁布之后270日内就此立法，SEC则整整拖了将近四年才完成这项工作：在《JOBS法》规定的最后期限一年之后，2013年10月23日，SEC才发布了众筹条例草案，公开

---

[1] See The Kauffman Foundation, "2013 State of Entrepreneurship Address" (Feb. 5, 2013), available at http://www.kauffman.org/~/media/kauffman_org/research%20reports%20and%20covers/2013/02/soe%20r eport_2013pdf.pdf.

征求意见；然后又过了两年，2015年10月30日，SEC才终于发布了正式的众筹条例，该条例最终于2016年5月16日全部生效。

很多州根本等不及 SEC 的行动，纷纷效仿堪萨斯州和佐治亚州的先例，订立自己的州内众筹豁免规则。据北美证券监管者协会（NASAA）统计，截至2016年11月16日，已经有33个州和哥伦比亚特区（the District of Columbia）颁布了州内众筹的豁免规则。同时，还有几个州的众筹立法正在讨论和商议过程中。具体而言：

（1）目前已经立法通过众筹豁免，并已经生效的州有32个（具体参见表7-1）。

（2）已经完成众筹豁免立法，马上就要生效的有：怀俄明。

（3）已经公开征求意见即将颁布最终生效规则的有：北卡罗莱纳，新墨西哥。

（4）2016年正在进行众筹豁免立法的有：加利福尼亚、夏威夷、纽约、俄亥俄、俄克拉荷马。

表7-1 按照时间顺序排列的各州众筹豁免规则颁布和生效时间（月、日、年）

颁布时间	州名	生效时间	州名	生效时间	州名	生效时间
2011年	1. 堪萨斯	8/12/2011	2. 佐治亚	12/8/2011		
2012年	3. 爱达荷	1/20/2012				
2013年	4. 密歇根	12/30/2013				
2014年	5. 阿拉巴马	4/9/2014	6. 威斯康星	6/1/2014	7. 华盛顿	6/12/2014
	8. 佛蒙特	6/16/2014	9. 印第安纳	7/1/2014	10. 哥伦比亚特区	10/24/2014
	11. 得克萨斯	11/17/2014				
2015年	12. 缅因	1/1/2015	13. 马萨诸塞	1/15/2015	14. 俄勒冈	1/15/2015
	15. 密西西比	5/26/2015	16. 南卡罗莱纳	6/26/2015	17. 蒙大拿	7/1/2015
	18. 亚利桑那	7/3/2015	19. 弗吉尼亚	7/31/2015	20. 科罗拉多	8/5/2015
	21. 内布拉斯加	9/1/2015	22. 佛罗里达	10/1/2015	23. 肯塔基	11/6/2015
	24. 田纳西	12/16/2015				
2016年	25. 爱荷华	1/1/2016	26. 伊利诺伊	1/1/2016	27. 马里兰	5/16/2016
	28. 西弗吉尼亚	6/6/2016	29. 明尼苏达	6/20/2016	30. 阿拉斯加	10/16/2016
	31. 新泽西	8/12/2016	32. 特拉华	11/8/2016		
2017年	33. 怀俄明	7/1/2017				

不过,从 NASAA 的统计来看,州内众筹豁免在实践中并没有得到广泛的适用:

自 2011 年堪萨斯州颁布众筹豁免规则以来,截至 2016 年 6 月 2 日,在颁布了众筹豁免规则的各州,提出申请众筹豁免的有 179 个项目,其中 166 个被批准和完成。(一般来说,虽然众筹豁免不需要批准,但如果众筹发行人向州证券监管者提交的发行报告不完备,发行可能被暂时被中止。同时,有些情况下,发行人可能因为有其他豁免制度可以适用或者商业原因,而自愿撤销众筹发行。)

二、州内众筹的具体制度[1]

各州对众筹豁免规则的规定,主要是通过立法完成的。其中比较特殊的是爱达荷州,该州没有颁布众筹规则,而是要求每个众筹项目都必须申请,由州监管者个案决定是否豁免。不过其虽然没有颁布一般性规则,但每个具体豁免批复中的要求和其他州的众筹规则也差不多。因此,本章主要讨论各州众筹豁免制度中的一般性问题。

各州关于众筹豁免规则主要从发行额度、投资限额、信息披露等各个方面规定了一些具体要求。同时,各州的州内众筹豁免规则还需要在联邦证券监管层面获取相应的注册豁免,因此,各州的众筹豁免规则往往以 1933 年《证券法》第 3(a)(11)条和规则 147 条为基础,只有缅因州的众筹豁免规则以规则 504 为基础。所以,我们还会分别讨论规则 147 和规则 504 对州内众筹豁免规则造成的阻碍。

(一)州内众筹豁免的具体要求

1. 发行额度

各州都对众筹发行取得豁免注册提出了发行额度限制。额度限制一方面将这个豁免的利用者限制为小企业和创业企业,另一方面,也是基于

---

[1] 本部分关于美国各州众筹制度的讨论,主要信息来源于以下几篇论文,后文不再一一注明。Matthew A. Pei, "Intrastate Crowdfunding", 2014 *Columbia Business Law Review* 854; Theodore Weitz & Thomas D. Halket, "State Crowdfunding and the Intrastate Exemption Under Federal Securities Laws—Less Than Meets the Eye?" 34 *Review of Banking & Financial Law* 521(2015); Annalise E. Farris, "Strict in the Wrong Places: State Crowdfunding Exemptions' Failure to Effectively Balance Investor Protection and Capital Raising", 38 *Campbell Law Review* 267 (2016); Christopher H. Pierce-Wright, "State Equity Crowdfunding and Investor Protection", 91 *Washington Law Review* 847(2016).

小额豁免的考虑——既是基于成本收益的考量,也是为了控制风险。

各州对发行额度限制的金额并不相同,多数州都将众筹豁免的发行额度限制在 12 个月内 100 万美元。有些州,例如威斯康星州,如果发行人提供经过审计的财务报告,发行额度可以提高到 200 万美元。限制额度最高的州是密歇根州,其规定的众筹额度为 12 个月内 500 万美元,Oregon 也达到 250 万美元。限制额度最低的是马里兰州,只有 10 万美元。

如何计算发行额度,也有不同的方式。一般来说,与联邦只计算众筹类发行的额度不同,各州都规定要将发行人 12 个月内的各类发行都计算在内。不过,很多州规定,向发行人的关系人和控制人(包括董监高和 10% 以上大股东)发行的额度可以扣除,不予计算。威斯康星等州还将来自获许投资者和机构投资者的认购也排除在额度限制之外。

另外,有些州还要求众筹发行人必须在发行时规定最低认购金额,当众筹发行中认购数量不能达到最低认购金额时,发行失败,发行人必须将已经认购的金额退还投资者。更进一步,有些州对最低认购金额有强制的比例要求,例如马萨诸塞州规定,发行人应当设置最低融资额度(不能低于发行人最高融资目标的 30%);在 1 年内达不到该最低融资额度的,就应当将资金退还投资者。

2. 投资限额

为了避免公众投资者过度暴露在投资风险之下,各州都对投资者的众筹投资额度加以限制。不过,与联邦《众筹法》中对投资限额的规定有些不同,各州在投资限额的确定上采取了不同的方法。

首先,多数州明确规定,获许投资者、机构投资者不受投资限额的限制,对其投资额度没有要求。

其次,还有些州规定了固定的投资限额,而不是采用比例方式,明确规定一个金额,不允许公众投资者在每个具体众筹项目中投资超出,但各州限制金额各不相同:佐治亚等州规定的最多,为 1 万美元,马里兰州规定的最少,只有 100 美元。

有些州则参考了联邦众筹立法,对所有投资者按照其年收入的比例限制投资金额:例如,华盛顿和马萨诸塞州规定,投资者年收入 10 万美元以下的,众筹投资的额度限制为年收入的 5% 或者 2000 美元,投资者年收入 10 万美元以上的,投资额度限制为年收入的 10%,最高不超过 10 万美元。

不过,各州在投资限额的计算方式上,与联邦《众筹法》有所不同。各州对投资者众筹投资限额的计算,目前主要按照每个项目来限制,但没有限制投资者一年内总的众筹投资额度。例如,马里兰州虽然极为苛刻,限制每个投资者在每个众筹项目中只能投资 100 美元,但其并没有限制每个投资者能够投多少众筹项目。如果马里兰州的某个居民特别愿意冒险,其完全可以在一年内投资 100 个众筹项目(假如该州有那么多众筹项目的话),在众筹中投资者的投资总额可以达到 1 万美元!

3. 信息披露

各州颁布的众筹豁免规则一般也都规定了发行人的信息披露要求,但一般比联邦的披露要求简单得多。

在堪萨斯州和佐治亚州,发行人只需要提交一份简单的表格,披露他们的名称、证券发行人员的姓名及其服务银行。这些信息披露表格往往只有 1—3 页,发行人不需要律师和会计师协助就能填好。并且这些信息只有在证券发行额度超过 25% 之后或者发行人采取了公开劝诱方式时才会要求提交。

其他州要求的信息披露内容可能更多一些,包括发行人的商业机会以及关于证券更详细的信息。不过,各州都没有要求财务报告经过独立会计或者审计师的审计。

实际上,现在州内众筹规则中要求的披露更像是风险揭示。除了要求发行人简单披露一些关于自身的一般信息外,各州主要要求发行人对众筹发行的风险作出提示,要告知投资者该发行被豁免,没有在联邦或者州注册,证券转售有所限制等信息。

其中,缅因州是披露要求最多的州,不但要披露上面这些信息,还需要披露发行价格、公司的股权结构、估值方法等内容,还需要告知投资者,小股东未来可能面临的风险,例如股权被稀释的风险。

4. 平台要求

有些州对众筹发行是否必须经过网络平台没有要求,例如,堪萨斯州的众筹豁免制度里根本就没有提到网络集资平台,对众筹发行的中介并无要求,发行人可以通过自己的网络平台或者第三方的网络平台做众筹发行,也可以根本不使用网络。

而印第安纳州则强制要求众筹发行必须使用互联网平台。同时,该州还要求作为众筹集资的管道,网络平台必须满足下列条件之一:不能提供投资建议、推销证券、将其费用和职工报酬与发行金额挂钩,或者必须在州或者联邦注册为券商或者集资平台。

还有一些州的众筹规则不但要求众筹必须使用互联网平台，还对平台赋予了各种职责，包括对发行人进行背景调查、控制发行额度和投资额度、进行投资者教育等。

5. 其他要求

多数州虽然豁免注册众筹发行，但一般会要求发行人向州证券监管者提交一份报告。

表7-2 州内众筹与联邦众筹的比较[1]

	州内众筹	联邦《众筹条例》
投资者基础	所有投资者必须为州内居民	所有州的所有投资者
州注册	州证券监管者豁免	排除州法适用
发行人身份限制	发行人必须注册在该州并在该州从事主要业务	不允许外国公司
不允许的发行人	投资公司，报告公司，空壳公司	报告公司，投资公司，投资基金，空壳公司
发行额度限制	各州的限额从10万—500万不等，中位数是200万	不超过100万
证券种类	有些州只允许股票和债券，有些州只允许股票，有些州都允许	任何类型证券
财务报告是否需要经过审计	没有强制要求，很多州要求融资额度超过100万时，应当提交审计报告	融资额度超过50万的众筹发行人，除非是第一次，应当提交审计报告
公开宣传	允许，但只能针对本州居民	允许
投资额度限制	各州不同，有些州限制在2500美元—1万美元，多数州对于获许投资者没有投资额度限制	当投资者年收入或者净资产少于10万美元时，投资额度为2000美元或者5%（择其少者）；当投资者年收入和净资产都超过10万美元时，投资额度为10%，最高不超过10万美元。
转售限制	9个月后才能卖给外州居民，此前只能卖给本州居民	1年转售限制，1年内只能卖给发行人和获许投资者
是否豁免成为报告公司	没有	可以豁免，只要发行人遵守众筹条例规定持续报告

---

[1] 本表格引自 SEC 的报告，略有修正。参见 SEC Release No. 33-10238，Exemption to Facilitate Intrastate and Regional Securities Offerings，2016年。

(二) 州内众筹制度的联邦豁免

各州自行规定的众筹豁免规则只是豁免了众筹发行在本州的证券注册,并无法排除联邦证券法的适用。

在美国联邦制度下,联邦法和州法各自独立,在一个层面取得豁免并不一定意味着在另一个层面也能得到豁免。联邦层面相对比较简单,国会立法授权后,联邦法就可以优先于州法得到适用。因此,1933年《证券法》第18条规定的几类情况,就可以直接排除州的证券注册。但从州的层面来看,各州并无权力立法排除联邦法和其他州法的适用。

换句话说,各州可以通过立法,宣布满足条件的众筹发行可以在本州豁免证券发行注册,但各州并无权在立法中宣布该众筹发行在联邦层面或者在其他州不需要证券注册。而按照1933年《证券法》第5条的规定,任何证券发行和交易获得,如果不能适用联邦证券法的豁免规则,就必须在SEC注册。一旦不能在联邦层面豁免注册,各州对众筹的豁免也就丧失了促进小企业融资的实际意义。

因此,各州在设计本州众筹豁免制度的同时,还必须使其同时也能满足联邦证券法的某项豁免规则,以便同时在本州和联邦都豁免注册。从各州的实践来看,最为常用的联邦豁免注册规则就是州内发行豁免,即1933年《证券法》第3(a)(11)条,以及其下的安全港规则——规则147。但也有一个州,缅因州,选择以规则504作为众筹在联邦取得豁免的依据。下面来分别介绍:

1. 州内豁免制度

联邦证券法中的州内豁免制度是1933年证券法第3(a)(11)条,该条对发行人与投资者的州内属性作出了明确的要求:"任何证券的发行和销售对象都是本州居民,而发行人也是本州居民,并在本州从事业务"。

在该条基础上,SEC颁布了规则147,作为本条的安全港规则,对如何认定发行人和投资者的居民身份作出了相对比较严格的规定。对于投资者是否为本州居民,规则147采用了主要住所的概念。对于如何界定发行人在本州从事业务,规则147规定了四个条件:(1)企业的主要部门(principal office)位于该州;(2)企业总收入的80%必须来自在该州从事的业务或者提供的服务;(3)企业财产的80%位于该州;(4)企业发行筹资的80%必须在该州运用。同时,规则147还要求发行人必须在本州注册。

此外,按照第3(a)(11)条和规则147,州内豁免发行的证券还受到转售限制，规则147明确将转售期间限制为9个月，在发行人发行证券9个月后，投资者才可以将该证券转售给州外居民，此前只能在州内居民之间转让。

2. 规则504

规则504为SEC颁布的条例D中的一个豁免规则，主要是豁免12个月内发行不超过100万美元的小额发行。该豁免规则对投资者的身份没有限制，也没有要求其具有成熟投资经验或者一定财富等资质。该规则只要求发行人不得是报告公司、投资公司或者空壳公司。看起来比较符合小企业的融资需求。

但前面在小额豁免中，我们讨论过，实践中适用该豁免的并不多，这主要是因为在1999年修改后，该规则对公开劝诱和证券转售都有所限制。不过，该规则有个例外规定：只要发行人在某个要求证券注册并且要求公开披露实质性信息的州（the state that provide for the registration of the securities, and require the public filing and delivery to investors of a substantive disclosure document before sale）进行了注册发行，则可以采用公开劝诱的方式，并且对证券转售也没有限制，只要该州证券法允许。同时，发行人只要在该州注册并遵守了该州规定，也可以在那些没有上述规定的州公开发行，并不违反该豁免。

缅因州就利用这个例外规定，专门为众筹发行设计了一套简化的注册程序和信息披露要求，以便满足规则504对州法注册和披露的条件。这样，缅因州的众筹发行就可以利用这套简化的注册和信息披露程序，取得联邦规则504的豁免，而不用受制于规则147对发行人和投资者身份的种种严苛限制。

当然，在缅因州的众筹规则中，仍然要求发行人的主要营业地在本州，虽然并不要求其必须在本州注册，同时，对于公众投资者也限制投资额度最高为5000美元。

不过，规则504中要求的信息披露是"实质性的"（substantive），目前缅因州要求众筹发行人填写的表格只有短短的两页纸，这种做法是否可行，能否满足规则504的要求，还没有经过SEC或者法院的认可。

三、州内众筹存在的问题

尽管各州都非常积极发布各自的众筹豁免规则，但从实际效果来看，并不理想。5年来，只有179个众筹项目申请，实际发行的只有166个。

显然,州内众筹仍然存在一定的制度障碍,消减了众筹发行人的积极性。

州内众筹在运作中存在哪些问题呢?看起来主要问题在联邦的州内豁免规则。因为各州的众筹豁免规则并不统一,差别很大,很难说某些制度不好。如果某州的某项制度不好,其他州与此不同的制度就可能为发行人或者投资者所青睐,得到更多适用。各州参差不齐的规定,恰好可以成为众筹模式的实验室,通过市场竞争,检验出哪些具体的众筹制度更有市场生命力。但各州的众筹豁免制度尽管不同,却都必须遵守联邦证券法中州内豁免规则的限制,否则其州内众筹发行虽然可以免于本州注册,却必须去 SEC 注册,州内豁免也就意义不大了。

按照上面对联邦《证券法》州内豁免条款第 3(a)(11) 条及规则 147 的分析,为了满足联邦层面的豁免注册,州内证券发行和销售的对象必须为本州居民,发行人不但要求是本州居民还必须主要营业也发生在本州。这种严苛的要求,为众筹发行带来了巨大障碍。

首先,要想满足联邦的州内豁免条件,证券发行和销售的对象都必须是本州居民,对于众筹来说,这带来两个问题:

(1) 众筹往往需要通过互联网平台开展融资,但互联网的特征就是没有边界限制,任何人都可以浏览网站观看其上的公开资料。而按照联邦州内豁免规则的要求,向任何一个外州居民要约或者销售证券,即使该州外居民最终并没有购买证券,都可能违反了豁免条件,而丧失适用该豁免规则的资格。SEC 曾经发布过一个解释,允许在州内豁免发行中使用符合州法的第三方网络平台,但要求必须有足够的方法保证不会向州外的人要约。但众筹发行在网站上贴出融资信息(这就构成了要约),如何满足这个条件?这样一来,集资平台网站不仅要限制最终认购众筹证券的投资者身份,还必须对浏览该众筹项目的网民都要限制身份,显然,这会带来巨大的不便,网络传递信息的成本大幅度增加,同时还给发行人带来巨大的风险。

(2) 验证投资者身份本身也是个问题,尤其在互联网场景下。美国没有户籍制度,要想保证投资者必须是本州居民,必须证明投资者主要在本州居住。在众筹情况下,发行人与投资者很可能没有面对面的接触,如何验证投资者的身份?威斯康星州和密歇根州的众筹规则,都要求发行人必须从投资者处获得证据证明其是本州居民,例如驾照或者投票登记证等,对于网络众筹来说,这显然是一件麻烦事。而另外一些州,例如堪萨斯和佐治亚则对发行人应当采取什么步骤确保其符合规则 147,并未作出明确规定。但确保投资者是本州居民,是获得联邦豁免的必要条件,没有明确规定,发行人面临的不确定性风险更大。

其次,联邦的州内豁免规则对于发行人有着更为严苛的要求:发行人不但必须是本州居民,而且要求主要在本州从事业务。发行人是本州居民比较容易确定,只要其在本州注册。但对于什么是主要在本州从事业务,规则 147 则有极为严苛的三个 80% 的标准:(1) 发行人 80% 的财产位于本州;(2) 发行人 80% 的收入来自本州;(3) 发行募集资金的 80% 在本州使用。这些严苛要求极大限制了可以适用州内众筹豁免规则的发行人。

对发行人注册地和主要营业地同一的要求,为很多创业企业带来了障碍。虽然美国公司法是州法,但允许公司的注册地与实际营业地相分离,这就造成了美国各州公司法的竞争。实际上,很多创业企业虽然主要在本地经营,但注册地却选择了其他州,特别是特拉华州。这主要是因为一般认为特拉华州的公司法最为便利,法院对公司纠纷的处理也富有经验,裁决也非常有效率。美国一半以上的上市公司都选择在特拉华州注册。许多创业企业也都注册在特拉华州,除了其公司法好用之外,据说还因为很多风险投资基金(Venture Capital, VC)宣称只投资注册于特拉华州的企业。

州内众筹豁免是希望能够便利本地小企业融资,虽然看起来小企业更多具有本地性,因此有了三个 80% 的标准。但实际上,在市场全国统一的情况下,要求一个企业 80% 的收入或者财产都来自本州,显然标准太高,特别是对于那些经营比较成功的企业。实际上,我们可以想象,很少成功的创业企业能够满足 80% 收入来自本州的条件,因为企业成功来自其产品有巨大的市场,而这个巨大市场不太可能 80% 都位于一个州。

最后的问题则是众筹互联网平台面临的法律障碍。众筹是通过互联网向公众投资者募集小额资金,虽然各州的众筹豁免规则并没有统一要求众筹必须使用互联网平台,但一旦发行人使用互联网平台融资,就会带来两个法律问题。第一个就是前面已经讨论过的,通过互联网平台刊载发行信息,可能构成公开宣传,如果不限制网站浏览人的身份,就很可能违反州内豁免规则。第二个问题则是互联网众筹平台本身的身份。互联网众筹平台为发行人的证券发行提供服务,既可能构成从事了证券承销业务,需要取得券商资质,也可能因为对于众多的项目信息予以推介,而构成从事证券投资顾问业务,需要取得投资顾问的牌照。无论是券商资格还是投资顾问牌照,在证券监管上都必须获得证券监管者的许可,包括联邦许可和州许可。在联邦众筹规则中,强制要求众筹发行必须使用互联网平台,并对平台资格有特别规定,要求其或者是券商,或者在SEC注册为集资平台(funding portal),并加入券商自律组织。同时要求集资平台必须承担一定的监管职责。而州内众筹中的互联网平台,则没有这些规定可以适用,其身份的合法性就成为问题。

第三节 SEC 的修改

各州证券监管者虽然对于众筹热情高涨,纷纷在联邦众筹规则之外另行订立了本州的众筹豁免规则,但就如前文所分析的,在实践中运行并不理想。其主要原因却在于联邦的州内豁免规则限制了州内众筹规则的生存空间。在联邦的州内豁免规则下,州内众筹规则必须遵守投资者和发行人各自的州内居民属性,这导致州内众筹适用范围被大幅度压缩。

因此,各州证券监管者纷纷对 SEC 提出意见,要求 SEC 积极改善小企业融资环境。SEC 于 2015 年 10 月 30 日发布《便利州内和区域性证券发行的豁免规则》的文件,对规则 147 和规则 504 提出修改方案,并公开征求意见。经过一年的意见征求,2016 年 10 月 26 日,SEC 正式发布《便利州内和区域性证券发行的豁免规则》,对规则 147 作出修改,并颁布了新规则 147A;同时,对规则 504 作出修改,并废除了规则 505。其中,对规则 147 的修改和新颁布的规则 147A,将于 2017 年 4 月 20 日生效。

SEC 对规则 147 的修改不多,主要是放松了对发行人主要营业地的认定标准,将原来的三个 80% 标准必须同时满足,修改为只要满足其中一个条件即可。对于争议的发行人注册地与主要营业地不一致的问题,以及通过互联网平台的发行问题,SEC 则通过制定新的规则 147A 予以解决。

同时,SEC 修改了规则 504 下的融资限额,从原来的 100 万美元提高到 500 万美元,还规定对发行人适用"坏人规则"。也因此,SEC 认为规则 505 将因为规则 504 的金额提高而丧失意义,因此宣布废除了规则 505。[1]

---

[1] 对这部分内容的具体介绍,请参见本书第六章第二节。

一、SEC 对规则 147 的修改与新规则 147A[1]

实践中,各方向 SEC 提出的对规则 147 的抱怨主要集中在三个方面:

(1) 对于只能向州内居民发行的限制,导致无法使用互联网作为发行工具;

(2) 对发行人必须在本州注册的要求,排除了那些主要在本地经营但因商业原因注册在其他州的本地企业适用该豁免;

(3) 将发行人在本州主要从事业务的标准规定为三个 80% 的标准,不当限制了那些本地企业在本地的融资。

因此,SEC 一开始提出的修改建议,也就是在这三个方面放开限制,以便鼓励本地企业在本地的融资活动。但经过讨论和研究,SEC 改变主意,对规则 147 只作了部分修改(只解决了上述第三项抱怨的问题),但新制定了规则 147A,将上述三个抱怨都体现在了新规则中。

SEC 认为,规则 147 的立法依据是 1933 年《证券法》第 3(a)(11) 条。该条的立法目的是在地方性融资的情况下,联邦退出监管,将投资者保护的职能交给各州证券监管机构。该条在条文中明确规定了发行人和发行对象均为本州居民的属性。在《证券法》对该条文作出修改之前,规则 147 作为该条的安全港规则,不能逾越该条的字面文义。因此,放松规则 147 对发行对象和发行人的限制,都是不合适的。但 SEC 利用《证券法》第 28 条的概括性授权,另行制定了规则 147A,可以不受第 3(a)(11) 条的限制。

新规则 147A 其实和规则 147 差不多,只是在上述各州抱怨最多的三个方面中的两个方面,因为规则 147 受限于证券法第 3(a)(11) 条文字的限制,不能作出修改,才在规则 147A 中作出明确规定。因此,本书先介绍规则 147A 中的特别规定,然后再分析规则 147A 和规则 147 中共同的内容(其实也就是对规则 147 的修改)。

1. 新规则 147A 的特别规定

(1) 公开劝诱。规则 147A 允许公开宣传,但只允许州内居民购买。要求发行人在公开宣传的同时必须声明:发行的证券只能由州内居民

---

[1] 参见 SEC Release No. 33-10238, Exemption to Fallitate Intrastate and Regional Securities Offerings, 2016 年。

购买。

SEC解释认为:《证券法》第3(a)(11)条及其规则147,在性质上是不允许向州外居民发行和销售的,也就不允许向州外居民宣传。这给通过互联网的众筹发行带来了巨大的问题。虽然SEC曾经有过规则,允许适用州内豁免的发行在报纸上刊登广告,但SEC认为报纸是地方性的,与互联网的开放性完全不同。但因为大家都对众筹感兴趣,而如果没有对互联网上广告的允许,州内众筹根本就没法展开,因此,SEC专门针对此制定了规则147A。

规则147A允许公开宣传,对受要约人没有限制,但对最终购买人予以限制,也是《JOBS法》在第二章特别规定的一种新方法,实际上也是一种私募众筹的方式。其理论和相关分析,请参见本书第五章。

(2) 取消对发行人州内注册的要求。在规则147A中,SEC只对发行人的主要业务地(the principal place of business)提出了要求,不再要求发行人也必须注册在本州。实际上,规则147A取消了对发行人注册地的要求,只依靠发行人的主要业务地确定发行人是否为本州居民(resident)。

SEC承认这种企业注册地和主要业务地经常相分离是美国商业实践普遍存在的情况,同时,SEC也认为仅仅根据主要业务地就足以确认该发行人与相关州的联系。这将大大扩大可以适用该豁免规则的发行人范围。

2. 对规则147的修改

尽管没有将上述两项重要修改放入规则147,但SEC还是在证券法第3(a)(11)条字面允许的范围内,对规则147作出了不少修改。需要注意的是,下面介绍的这些修改内容,同时也是新规则147A的内容。

(1) 放松了对发行人在本州主要营业的认定标准。对发行人在州内从事业务的认定标准,从原来的三个80%标准,改为四选一。发行人如果满足下列四个条件之一,即会被认为在本州从事主要业务。(在规则147中,还需要同时满足发行人在本州注册设立的条件。而在规则147A中,只满足下列四个条件之一即可)。这四个条件是:

A. 发行人总业务收入的80%来自本州;

B. 在发行人发行前的最近一次半年报告期,所有财产的80%位于本州境内;

C. 发行人本次发行募集资金的80%将会被用于本州;

D. 发行人雇员的大多数来自本州。

这其中,前三项是原来的三个 80% 标准,第四项是新增加的标准。不过,现在发行人只需要满足一个标准即可,大大放松了对发行人的要求。

(2) 对发行对象的身份确认:发行对象(在新规则 147A 下则为购买人)必须为本州居民,发行人应当合理相信其身份。合理相信的标准是什么? 规则虽然没法规定得非常具体,但提出了几个条件:首先相信的时间是在发行和销售证券的时候,而不是此后;其次,发行人可以要求每一个购买人对其住所提交书面声明,但仅仅有该声明并不足以作为发行人合理相信的基础。对非自然人的投资者,也采取的是主要业务地标准来确定其是否为本州居民。

(3) 转售限制:在购买人从发行人购买证券后 6 个月内,其只能将证券转让给本州居民,6 个月后,才能转售给外州居民。

这次修改,SEC 将转售限制期间从 9 个月缩短为 6 个月,同时将期限的计算起点从原来的发行完成时,修改为购买人从发行人处购买证券时。

另外,对于那些在某个州做了州内发行,随后就改变主要营业地的企业,限制其必须在前次发行之后的 6 个月才能再次开展新的州内发行。

(4) 合并(integration):合并主要被用来对付那些将一次发行拆分成多次发行,以规避法律监管,符合豁免规则的情况。

因为州内豁免规则对发行人和发行对象的身份都有严格限制,一旦与发行人的其他发行相合并,就很可能导致发行人无法适用州内豁免规则。例如,发行人先做了一次州内豁免发行,严格控制了发行对象的范围,保证他们都是本州居民。但如果此后不久,发行人又做了一次条例 A 下的豁免发行,因为该豁免条件中对公开宣传方式没有限制,结果就可能导致有州外居民也会看到该发行的宣传材料,甚至可能购买了发行的证券。如果这两次发行被认为应当合并,则那次州内豁免发行因为有州外居民参与,而不再满足豁免条件,如果没有其他豁免可以适用,就必须注册。

此次修订规则 147,SEC 明确了三类发行可以不合并:① 本次发行之前的发行;② 某些特别类型的发行,例如注册发行、条例 A 的发行等;③ 本次发行完成 6 个月之后的发行。

(5) 风险提示:修改后的规则 147 要求,发行人必须通过在证券上标识或者其他方式,向投资者披露此次发行的证券,存在转售限制和投资风险。该披露并不需要是纸面的。

此外,SEC本来还建议对于州内豁免设置一个12个月内500万美元的发行限额,并建议设置投资限额,其目的是与各州的州内众筹规则相匹配。但这个建议在公开征求意见时,受到了几乎所有人的反对。最终SEC放弃了这一修改,认为将这个权力留给各州的监管者更合适。

二、州内众筹的未来

州内众筹虽然发展的轰轰烈烈,但实践效果却并不是很好,积极申请适用该豁免的人并不是很多。一般认为是联邦的州内豁免规则限制了州内众筹的发展。

此次SEC修改了规则147,制定了新规则147A,放松了州内豁免规则,是否会导致众筹众筹的进一步发展?因为目前刚刚生效,还看不出来。

理论上来说,州内众筹有优势,也有劣势。州内众筹虽然限制了投资者的身份,看起来好像企业融资的池子小了,但实践影响效果可能没有那么大:首先,众筹是小额融资,并不需要那么多的资金,一个州,尤其是大州的居民,足以提供小企业需要筹集的资金。同时,州内众筹也扩大了投资资金来源,表现为:(1)对获许投资者没有投资限额;(2)对投资者也没有众筹投资年度总额限制。

按照大法官布兰代斯的说法,州可以从事各种政策的低成本实验,联邦会因为个别州成为这样的实验室而高兴。因此,各州颁布的众筹豁免制度各有差异,有其必要性,因为市场会检验各个规则受投资者和发行人的欢迎程度,检验不同众筹规则的有效性。从这个角度来说,其实各州的众筹豁免规则没有必要统一。

实际上,因为各州的众筹豁免规则还必须符合联邦州内豁免的规则,例如上面讨论的规则147或者规则147A的条件,发行人与投资者必须位于同一个州,这使得一个州内众筹的发行人不可能同时从事跨州的众筹发行,因此各州的州内众筹规则统一的价值也体现不出来。

不过,还有不少学者对州内众筹豁免规则提出了不少改进建议,也许未来可以作为改进的参考。

1. 发行额度

发行人在众筹中的发行额度规定为多少合适,其实很难确定。因为这与企业所从事的业务,以及企业所处的发展阶段有关。有学者曾经统计一些投资型众筹的网站,例如英国的公募众筹网站 Seedrs,其平台上众筹项目的融资金额中位数为 4.8 万美元;美国的私募众筹网站 CircleUp,该网站只面对获许投资者,其众筹项目的金额在 50 万到 230 万美元之间,融资金额的中位数为 80 万美元。

确定一个发行限额是很武断的,确定发行人的信息披露要求也必须在促进企业融资便利与投资者保护之间进行衡量。因此,有人建议仿照联邦众筹模式,将监管程度与发行额度相结合:对于发行额度较高的,要求更多的信息披露;对于发行额度较低的,则简化信息披露要求,放松监管要求。[1]

在发行额度的计算上,州内众筹目前的模式是计算 12 个月内发行人的所有其他类型发行额度。这点也应该学习联邦众筹模式,对众筹的发行规模限制仅局限于众筹发行,而不是发行人的全部发行,这是因为其他类型的发行也都有相应的投资者保护措施,不需要通过众筹模式来加以保护。

至于在计算发行额度时,有些州扣除了对发行人关系人和大股东的发行额度,有学者认为这值得坚持。该学者认为,这有助于发行人去寻找这些人来投资,而这些人投资有助于防止管理层的机会主义,有助于对企业的监控,有助于企业治理结构的完善,对公众投资者的保护是有好处的。[2]

2. 投资限额

目前很多州在众筹豁免规则中对于投资者只有固定的投资金额限制,没有将投资者的投资限制与其年收入相挂钩,这不足以体现投资者投资限制与其风险承担能力之间的关系。同时,各州在投资额度限制上,都几乎只限制投资于单个众筹项目的金额,而没有对投资者从总体来控制其众筹投资风险总额,这对投资者保护也是不利的。

不过,各州在投资限额方面,几乎都对获许投资者网开一面,只适用于公众投资者,对获许投资者在众筹中的投资则没有投资限额。这有助于吸引获许投资者更多投资,有助于这些人参与公司监控,这对公众投资

---

[1] 参见 Annalise E. Farris, "Strict in the Wrong Places: State Crowdfunding Exemptions' Failure to Effectively Balance Investor Protection and Capital Raising", 38 *Campbell Law Review* 267 (2016).

[2] 参见 Matthew A. Pei, "Intrastate Crowdfunding", 2014 *Columbia Business Law Review* 854 (2014).

者的保护也是有好处的。[1]

3. 集资平台

有些州对众筹应当通过集资平台进行有强制性规定,有些州没有。在众筹融资中,平台能够发挥重要功能,包括:(1)便利投资者和发行人的交流,以及投资者之间的交流,形成群体智慧,但要防止羊群效应;(2)方便不知名的小企业向公众发行;(3)对投资者进行教育。

因此,有学者建议应当强制要求州内众筹发行必须通过集资平台进行。[2]

---

[1] 参见 Matthew A. Pei, "Intrastate Crowdfunding", 2014 *Columbia Business Law Review* 854 (2014).
[2] 同上。

第八章 众筹的国际经验与中国借鉴

美国虽然是第一个通过《JOBS法》规定众筹发行豁免的国家（2012年4月），但因为SEC漫长的立法过程，公募型众筹豁免制度在美国正式生效，公募型众筹活动能够合法开展，则是在2016年5月16日之后了。在此过程中，不但美国各州等不及，相继颁布了各自的州内众筹豁免制度，而且其他国家也纷纷颁布了与众筹相关的法律。虽然这些国家的众筹法颁布要晚于美国，却有不少在美国之前施行。在众筹立法上，美国"起了个大早，赶了个晚集"。

其他国家的众筹立法，当然参考了美国经验，不过，很多国家并没有对美国"亦步亦趋"。多数国家都根据本国实际情况，设计了相应的众筹豁免规则。各国的众筹豁免规则一般都涉及三方面内容：对发行人的要求和限制，对众筹平台的监管要求，对投资者的要求和限制。除了各国都坚持了额度限制和要求众筹平台获得许可外，在其他具体监管要求上则各有侧重，详略程度也有所不同。

各国不同的众筹制度安排，也可以看做国际层面上的"实验室"，看看在长期的制度竞争中，哪些制度能够最终胜出。

本章先分别介绍英国、意大利和法国的众筹制度，然后，结合国际经验，试图就中国如何创立公募型众筹制度提出初步设想。

第一节 众筹的国际经验比较

一、英国

英国是众筹最为发达的国家之一。股权型众筹在英国一开始就受到相关法律的规制——帮助证券发行和证券投资的推广宣传活动，均需获得许可。监管者一开始采取个案审批的方式，批准了几个股权众筹运营平台，也对一些涉及众筹发行的金融推介活动逐个审批。

2014年3月，英国发布了《关于网络众筹和其他方式推介不易变现证券的监管规则》（以下简称众筹规则），并于2014年4月1日起正式实施。众筹规则将网络众筹区分为两类，投资型众筹和借贷型众筹。英国负责众筹监管的机构为金融行为监管局（Financial Conduct Authority，FCA），对这两类众筹，予以不同形式的监管。

(一) 借贷型众筹[1]

FCA认为借贷型众筹的风险要小于投资型众筹,对其的监管重点在于众筹平台,要求平台的运营注重安全性,并规定其应当向投资者做充分的信息披露。

1. P2P平台的许可

从事借贷型众筹业务的平台必须获得FCA的许可,提出申请的平台应当提交相关的财务和审慎报告。

获得授权的平台在未来运营过程中,还要持续接受FCA的监管。FCA要求平台定期通过FCA在线报告系统向其提交概括性的总结报告,内容包括有:财务状况、持有客户资金状况、投诉与控告情况以及每季度贷款安排的详细信息。

2. 对平台的最低资本要求

为保证平台在监测和控制风险时谨慎行事,并应对未来可能面临的财务危机,众筹规则对平台设立了最低资本要求,包括固定最低资本标准与浮动最低资本标准,平台必须满足二者中的较高值。

固定最低资本为5万英镑。浮动最低资本是以借贷型众筹平台当前贷款资金总额为基础采取累进制方法计算,具体要求为:(1)贷款资金总额不超过5000万英镑部分的0.2%;(2)超过5000万至2.5亿英镑部分的0.15%;(3)超过2.5亿英镑至5亿英镑部分的0.1%;(4)超过5亿英镑部分的0.05%。作为计算基础的贷款资金总额应当为计算日平台所提供的贷款资金总额,而非平台在全部运营期间所提供的累计总贷款数额。

与此同时,平台还负有通知与重新计算最低资本的义务。根据规则,在贷款资金总额与上一次计算额相比增长超过25%时,平台应当重新计算最低资本。平台应当在发生任何变动或可能发生变动以及意识到可能早已发生变动之日起14天内通知FCA。

3. 客户资金保护

与投资业务相关并持有客户资产的企业,受制于客户资金管理手册(CASS)中所提出的客户资金规则。这些规则要求企业为客户资金提供足够保护。FCA要求借贷类众筹平台也适用该管理手册。

---

[1] 本节对于英国借贷型众筹监管的内容,参考了张雨露:《英国借贷型众筹监管规则综述》,载《互联网金融与法律》第5期(2014年)。

借贷型众筹平台要适用的主要规则有:(1)平台基于CASS的分类要求,以自身所持有客户资金规模为基础进行大中小分类,并将分类结果每年向FCA报告。(2)被归为中型或大型规模的企业,必须设置一个独立员工对CASS的管理负责,被归为小型规模的企业则将该事项交由企业管理层负责。(3)持有客户资金的平台对其客户负有信义义务,只能依照客户要求为履行其职责而支配资金。(4)企业必须具备足以保障客户权利的组织体系。(5)企业必须将客户资金存放于适当的机构并对该第三方承担尽职调查义务。对于运营借贷型众筹平台的企业,该适当的机构应当为银行。(6)企业必须保持记录和账户信息以区分其持有的不同客户资金。

4. 平台破产时的客户保护

如果运营平台的企业倒闭,为了避免给投资者带来困难和损失,现存的贷款必须得到有序管理。在一些平台中,投资者并不知道资金所流向的借款人的身份。FCA提出,平台应当事前设置这样的安排,确保在停止经营时贷款能得到有序管理。

在破产情况下,FCA要求平台将投资者承诺借出但尚未支付的资金,返还给投资者。平台在破产之后收到的资金,不能与破产前的资金所混同,应当根据CASS的规则持有,并立即支付给相关投资者。

5. 平台的信息披露与尽职调查

众筹规则要求平台确保投资者在作出投资决定时能够获得必需的信息,信息应当公平、明确和不具误导性。具体来说,FCA要求平台应当向投资者说明P2P借贷安排的特性和风险,并举例列出了十项应当披露的信息:

(1)对如何评估贷款风险的描述,包括平台评定借款人是否具备借款资质的标准;

(2)对借款人资信评估得出的详细信息;

(3)平台基于过去和未来业绩所得出的预期和实际违约率;

(4)平台在确定未来预期违约率时所使用的假设条件;

(5)平台对于逾期贷款或违约贷款处理过程的说明;

(6)借款回报率的相关信息,包括综合考虑费用、违约率和税负后,对可能实际回报率的一个公正判断;

(7)担保情况,P2P协议是否受益于任何担保,如果有,是什么;

(8)对于投资者在P2P投资中所承担税负如何计算的解释;

(9) 贷款人在 P2P 协议到期前如何收回其资金的程序说明;

(10) 平台倒闭后果的说明,包括向投资者明确没有向金融服务赔偿计划追索的权利。

(二) 投资型众筹[1]

FCA 认为投资型众筹比借贷型众筹的风险要大,在众筹规则中,FCA 对投资型众筹的监管实际上没有限制于网络股权众筹,而是集中于对众筹中发行证券性质的认定,进而对投资者范围进行了限制。

FCA 在众筹规则中提出了一个新概念——不易变现证券(non-readily realizable securities),即所有非上市证券。众筹规则对所有推介这些不易变现证券的活动进行了限制。因此,众筹规则的适用范围不仅包括运营或计划运营投资类众筹平台的企业,也包括使用线下方式将不易变现证券的发行以直接报价方式传递给零售客户的企业,或支持此种发行方式的企业。

因此,众筹规则在投资型众筹方面的监管重点与借贷型众筹有所不同,后者集中在众筹平台,前者则集中在投资者限制。

1. 投资者限制

针对非上市证券缺乏市场价格,以及难以在二级市场转让的特性,众筹规则要求,在众筹平台(或其他渠道)提供该类投资的企业应当只能对特定类型投资者发行。这些特定类型投资者包括:

(1) 职业客户。欧盟《金融工具市场指令》将投资者分为职业客户(professional clients)与零售客户(retail clients),职业客户指拥有丰富投资经验和投资知识,能够自行作出投资决策、自行评估投资风险的客户。具体指经核准并受监管的金融机构,包括四类:一是银行、投资公司、其他获得核准并受监管的金融机构、保险公司、集合投资计划及其资产管理公司、养老基金、商品和商品衍生品交易商、其他机构投资者;二是满足下列任意两项的大型企业:(a) 净资产总额为 2000 万欧元以上;(b) 净营业额为 4000 万欧元以上;(c) 自有资金 200 万欧元以上;三是国家和地方政府,诸如中央银行等管理政府债务的公共部门;四是以投资金融工具为主要活动的其他机构投资者,包括专门从事资产证券化或其他融资交易的实体。

---

[1] 本节对于英国投资型众筹监管的内容,参考了张雨露:《英国投资型众筹监管规则综述》,载《互联网金融与法律》第 6 期(2014 年)。

职业客户之外的其他投资者是非职业客户,即零售客户。

(2)能够获得建议的零售客户(在投资推介中能够得到正规金融机构的投资建议或得到正规投资管理服务的零售客户)。

(3)被归类为公司融资相关人或风险投资基金关联人的零售客户。

(4)被认证或自我认定为成熟投资者或高净值投资人的零售客户。成熟投资者的认定方式有两种,一种是由获得FCA许可的企业评估后,将具有足够能力识别风险的投资者认定为成熟投资者;另一种为投资者自我认定。自然人在满足以下任一条件时便可自我认定为成熟投资者:(a)在此之前至少六个月期间为天使投资系统或其分支机构的成员之一;(b)在之前两年内,对非上市公司投资一次以上;(c)在此之前至少有两年时间在或曾在私募股权投资专业领域工作或为中小型企业提供融资;(d)在此之前有两年时间是或曾是一个年营业额不少于100万英镑公司的董事。

高净值投资人指年收入不少于10万英镑或资产净值不少于25万英镑的投资者(不包括主要住所、以养老金形式获得的任何收入以及根据特定保险合同获得的权利与收益)。

(5)在该类产品中承诺投资不超过其可投资资产净值10%的零售客户(换言之,他们能够保证所用于该类投资的资产将不会影响其基本居住条件、养老金和寿险保障)。

2. 适当性测试

平台应当对没有获得建议的零售客户进行适当性测试,检测客户是否具有足够的知识和经验理解投资不易变现证券所涉及的风险。

英国的《商业行为准则》(COBS)规定,企业应要求客户提供其对特定产品或服务领域投资的相关知识和经验情况,以评估该产品或服务是否适合该客户。客户需要提供的信息包括:客户所熟悉的服务、交易和指定投资的类型;客户在交易和指定投资中的投资性质、规模与频率以及持续时间;客户受教育水平与专业等。如果客户通过适当性检测,企业可以继续为其提供产品和服务。如果投资者未通过检测,企业应当对客户提出警告。若在警告之后,客户要求企业继续与其进行交易,则企业可根据情况自行作出决定。

3. 信息披露与尽职调查

鉴于不易变现证券风险巨大,众筹规则要求平台向客户说明:不易变现证券缺乏二级市场,很难变现。FCA还希望平台所提供的信息足够详细,包括是否对被投资公司进行了尽职调查,尽职调查的范围以及任何相关分析的结果。

二、意大利[1]

意大利是世界上第一个正式实施众筹法的国家。2012 年 12 月 17 日,意大利国会通过了众筹法,允许股权众筹,并授权其证券监管机构(the Commissione Nazionale per le Societa e la Borsa,CONSOB)制定实施条例。CONSOB 于 2013 年 7 月通过了相关条例《意大利增长法 2.0》(the Decreto Crescita Bis,Italian Growth Act 2.0),股权众筹正式合法化。

意大利众筹法强调创新,认为创新是支持经济持续增长的主要基础,其立法目的就在于支持创新企业创业和增长。意大利众筹法的监管重点在于对发行人的资质要求。

1. 发行人

按照意大利众筹法和条例要求,能够利用股权众筹豁免融资的发行人必须是"创新的创业企业"(innovative startups)。所谓创新的创业企业,必须满足以下条件:(1) 不能是上市公司;(2) 设立不得超过 2 年;(3) 未曾分配利润;(4) 有社会性目标(social objective);(5) 企业收入不超过 500 万欧元;(6) 具有高科技特征,包括:研发成本不低于企业总生产成本的 20%;企业的法定代表人签字证明这些研发成本是真实的;1/3 以上的企业工作人员有博士学位或者正在攻读博士学位,或在符合规定的研究机构有 3 年以上的研究经验;或者企业拥有一项涉及生物科技、半导体的行业发明,或者从事这方面的企业生产。

由于意大利还受制于欧盟证券法的限制,因此,股权众筹的发行额度也受到限制,其发行额度不得超过 500 万欧元。

2. 投资者

意大利众筹法对个人投资者没有投资限额规定,但该法要求每次股权众筹中都必须有 5%的额度由职业投资人认购,包括银行、基金、金融公司和孵化器(incubator)。条例对该条没有具体解释。目前实践中,5%

---

[1] 本文对意大利众筹法的介绍,主要参考 Blair Bowman, "A Comparative Analysis of Crowd Funding Regulation in the United States and Italy", 33 *Wisconsin International Law Journal* 318 (2015).

的职业投资人认购要求,并不构成股权众筹发行的前提条件,但在股权众筹完成后必须满足。

同时,法律出于对个人投资者的保护,要求在职业投资人退出众筹项目或者出售股权时,个人投资者也可以选择退出。法律要求进行股权众筹的企业,必须在发行招股说明书中加入相关退出条款。

另外,在众筹过程中,个人投资者可以在众筹结束前随时撤回认购。

不过,众筹平台必须对个人投资者进行认证,包括知识测试,确保投资者对金融有基本的了解,对众筹投资中的风险有所认识;以及风险测试,确保投资者具有风险承受能力,能够承担投资全部损失的风险。

3. 众筹平台

意大利众筹法要求股权众筹必须通过众筹平台进行,众筹平台可以是注册券商或者金融机构,也可以是满足条件的其他人,这些条件包括在金融领域有充分经验,以及未曾受到过刑事制裁。

针对个人的股权众筹则必须通过注册券商进行。这些券商应当履行反洗钱职责,并保证投资符合欧盟《金融工具市场指令》(E. U. Markets in Financial Instruments Directive, MiFID)的要求,该指令要求必须对投资者进行适当性管理,投资者的投资与其风险承受能力相匹配。不过,个人投资额度不超过 500 欧元的,可以豁免适用该指令。

平台应当保证众筹活动的透明度和投资者保护水平,包括确保发行人必须是创新的创业企业,才允许其在平台开展众筹活动;确保个人投资者的投资额度与其收入水平和风险承担能力相匹配。

三、法国[1]

法国是在美国和意大利之后第三个通过众筹立法的国家。2013 年 4 月,时任法国总统奥朗德宣布法国将建立"参与性融资"的法律框架,以便利小微企业和青年创业者的融资。2014 年初,《参与性融资法令》通过,这就是法国的众筹法,该法于 2014 年 10 月 1 日生效。

法国将众筹重新定名,称为"参与性融资"(Le Financement participative),"是一种允许以创新项目或企业融资为目的,向公众筹集资金的融资机制,主要通过网络进行"。与强调"群众力量"(crowd)与"资助"

---

[1] 本节关于法国众筹法的内容,主要参考了顾晨:《法国众筹立法与监管介绍》,载《互联网金融与法律》第 10 期(2014 年)。

(funding)的美国式众筹侧重点不同,法国的这一称谓突出了"人人参与"(participatif)与"融资"(financement)。一方面,以"融资"而非"金融"(finance)或"投资"(investissement)为名,反映了其以企业需求为视角而非投资人需求,体现出法国式众筹的出发点和关键在于企业融资和鼓励创业。另一方面,以"人人参与"为定语,在"群众"的基础上强调参与,人人都是经济社会的一分子,既反映了法国国民对各项社会事务具有很高参与度和自觉性的传统,也体现出政府重视和鼓励民众参与的态度——将参与转化为促进消费、生产、企业组织和国民团结的一种重要动力。

法国众筹立法区分股权型众筹和借贷型众筹,并将监管重点放在对众筹平台的监管上。

(一)平台注册

《参与性融资法令》将众筹平台归类为金融中介机构,创制了"参与性投资顾问"(Conseillers en Investissements Participatifs, CIP,以下简称"证券众筹顾问")和"参与性融资中介"(Intermédiaires en Financement Participatif, IFP,以下简称"借贷众筹中介")两个新的牌照。其中,前者是可以从事股权型众筹的平台,后者是可以从事借贷型众筹的平台,法令分别对两者的注册条件、服务范围等进行了规定。

1. 股权型众筹平台

股权型众筹平台提供非上市公司的股票发行认购服务,法令允许此类平台从事以下三类投资服务或相关服务:(1)向投资者提供特定投资建议服务,即为证券发行提供投资建议的服务;(2)为企业有关资本结构、产业战略和并购提供建议的服务;(3)提供参与性融资框架下的认购服务,如认购书管理。

股权型众筹平台应当注册取得"证券众筹顾问"牌照,须符合如下基本条件:(1)必须是在法国设立的法人;(2)其经营管理人必须满足一定的年龄、信誉、专业能力的要求;(3)须加入行业协会,并遵守该协会的职业规范和尽职规则;如果没有加入上述协会,由金融管理局直接对平台及其经营管理人是否符合要求进行审查。其中,经理人专业能力通过其文凭、职业经验或职业教育经历进行证明。

2. 借贷型众筹平台

《参与性融资法令》规定,借贷型众筹平台从事信用贷款中介服务,仅允许自然人为主体,在非基于职业或商业需求的条件下,向他人提供不超过一定限额的贷款。该借贷活动构成对"非信用机构或投资公司不得经营信用贷款业务"这个禁止性规定的一项新豁免。

借贷型众筹平台须注册为"借贷众筹中介",并符合如下注册条件:(1)必须是在法国设立的法人;(2)其经营管理人必须满足一定的年龄、信誉、专业能力的要求。"借贷众筹中介"的牌照不包含对支付业务的许可,但作为支付服务主管机构的审慎监管与处置局(L'Autorité de contrôle prudentiel et de résolution,ACPR,以下简称审慎局)有权在支付总额预计不超过法定上限的条件下,向平台颁发有限的"支付机构"许可,该许可允许其从事资金转移服务,但平台须满足最低资本额要求。此外,平台也可以申请注册成为"支付服务提供商",接受更加严格的监管,以提供全面的支付服务。

"借贷众筹中介"牌照可以与其他金融服务商牌照同时使用;而持有"证券众筹顾问"牌照的平台也可以申请"借贷众筹中介"牌照同时使用,从事多种模式的众筹活动。

(二)平台监管

《参与性融资法令》和相关条例对平台的经营行为作出了各方面的规定,要求平台必须履行以下主要义务:

(1)职业保险与破产应对措施:平台应当办理职业保险,以覆盖其职业民事责任可能导致的经济损失(2016年7月起该义务变为强制性,成为注册条件之一,此前必须告知客户其是否已经办理此类保险)。此外,"借贷众筹中介"平台破产或终止服务时,必须和一个有资格从事交易的服务商签署协议,由后者负责完成正在进行中的项目,项目完成后才可结束服务。

(2)制定项目筛选标准和遵守尽职规则,除报酬或手续费外,平台不得收取任何费用。

(3)平台负有信息披露和风险提示义务,内容包括:平台所持牌照、注册号,平台的报酬方式和费用,项目申请资格、筛选条件、项目发起人资格标准,每个项目及其发起人的信息,以及其他与项目有关的风险警示,如证券模式下的退出机制和证券转售的条件和限制、借贷模式下过度负债和无法还款的后果等。

(4)遵守对推销和广告宣传的限制规定:对于推销,"借贷众筹中介"不得从事任何对特定项目的推销活动,"证券众筹顾问"也不得对特定项目进行推销,除非该证券发行人已经向金融管理局履行了披露招股说明书义务;对于广告,在不涉及特定项目的条件下,平台可以进行企业形象的广告宣传，但若涉及贷款利率或任何与金融交易有关的数字，要求表达方式必须清楚、明确且易懂，不得误导潜在投资者。

(5) 遵守反洗钱和反恐怖活动融资的规定：如果从事洗钱、资助恐怖主义、诈骗、违法收受客户的金融票据等违法行为，平台要承担的违法责任或刑事责任，包括经营管理人禁止从业、暂时禁止营业、罚款、没收财产、司法解散等。

(三) 众筹监管

《参与性融资法令》将众筹分为两大类：股权型众筹和借贷型众筹，由不同金融监管机构监管：负责证券市场监管的金融管理局监管股权型众筹，负责银行业务的审慎局监管借贷型众筹。

1. 股权型众筹

股权型众筹涉及证券的公开发行，需要获得发行豁免。法国主要规定了两种豁免发行人免于提交招股说明书的规则：一是小额发行豁免，二是私募豁免。众筹平台上的证券发行可以适用这两项豁免，其中新法令对"证券众筹顾问"适用的小额豁免标准进行了细化，须同时满足三方面条件：

(1) 证券类型。可以在平台上发行的金融证券本身是不得在规范市场和多边交易设施上发行或交易的证券，而且只能是两种证券：普通股或固定利率债券。

(2) 发行方式。发行必须通过现有券商或者"证券众筹顾问"。

众筹平台的网站必须设置金融管理局规定的"分步访问程序"，防止潜在投资者直接接触到具体项目信息：第一步，向网民告知证券投资的性质及其风险，网站必须向网民作出提示后，网民才可以进入具体信息页面；第二步，认购前，平台必须要让潜在投资者进行适当性测试，包括投资者的经验、知识以及家庭和继承情况，让出资人对项目与其自身能力是否相符进行确认。平台只有对网站按要求设置分步访问程序后，才可使用"参与性融资平台"的图标。监管者要求，符合上述要求的平台必须将该图标标示于网站显著位置，以示其合法身份。

(3) 发行总额。12 个月内融资总额不超过 100 万欧元，即满足小额要求。

满足上述条件的发起人免于提交说明书，但仍需向平台提供基本信息，包括公司业务、项目计划、风险，所发售证券有关权利，转让条件等基本信息，平台负有向投资者提供一切相关信息的披露义务。

2. 借贷型众筹

(1) 借贷限额

审慎局发布的条例在法令授权下明确了借贷项目的金额限制。一方面,对借款人设置了单个项目的贷款额上限:每个发起人每个项目最高借款额度不得超过 100 万欧元。借款人可以在不同的平台上同时发起项目,但必须向平台告知借款人在其他平台上的借贷情况,保证其就同一项目的借贷不超过 100 万欧元的上限。另一方面,对出借人的投资额设置了上限:有息借款,每个项目不超过 1000 欧元;无息借款,每个项目不超过 4000 欧元。设置限额旨在强制分散风险,以对出借人进行保护。

(2) 审慎局对借款合同的要求

审慎局的重要职能是金融消费者保护,如知情权、合同的订立与程序等,因此,审慎局要求"借贷众筹中介"负有向借款人按标准提供格式合同的义务。借款人与每一位出借人之间是借贷合同关系,由平台负责提供格式合同,供双方在线远程签订,形式和内容以审慎局指定的格式为标准:合同必须明确贷款利率,整个借款期间利率固定,且不超过法定的高利贷款利率上限;合同应当明确双方是否有撤回权,如有,规定开始日期、期限和操作方式;还应明确发起人是否有权提前还款,并规定操作方式。

(3) 组织规则

借贷众筹中介还须遵守一些法定的组织规则,包含下列信息披露义务:① 每年发布业绩报告;② 向出借人提供一定的评估工具,使其可以根据其收入和费用对预计借款额进行估计;③ 向借款人提供一份综合信息文件,使其了解和明确有关众筹借贷金额、协议利率、借款期限、清偿条件和总体成本等信息;④ 应向审慎局主动提供报告,缴纳管理费,配合其检查和管理活动,审慎局有权调查中介在出借人信息保护和合同格式方面有关的违法行为,以及未履行义务等情况。

四、比较

比较各国众筹立法,可以发现各有特色。

美国在众筹立法方面启动早,也最有热情。虽然 SEC 制定规则程序缓慢,拖延了公募型众筹在美国的发展,但《JOBS 法》一口气为众筹开辟了三条道路:私募型众筹(《JOBS 法》第二章)、公募型众筹(《JOBS 法》第三章)和小额众筹(《JOBS 法》第四章),再加上各州在州内豁免制度下发展了各自的州内众筹豁免,实际上,美国正在四个方向上实验众筹豁免的各种可能性。

英国和法国则区分借贷型众筹和股权型众筹,予以不同的监管,但各自监管的重点又恰好相反。

法国对股权型众筹的监管较为宽松,只强调股权型众筹平台应当获取牌照——证券众筹顾问,平台应当对投资者做风险提示和适当性测试,没有对投资者施加投资额度限制,只限制了众筹的发行额度为100万欧元。但法国对借贷型众筹则监管较严,不仅要求借贷型众筹平台要获得牌照——借贷众筹中介,设置借款金额上限100万欧元,还对出借人的投资额设置了上限:有息借款,每个项目不超过1000欧元;无息借款,每个项目不超过4000欧元。

英国则认为借贷型众筹的风险较低,监管较为宽松。对借贷型众筹,英国的监管重点在众筹平台,从事借贷型众筹的平台不但要获得牌照,还有最低资本要求和信息披露要求,要求平台披露其违约率等相关信息。而对投资型众筹,即股权众筹,英国的监管重点放在了投资者限制上,对众筹发行人则没有什么要求。由于众筹发行中涉及的都是所谓不易变现证券,英国对这些不易变现证券的发行对象提出了资质要求,这些投资者必须是职业投资人、成熟投资者或者高净值客户,一般的零售客户要么必须能够获得专业的投资建议,要么限制其投资额度为净资产的10%。

与英法两国将监管重点放在众筹平台或者投资者资质上不同,意大利的股权众筹立法则将监管重点放在了发行人身上。意大利众筹法要求众筹的发行人必须是创新的创业企业,必须满足苛刻的条件,包括设立不足2年、收入不超过500万欧元,以及具有高科技特征,例如研发成本不低于企业总生产成本的20%;或者1/3以上的企业工作人员有博士学位或者正在攻读博士学位等条件。意大利的众筹法对众筹平台和投资者则没有什么特别的监管要求,只要求面向个人投资者的众筹应当通过注册券商开展,以及众筹融资必须有成熟投资者参与,其认购的份额不低于5%。

相比美国的公募型众筹,这三国的众筹立法虽然各有侧重,但都比较简单,对发行人的要求都比较少(意大利虽然有发行人资质要求,但这是政策选择,只鼓励创新类的创业企业众筹融资),发行人没有什么复杂的信息披露要求,众筹平台虽然在英法是监管重点,但也并没有被赋予美国众筹法上那么严格的监管责任,主要任务还是投资者的适当性管理。在这两个国家,投资者保护是通过限制投资者资质或者投资额度来完成的。

相应地,企业众筹融资的成本也可能较低。美国公募型众筹则将投资者保护的重任寄予强制信息披露以及平台的监管职责,无形中增加了企业融资成本,因为平台的成本最终也会转嫁到众筹企业的身上。也因此,正如本书第四和第五章所讨论的,在美国人们更看好私募型众筹模式。

总结英国、法国和意大利三国的众筹立法经验,虽然各有不同、差异明显,但其实主要还是采取小额豁免模式。因为在欧盟证券法框架下,500万欧元以下的证券发行才能豁免招股说明书的使用,而欧盟对于招股说明书有统一的格式和程序要求,各成员国并无权自行豁免。意大利将股权众筹的发行额度限制在500万欧元以下就是这个道理。英国虽然没有在众筹的规则中明确规定发行额度,但应该也是自动适用500万欧元的上限(当然,等到英国正式脱离欧盟之后,可能就需要另外考虑了)。法国更是在众筹法中直接将众筹的融资额度限制在100万欧元以下。

众筹适用小额豁免制度的好处在于,小额豁免基本符合人们对众筹作为一种"公开、小额"融资模式的想象:便利创业企业和小企业融资,面向公众发行。问题在于,即使在小额发行下,公众投资者也需要保护,甚至可能因为发行金额小,证券中介机构很少参与,市场无法充分发挥纪律的功能,公众投资者更需要监管者的保护。各国在众筹法下的差异化制度设计,主要就是对投资者保护方式的各种试验。目前,众筹法在各国通过和适用的时间不长,还很难看出各国制度的优劣。

美国条例A+的发行豁免,是小额豁免的升级版,但需要发行人披露很多信息,还要经过监管者的审查,发行成本较高。条例A+将小额豁免的融资额度扩大10倍到5000万美元,也只是降低了发行成本的相对比例,但创业企业和小企业可能并不需要那么多的资金。条例A+能否促进创业企业和小企业融资,还有待观察。

美国《JOBS法》第三章和SEC《众筹条例》规定的公募型众筹豁免规则,可以看做是传统小额豁免和私募豁免结合的产物。发行额度的100万美元限制来自传统的小额豁免,投资额度的限制则是私募豁免理论演化的自然结果。不过,美国监管者没有满足于简单的额度限制,而是挪用了传统小额豁免中的发行人信息披露要求,还增加了对集资平台这种新类型证券中介的监管要求。

目前来看,美国《众筹条例》下的公募型众筹成本最高,条例A+下的小额豁免成本也不低。相比而言,英国和法国可能是众筹发行成本较低的国家。但众筹融资的成本降低,如果没有伴随相应的投资者保护,也可能导致欺诈盛行,最终毁掉整个众筹市场。所以现在判断各国制度的利弊,还为时过早。

美国的私募型众筹模式则是在小额豁免模式之外发展出来的另一条道路。传统上的私募发行将发行方式限定为非公开,禁止广告、公开劝诱等发行方式。但实际上,公开劝诱禁止与私募豁免的基本理论相违背。因为私募豁免的理论基础是某些类型的投资者可以自己保护自己,例如成熟投资者或者合格投资者。既然这些投资者可以自己保护自己,其他投资者又不能参与私募投资,公开劝诱又有什么关系?因此,在《JOBS法》第二章下,美国监管者制订了私募型众筹豁免模式:只要保证最终购买人为合格投资者,发行可以采用公开劝诱方式,这就为通过互联网进行私募发行奠定了合法化基础。

在私募型众筹模式下,发行成本大幅度降低,因为并没有强制的信息披露要求和平台的监管职责,但投资者保护水平并没有降低,因为只要坚持最终购买人都必须是获许投资者,投资者的资质就起到了自我保护的作用。同时,坚持投资者资质看起来缩小了投资者范围,但因为这些投资者的财富水平较高,所以并没有增加发行人获得足额融资的难度。唯一可惜的是,有些人为众筹融资贴上的"金融民主化"标签没有能够在私募型众筹中得到实现。但所谓的"金融民主化"在理论上能否成立,在实践中是否值得追求,还是一个需要讨论的问题。不管金融是否"民主化",能够便利创业企业和小企业融资才是硬道理,也是发展众筹融资、创设众筹豁免制度的出发点。

由此看来,私募型众筹在投资者保护和便利企业融资这两方面达成了某种可喜的平衡。

从这个角度来看,英国对投资型众筹的监管,结合了美国公募型众筹和私募型众筹两种制度,有混合的效果。在英国投资型众筹的监管下,不易变现证券的发行,只能针对特定类型的投资者,看起来好像是私募豁免制度。但英国监管者在这里规定的特定类型投资者,并没有像美国那样只能是获许投资者。职业投资者、成熟投资者、高净值客户这些可能在美国被归入获许投资者的客户群体,当然是特定类型投资者,但限制投资额度不超过净资产10%的零售客户,也可以是这里的特定类型投资者。也就是说,只要公众投资者限制了投资额度,也可以参与投资型众筹发行。公募和私募两种不同类型的监管理念,在这里达成了结合。英国对公众投资者的保护,在这里只体现为10%的投资额度限制,并且化繁为简,抛弃了美国公募型众筹中繁琐的强制信息披露要求。

当然,最终效果如何,还有待实践和时间的检验。

第二节 在中国创设股权众筹

众筹的兴起,带来了中小企业融资的新渠道。虽然以互联网技术为突破口,但各国在设计众筹豁免制度时,并没有依赖技术来解决企业融资中的信息不对称问题,而是通过对现有的各种证券豁免制度予以改造,创设符合各国需求的众筹豁免规则。

在中国创设众筹制度,也面临同样的问题。

一、创设中国的私募股权众筹

1. 现行法下对股票公开发行的规制

我国现行《证券法》第 10 条第 1 款明确规定:"公开发行证券,必须符合法律、行政法规规定的条件,并依法报经国务院证券监督管理机构或者国务院授权的部门核准;未经依法核准,任何单位和个人不得公开发行证券"。该条是现行《证券法》关于证券发行的总规定,明确确立了证券公开发行必须经过核准的法定要求。同时《证券法》第 13 条规定了公开发行股票的条件。中国证监会为了落实该条,又相继颁布了《首次公开发行股票并上市管理办法》《首次公开发行股票并在创业板上市管理办法》和《非上市公众公司监督管理办法》等规章,对发行人公开发行股票必须满足的各项条件作出了细致的规定。在这一系列规定下,证券发行人如果希望豁免复杂、不确定的核准程序,或者,证券发行人不能满足公开发行的条件要求,就只能通过被界定为"非公开发行"来实现。

第 10 条第 2 款对公开发行的界定作出了规定,列出了三种情况:向不特定对象发行证券的;向特定对象发行证券累计超过 200 人的;法律、行政法规规定的其他发行行为。在这样的界定下,希望避免走核准程序的证券发行,就只有一种——向特定对象发行,并且累计不超过 200 人。在股票发行的情况下,就是向特定对象发行股票,并且在发行结束后股东人数总计不能超过 200 人。

在我国现行《证券法》下,其实只有一种发行豁免制度——私募豁免。如果立法者不修改《证券法》,创设新的豁免规则,股权众筹就只能走私募型众筹的道路。

2. 创设中国的私募股权众筹

在我国现行《证券法》并未规定小额豁免的情况下,中小企业或者创业企业在不能满足公开发行条件时只有一条路可走,就是非公开发行证券。股权众筹也只能走私募型众筹的道路。

在我国构建私募型众筹制度,主要涉及三个方面的问题,分别是合格投资者制度的构建、取消公开劝诱禁止制度和对平台经营证券业务的豁免。相关问题的具体讨论,请见本书第五章第四节的讨论。

二、创建中国的公募股权众筹

目前我国《证券法》正在修订过程中,是否需要以及如何设置公募型众筹豁免,是一个必须考虑的问题。私募型众筹具有一定的优势,我国应当发展,本书对此已经有充分的讨论。那公募型众筹是否还需要发展?

1. 是否有必要创设公募型众筹豁免?

证券法的立法目的在于在保护投资者和便利企业融资。但这是两个既相互促进又相互冲突的目标。从相互促进角度来看,投资者在得到足够保护的情况下,会提高投资意愿,企业融资也会相对容易。但投资者保护往往会提高企业的融资成本,当企业觉得融资的成本和收益不能匹配时,企业就会放弃证券融资方式,转而选择其他融资途径,投资者因此也就丧失了投资机会。因此,任何国家的证券法都是在投资者保护和便利企业融资之间达成某种微妙的平衡,不能偏废任何一方。[1]

证券发行豁免制度就是在成本收益方面不断平衡的结果。就投资者保护来说,立法者主要关心三件事:(1)信息的获得;(2)欺诈;(3)公共性损害。投资者若向创业企业和小企业投资,信息的获得较为困难,因为要求创业企业和小企业提供详细的信息成本巨大,而且往往也很难获得;事前避免欺诈也很困难,只能靠事后的责任追究机制;公共性损害则因为融资规模小而并不突出。因此,小额豁免主要靠简化信息披露要求来为创业企业和小企业融资提供便利。[2]

---

[1] 参见 Britton Whitbeck, "The JOBS Act of 2012: The Struggle Between Capital Formation and Investor Protections", available at: http://ssrn.com/abstract=2149744.

[2] 参见 Jr. Rutheford B Campbell, "Regulation A And The JOBS Act: A Failure To Resuscitate", available at: http://ssrn.com/abstract=2134313.

公募型众筹则提供了另一种思路。试想一下：每天我们坐地铁时，几乎都会遇到乞讨者，尽管我们知道其可怜样可能是装扮出来的，作为职业乞丐，其收入甚至高过我们这些白领，但我们仍然可能施舍一两块钱给他。为什么我们心甘情愿上当受骗？因为一两块钱对于我们来说，只是小钱，被骗也不会损失什么，但万一帮助了真的可怜人，就收益巨大。公募型众筹在本质上也是这个思路：多人小额，可以聚集起一笔较大的资金，用于创业和项目开发，对提供资金的一方来说，小额投资即使全部损失了，也并不会对其生活造成严重影响，但一旦成功，则可能带来巨大的收益。"小赌怡情"，众筹其实是为普通公众提供了一种高风险的投资机会。

传统证券法思路下，出于保护公众投资者的目的，这种高风险投资机会被保留给合格投资者，是高收入人群的专利，普通公众投资者不允许介入。[1] 而且在前互联网社会中，向公众募集小额资金，对于创业企业和小企业来说也成本巨大，得不偿失，很少有人愿意做这种尝试。因此VC、PE的暴富神话才会盛行一时。但互联网技术通过降低信息传递成本和资金支付成本，大幅度降低了多人小额集资的成本，众筹因此被认为打开了中产阶级高风险投资的门槛，可能成为"金融民主化"的先驱。[2]

在众筹模式下，当公众投资者投资的额度被严格控制在一定限额以下时，其面临的风险也就受到了严格控制，并且基于公众投资者的特性，其要求的信息披露水平也不用那么详尽，发行人的成本因此可以大幅度降低。但传统证券法根本就没有考虑过这一问题，小额豁免主要考虑的是发行人的筹资额度，没有从投资者角度来考虑这一问题；私募豁免则主要从投资者的财富水平来考虑，认为富人能够承担较高水平的损失，而没有考虑到中产阶级也足以承担小额投资的风险。

因此，证券法有必要设立一个特殊的众筹豁免规则，为多人小额的众筹融资模式提供一种新的豁免规则。

2. 如何创设公募型众筹豁免？

我国现行《证券法》中除了私募豁免，并没有其他豁免类型，连小额豁

---

[1] 参见 Usha Rodrigues, "Securities Law's Dirty Little Secret", 81 *Fordham Law Review* 3389 (2013).

[2] 参见 James J. Williamson, "The JOBS Act and Middle-Income Investors: Why It Doesn't Go Far Enough", 122 *Yale Law Journal* 2069 (2013).

免也告阙如。《证券法》修订，不但要考虑众筹豁免制度的设立，更需要考虑设立小额豁免制度，当然，也可以考虑将两个制度综合考虑，学习英国经验。

小额豁免制度的核心理论很简单，就是成本与收益的考量——如果遵守正式发行程序成本太高，得不偿失，就需要另辟蹊径，为小额融资提供方便。何况小额融资金额不高，对公共利益影响不大。但从投资者保护角度来说，虽然小额发行的融资规模不高，对每个投资者的影响却是实实在在的。一旦发生欺诈或者经营风险，投资者损失的也都是血汗钱。因此，美国的小额豁免制度，以条例 A 为代表，仍然坚持要求发行人强制信息披露，虽然简化了信息披露内容，同时监管者还需要对发行申请予以审查，虽然程序有所简化。但这些简化的监管要求，仍然成本太高，不能满足小额发行者的需求。

美国条例 A＋的改革，一方面通过提高小额豁免的额度，从 500 万美元增长到 5000 万美元，以便相对降低发行人的发行人成本；另一方面，也采取了另一个监管思路：就是在第二层级的发行中，对投资者的资质予以限制，要求投资者必须是获许投资者，如果是非获许投资者，则投资额度不能超过净资产的 10％。这一做法，其实和英国对投资型众筹的监管思路颇为相似，是小额豁免与私募豁免的结合。

在我国未来设置公募型股权众筹，这应该也是一条可行的思路。这条思路的可贵之处在于其结合了小额豁免与私募豁免的双重优势：

（1）通过对发行额度的限制，控制了豁免发行所带来的风险。发行额度不大，就不会对社会公共利益带来太大影响，风险可控。

（2）通过对投资者资质和额度的限制，则既起到了保护投资者的效果，也不会对发行人带来过重的负担。合格投资者可以自己保护自己，这是私募豁免的逻辑，运用在这里，则可以通过对合格投资者的资质要求，鼓励具有风险识别能力的成熟投资者加入众筹。对于公众投资者参与众筹，则设置投资额度限制，这样公众投资者虽然没有风险识别能力，但也具有一定的风险承担能力。

（3）这样的监管方式，一方面起到了投资者保护的作用，另一方面并没有增加发行人的负担，在便利企业融资和投资者保护之间达成了一种新的平衡。

具体而言，设置我国的公募型众筹豁免制度，可以包括以下几个方面的内容：

(1) 设置众筹豁免的发行额度限制。例如,规定一年内发行人通过众筹的融资额度不得超过 100 万元人民币。至于发行人其他类型的发行融资,则不计算在这个额度范围内。因为其他类型的发行,还有各自的投资者保护制度安排。但发行人关联企业的众筹发行,则应当合并计算。

同时,为了方便计算这个投资额度,应该规定发行人的众筹发行,一次只能选择一个众筹平台进行。

(2) 设置投资者资质要求:应当规定众筹发行的对象必须是合格投资者,如果为公众投资者,则应当限制其投资额度不超过其年收入或者家庭净资产(两者选金额较高者)的 5%,一年内公众投资者投资于所有众筹项目的额度不超过 20%。

合格投资者的具体标准,则应当授权中国证监会予以规定,可以采取风险识别能力标准为主,辅之以更为客观的财富标准。对于合格投资者,不设投资额度限制。鼓励合格投资者加入众筹投资,有利于发挥合格投资者的风险识别能力,对公众投资者起到领投的作用。这也是意大利众筹法中要求众筹发行必须由成熟投资者认购 5% 的原因。公众投资者缺乏风险识别的能力,仅仅通过投资额度控制其风险承担,很容易将众筹市场变成为"赌场",不利于一个有效融资市场的形成。

至于如何认证合格投资者的资质,以及如何控制公众投资者的投资额度,则可授权中国证监会制订具体规则,甚至可交由市场上的众筹平台自行竞争,创设最适合中国现实也最有效率的认证程序。

(3) 对众筹平台,则应当根据其经营证券业务的性质,设立专门的牌照管理。对众筹平台的监管重点,应当放在要求其必须履行对众筹发行人的额度控制,以及对合格投资者的资质认证与对公众投资者的投资额度限制等合规义务上。

在众筹过程中投资者的认购资金应当交给独立第三方托管。

众筹平台的主要功能就是为众筹的投融资双方提供信息发布、需求对接、协助资金划拨等相关服务。需求对接,具有证券经纪的性质。提供信息发布,在某种程度上类似提供投资建议——显然并非任何众筹项目都可以在平台上随意发布,平台必须对项目进行一定程度的审核,在页面的显示次序上也可能有所安排,这在某种程度上就具有了推荐投资的功能。美国《JOBS 法》禁止集资平台提供投资意见或者建议,禁止集资门户通过劝诱性的要约、销售或发行方式,吸引购买其网站或者门户上发行或展示的证券,实际上受到学者的很多批判。[1] 但美国《众筹条例》坚持这些限制的主要原因,是集资平台只被《JOBS法》豁免了券商注册,没有获得投资顾问注册豁免,因此,《众筹条例》只能禁止他们为了收费而提供投资建议。中国没有必要一味照搬这种对众筹平台的限制。

(4) 至于对于众筹发行人是否需要有信息披露要求等问题,则可交由市场来决定。法律不作强制性规定,让市场来挑选哪种安排更受欢迎。可以想见,在市场竞争中,各众筹平台为了在竞争中胜出,会选择最适合自己的业务模式。在这种双边市场中,众筹平台更可能通过挑选优质的众筹发行项目,来吸引更多的投资者;而一旦具有了更多投资者,其也就可能吸引更多的优质发行人来众筹融资。

至于什么是优质的众筹项目,如何防止众筹融资之后发行人的道德风险,这都是各众筹平台需要解决的问题。要求众筹发行人必须作一定的信息披露,可能也是一种选择。但披露多少合适,这个一直困扰证券监管者的问题,还是留待市场竞争来解决更好。

---

[1] 参见 C. Steven Bradford, "The New Federal Crowdfunding Exemption: Promise Unfulfilled", 40 *Securities Regulation Law Journal* 3 (2012).

第九章　借贷型众筹在中国

第九章　借贷型众筹在中国

所谓借贷型众筹,就是以固定收益承诺作为投资回报形式的一种投资型众筹模式。本书第一章所举的 Lending Club 就是最为典型的借贷型众筹。借贷型众筹,也被称为 Peer-to-Peer Lending(简称"P2P 网贷"),是近年来随着互联网兴起而出现的一种新型网络借贷模式,因其有助于借款人和出借人在互联网平台上直接成交、点对点借贷,而节约了诸如商业银行这样的金融中介机构的运作成本,成为互联网金融脱媒化的典型代表。

P2P 网贷的兴起当然有其优势,但在中国的兴盛则有更为特殊的国情。根据零壹财经研究院发布的《2015 年 P2P 行业年度报告》[1],截至 2015 年 12 月 31 日,监测到的 P2P 借贷平台共 3657 家(仅包括有线上业务的平台),其中正常运营的有 1924 家,P2P 借贷行业累计交易规模约为 9750 亿元,参与人数超过千万,各项指标都居世界第一,形成了一片繁荣的景象。P2P 网贷平台在中国的繁荣,说明其切合了社会现阶段的融资需求,有合理的社会基础。

中国的 P2P 网贷平台很大部分是由原来的民间融资机构转换而来。这些民间融资借助于网络平台降低了信息传播成本,触及原先无法接触贷款的人群,并且因为披上了金融创新的外衣而更具有诱惑性。

实际上,与股权众筹不同,网贷平台在 P2P 网贷交易中往往自身提供担保或者引入第三方来提供担保,起到了信用转化的作用,而不仅仅是信息中介。这样,P2P 网贷在中国已经脱离了一般的众筹概念,更像是"影子银行"。也因此,本章对其专门进行讨论和分析。

至 2016 年,P2P 网贷在中国的发展已经风险频出,监管机构不得不对此重点关注,甚至予以风险整治,P2P 网贷的监管渐渐纳入监管议程。

2015 年 7 月 18 日,中国人民银行、银监会等十部委联合发布了《关于促进互联网金融健康发展的指导意见》(以下简称《指导意见》),明确提出 P2P 网络借贷业务由银监会负责监管。

2015 年 12 月 28 日,中国银监会发布了《网络借贷信息中介机构业务活动暂行管理办法(征求意见稿)》公开征求意见。

经过大半年的讨论,2016 年 8 月 24 日,中国银监会终于联合工信部、公安部等四部委正式发布了《网络借贷信息中介机构业务活动管理暂行办法》(以下简称《P2P 办法》)。

---

[1]　零壹财经:《2015 年 P2P 行业年度报告》,http://www.01caijing.com/article/2472.htm。

与此同时，国务院从 2016 年 4 月开始了对互联网金融的风险整治工作，其中，P2P 网贷显然是整治的重点。

本章拟先分析 P2P 网贷在中国的变型，及其遇到的问题——触犯了非法集资的红线，然后再讨论在理论上应当对 P2P 网贷采取什么样的监管策略。最后，结合中国银监会颁布的《P2P 办法》和相关的互联网金融风险整治工作，作一些简单的分析。

第一节 借贷型众筹在中国的变型

一、P2P 网贷的典型模式分析

P2P 网贷是随着互联网技术发展而出现的一种新型融资模式。2005 年，英国和美国都纷纷出现了利用网络平台，让借款人和出借人自行成交的新型业务模式，这一新型网络贷款模式迅速发展，并于 2007 年引入中国，促成了中国 P2P 网贷平台的繁荣。但这一新型业务模式，在本质上是一种借款人向社会公众集资的交易模式，因此，在其发源地被纳入传统的金融监管模式中。中国的金融监管者一开始并没有介入 P2P 网贷监管，监管真空造就了中国 P2P 网贷平台的畸形繁荣。

从本质来说，P2P 网贷交易的实质是借款人通过平台向社会公众募集资金，以约定的利息作为回报。借款说明交易具有集资性质。同时，由于 P2P 网络平台面向社会公众开放，对于投资者并无资质审查，无论借款人与出借人是一对一达成交易，还是一对多达成交易，都不影响该融资面向公众的性质。因此，从理论上来说，P2P 网络贷款天然具有向公众融资的性质。但由于在实际运作中，每个借款人借款的金额都很小，要求借款人履行公开集资的许可程序，显然是荒谬的。因此各国都只针对平台提出了监管要求。

美国 SEC 将 P2P 网络平台作为发行人，要求其必须在 SEC 注册发行。这一模式迫使几家在美国运行的 P2P 网络平台改变其运行模式。以 Lending Club 为例，其改变后的交易模式如下：(1) 借款人在网站发布借款信息，投资者在网络上点击后达成借款意向；(2) 当借款意向达成后，一家位于犹他州的银行向借款人出借款项，并同时将债权转移给平台；(3) 平台向同意借款的投资者发行附条件债券，条件是只有在该借款人还款时，平台才会向投资者还款；(4) 平台向 SEC 提交借款人的相关信息作为信息披露资料。

英国 2013 年将 P2P 网贷移交金融行为监管局（Financial Conduct Authority, FCA），该局于 2014 年 4 月 1 日发布监管要求（Crowdfunding and the Promotion of Non-Readily Realisable Securities Instrument 2014），正式将 P2P 网贷纳入监管范围。英国颁布的众筹监管规则将所有众筹区分为借贷型众筹和投资型众筹（即股权众筹）。认为两者风险不同，分别采取了不同的监管手段。对于借贷型众筹，监管要求包括：(1) P2P 网贷平台必须获得牌照才能经营；(2) 对于网贷平台设置了最低资本金要求；(3) 客户资金必须独立存管；(4) 投资者获得足够的消费信贷方面的保护（包括网站必须清楚揭示风险，利率和费用的标示必须公平和明确，如果没有提供二级市场，出借人有权在 14 天内无理由无惩罚的撤销贷款）；(5) 平台必须准备好在平台破产时如何处理未到期债权；(6) 纠纷解决机制；(7) 平台必须定期向监管机构 FCA 提交报告。[1]

二、P2P 网贷在中国的繁荣和变型

2007 年，拍拍贷成为中国第一家 P2P 网贷公司。作为一种新生事物，P2P 网贷在国内如何监管，并无任何明确规定。鉴于中国金融监管采取机构监管的分工模式，对于这种新机构由谁来监管，很难判断。因此，P2P 网贷在中国作为无准入门槛、无行业标准、无监管机构的"三无"行业，得到了迅猛发展。

截至 2015 年年底，正常运营的 P2P 借贷平台有 1924 家，行业累计交易规模约为 9750 亿元。对比一下 P2P 网贷最先兴起的英国和美国，各自的网贷平台都只在十位数，贷款规模不过在数十亿美元量级（美国是 24 亿美元，英国是 17 亿美元左右），远远不能和 P2P 网贷在中国的繁荣相提并论。从理论上来说，P2P 网贷平台借助于互联网无远弗届的优势，具有自然垄断的性质，即使考虑到 P2P 平台具有不同的商业模式，相互之间具有竞争关系，中国的上千家 P2P 网贷规模显然也过于庞大了。

中国 P2P 网贷的畸形繁荣是因为中国金融压抑的现状。在中国金融压抑的政策下，金融体系主要控制在国有大型金融机构手中，中小企业的融资需求和消费信贷都受到压抑而并不发达，同时理财渠道也极度缺乏，使得大量的富余资金除了银行存款，缺乏足够的投资去向。这种金融

---

[1] 参见本书第八章第一节对英国借贷型众筹监管模式的介绍。

压抑在中国主要造成了民间金融市场的发展,而这一市场由于被排除在金融监管者的视线之外,非法集资盛行,屡禁不止。并多次因为缺乏信任基础而畸形发展后被挤爆泡沫,酿成风险,诸如 2010 年温州民间金融市场的崩盘,2012 年鄂尔多斯、神木等多地爆发的金融危机。

P2P 网贷模式的出现,则给民间金融提供了一种新的商业模式,并且基于两个原因,这一商业模式更具有吸引力:(1) 网络平台的出现,使得借款人向社会公众集资的成本大幅度降低,并且因为互联网无地域性,帮助民间借贷突破了地域限制;网络借贷在某种程度上还具有匿名性,有助于借款人隐藏身份。(2) P2P 网络借贷为民间融资披上了金融创新的外衣,再加上高利贷,更容易吸引社会公众的加入。

P2P 网贷在中国的迅速发展,在某种程度上已经改变了 P2P 网贷的典型模式,发生了中国化变型。这一变型主要表现为:

(1) 借款的主要类型不是个人的消费信贷,而是中小企业的生产融资。换句话说,P2P 网贷在中国主要是用于满足中小企业的融资需求,而不是个人对个人、点对点的借贷活动,具有商业贷款的性质。因此,中国 P2P 网贷其实可以区分为两类:个人对个人贷款(真正的 Peer to Peer 网贷),个人对企业贷款(其实是 Peer to Business 贷款,可以称为 P2B 网贷),后者在中国占据了大多数。

(2) 基于中国的信用环境,很多 P2P 网贷平台发展出了线上和线下相结合的模式,线上吸引投资者,获取资金,线下寻找借款人,审核借款人的信用。一些 P2P 网贷平台甚至主要以线下业务为主。这增加了 P2P 网贷的成交成本,中国 P2P 网贷的利息水平相对较高。

(3) 为了吸引更多投资者和资金加入,很多中国的 P2P 网贷平台为投资者提供本金和收益担保安排。虽然担保安排在实践中多种多样,有平台自身提供担保,有平台通过提取风险准备金提供担保,有引入第三方担保公司提供担保,也有要求小贷公司等提供担保,但都转换了借贷交易的信用风险,使得信用风险集中在提供担保的机构身上,公众投资人没有动力去审核挑选借款人而完全依赖担保机构的信用。

(4) 有些 P2P 网贷平台还通过拆分债权或者拆标,实现了期限转换。在这种交易模式中,借贷双方并不直接发生债权债务关系,而是由与平台紧密关联的第三方个人先行放贷,再将该债权拆分成期限不同、金额不同的份额出售给投资人,或者由平台直接将期限较长、金额较大的借款需求拆分成金额更小、期限较短的借款标的,以便尽快将期限长、金额大的借款需求推销出去。在这种模式下,借款需求通过网贷平台实现了期限转换,存在期限错配、金额错配的情况,可能引发流动性风险。

第二节　P2P网贷与非法集资

随着 P2P 网贷在中国变型后的繁荣发展,网贷平台的风险日渐积累,并逐步爆发,不断有 P2P 网贷平台倒闭或者跑路的消息出现,给投资者造成了巨大损失,因此,对 P2P 网贷的监管也已经提上议事日程。如何监管 P2P 网贷,特别是如何在中国构建 P2P 网贷的监管机制,是一个复杂的问题。但首先需要识别 P2P 网贷模式的法律性质,特别是需要判断 P2P 网贷是否涉及非法集资活动,这是决定是否启动监管程序的重要标准。

本节首先讨论 P2P 网贷模式,特别是中国各种变型的 P2P 网贷模式,与非法集资的关系。实际上,尽管从性质上分析,P2P 网贷均构成非法集资活动,但考虑到合理的社会需求,可以在不触及犯罪底线和控制风险的前提下,监管者通过适度监管,允许其在一定范围内自由发展。监管者应当通过颁布安全港规则,划定合法的边界,引导中国 P2P 网贷业界采取合理和适当的商业模式,保护投资者和借款人的合法权利。

一、非法集资概述

1. 非法集资概述和内涵

非法集资,顾名思义,是指未经批准,向社会公众募集资金。一般来说,向社会公众募集资金包括三类:一类是利用人们的同情心,向社会公众筹集资金,诸如各种慈善基金都是此类,甚至每日坐在地铁口乞讨的乞丐也是在向公众募集资金。但这种没有回报的公众资金募集,一般不属于金融监管的范畴,主要属于慈善法所讨论的问题。

另一类是公开的商品买卖,例如,电视机厂商向公众出售电视机,虽然看起来也是在向公众募集资金,但公众提供资金的目的是购买商品,用于消费。对公众的保护主要通过合同法、产品质量法和消费者保护法来达成,也不属于金融监管的范畴。

最后一类则是以获得未来回报为目的,诱使社会公众提供资金投资,无论该回报是固定回报承诺还是不确定的盈利预期。这属于金融监管的范畴。因为各国的金融立法都规定,以获取未来收益为诱饵向公众投资者募集资金,都构成了需要经过行政许可的向公众融资行为,尽管该许可的宽松程度各国不同。立法者对向公众融资行为进行监管,主要考虑到两个因素:(1)公众投资者缺乏足够的能力和精力保护自己,并且因为人数众多而面临集体行动的困难;(2)公众投资者缺乏分散投资风险的能力,因此,在投资失败后往往损失惨重,演化成公共性的政治问题,政府最终不得不加以干预。

我们所说的非法集资,一般是指未经批准的第三类集资活动。

在其他国家,第三类集资活动主要属于证券法管辖,是直接融资的范畴。但在中国有些不同的是:中国的非法集资立法在逻辑上有些混乱,以非法吸收公众存款罪作为非法集资的基本类型,直接混同了直接融资和间接融资活动。因此,在中国其实有两个不同层面的安排均被纳入非法集资范畴:集资者为自己使用目的而吸收资金,以及集资者吸收资金再用于投资。

集资者为自己使用而吸收资金,属于直接融资的范畴,类似于擅自发行证券。但因为其不采用股票、债券的名义,或者集资载体没有被权益份额化和标准化,在中国并不将其视为证券发行,而是直接当做非法集资来处理,在刑法上则表现为非法吸收公众存款罪或者集资诈骗罪。例如轰动一时的吴英案。

当集资者吸收资金再用于投资时,集资者其实扮演了金融中介的功能。这也可以区分为几类:一类是集资者扮演了信用转换的功能,提供资金的公众投资者只向集资者追索,而没有权利直接向实际用款人追索,例如一些地下钱庄、担保公司从事的就是此类型业务。在这种情况下,集资者类似于商业银行,吸收了公众存款,并承担了信用风险。另一类是集资者宣称不承担投资风险,其风险直接由投资者承担。例如信托公司、基金子公司等。这种模式下,集资者其实扮演的是投资类金融中介,属于投资基金的范畴。当其面向社会公众吸收资金时,其就演化为了公募型的投资基金。此外,还有相当多的类型是集资者与公众投资者之间的风险安排介于固定收益承诺和风险自担之间,例如保本不保收益、保证最低收益上不封顶等。

2. 区分刑罚标准和行政监管标准

在正常逻辑上,对于集资者向公众筹资自用应当要求其走证券公开发行的途径,对于扮演金融中介的集资者,则要求其必须获得相应的监管许可才能设立从事相应业务的金融机构。但在中国这两者都简单地被称为非法集资,尽管在《刑法》上并没有非法集资这一罪名,而主要适用非法吸收公众存款罪和集资诈骗罪来追究其责任。

不过,需要注意的是:非法集资首先是违反金融监管要求而向公众募资的活动,只有具有一定的社会危害性时才会被界定为构成犯罪,对非法集资的打击也区分为行政监管和刑罚两个层面。因此,在界定非法集资行为时,不能仅仅依靠最高人民法院发布的关于非法集资的相关司法解释。在 2010 年最高人民法院发布的《关于审理非法集资刑事案件具体应用法律若干问题的解释》(以下简称《非法集资的司法解释 2010 年》)中,认定非法集资采用了四个标准,包括非法性、公开宣传、回报承诺和面向公众 4 个要素,要求同时具备才能构成非法集资犯罪。但实际上,公开宣传这一要素并非界定非法集资的必备要素,因为只要是面向社会公众的集资,就都构成了非法集资,公开宣传只是使得这一非法集资活动更有可能为公众所知,从而更具有社会危害性。这对于界定犯罪适用刑罚时可能是必要的,但对于行政监管者来说,则只要是面向社会公众集资,无论是否采用了公开宣传手段,都可以认定为非法集资活动,应当予以取缔。

因此,从行政监管的角度来看,界定非法集资活动时的核心要素只有两个:集资性质、面向社会公众。很多非法集资者为了掩藏自己的集资行为,往往会将集资交易伪装成各种类型的其他交易,例如商品买卖或者生产经营活动,以逃避对其非法集资活动的认定。这些年比较著名的有艺术品的份额化出售、蚂蚁养殖等。在界定时应该考察交易的实质,当交易从资金提供者角度看,具有"被动型投资"的性质时,一般就应当认定为集资交易。

在界定交易是否面向公众时,我国习惯上使用"不特定对象"的概念,其实该概念具有相当强的误导性,因为是否能够事前划定特定的人群,并非法律上界定社会公众的主要目的。法律上要求面向社会公众的集资活动必须受到监管,主要理由就是社会公众无力保护自己,需要国家的特别保护。因此,在界定社会公众时的核心标准不是集资对象是否特定,而是集资对象是否具有保护自己的能力。一般各国公认三类人群在集资交易中具有保护自己的能力:与集资者有特殊关系的人群;具有充分投资经验的人群;具有一定财富能力的人群。不过,因为前两者在实际使用中具有相当大的不确定性,各国一般在界定私募时使用财富标准,规定具有一定财产和收入以上的人群为合格投资者,针对这些人群的资金募集可以构成私募,不需要特别监管。[1]

依此标准,最高人民法院在《非法集资的司法解释2010年》中对于"向亲友和单位内部职工集资不构成非法集资"的豁免,有一定意义,但也存在重大缺陷。亲友和单位内部职工与集资者当然可能具有某种特殊关系,使得他们能够保护自己,例如集资者的配偶、父母,或者集资者单位的高层领导。但亲友的范畴过于广泛,不同亲友与集资者的关系也有亲疏不同,一概将其豁免在金融监管的保护之外,并不合适。单位内部职工的范畴就更有问题,因为很多中下层职工根本就无法获取集资单位的相关信息,而且由单位出面向职工集资,在某种程度上还具有强迫性,中下层职工根本就无法拒绝。同时,某些单位规模庞大,职工人数众多,即使只针对单位内部职工的集资也规模惊人,并不适合豁免在金融监管范围之外。例如,著名的华为公司设置虚拟股份向员工发行,整个华为有职工14万人,有资格并且购买了华为虚拟股份的有6.9万人,据有关杂志新闻报道,7年期间,华为通过内部发行虚拟股份,筹资270亿元。

当然,最高人民法院的司法解释讲的是非法集资的刑罚层面,因此,该司法解释对亲友和单位内部职工的豁免可能是考虑到社会危害性的不同。因此,在行政监管层面,就不能完全遵守最高法院对于非法集资的司法解释,不能一概将针对亲友和单位内部职工的集资活动视为合法,而需要审查集资活动涉及哪些亲友或者单位内部职工,他们和集资者的关系如何,是否具有保护自己的能力。

不过,区分非法集资认定的行政监管标准和刑罚标准,也有另一层含义。刑罚是对具有严重社会危害性的违法行为的惩处,具有法定性,不可轻废,必须严格依法执行;而金融行政监管的目的是维护金融秩序的稳定,只要能够控制风险,对于一些金融创新活动,监管者则可以采取适当容忍的态度,允许其适度发展。对于P2P网贷,我们就应该采取后一种适度容忍的监管态度。

二、非法集资和中国的P2P网贷

业界对于中国P2P网贷的分析主要基于业务模式而区分线上和线

---

[1] 关于非法集资的全面分析,请参见彭冰:《非法集资活动规制研究》,载《中国法学》2008年第4期;关于实践中如何界定非法集资行为,请参见彭冰:《非法集资行为的界定》,载《法学家》2011年第6期。

下,但对于非法集资的认定来说,线上与线下的区分并无意义。非法集资的界定中最为关键的两个因素:集资性质和面向社会公众,在 P2P 网贷中都完全得到满足,因此,无论美英,都将 P2P 网贷纳入了金融监管的视野。

P2P 网贷的典型模式尽管符合非法集资的特征,但基于个人对个人、点对点的借贷模式,投资者承担的风险有限,还处于可控的状态。因此,尽管 P2P 网贷符合非法集资的特征,也不妨在风险可控的情况下加以适度监管。但中国的 P2P 网贷除了典型模式之外,还有众多变型,其中有些更是符合非法集资的特征,需要得到特别监管。概括起来,在 P2P 网贷中这些具有重大风险的非法集资,主要表现为三类,P2P 平台公司在其中都需要承担责任,或者为非法集资的共犯,或者直接构成非法集资的主体。

1. 借款人借助 P2P 网贷平台非法集资

在 P2P 网贷中,借款人直接面向社会公众借款,许诺本息回报,本来就直接构成了非法集资。但鉴于中国金融压抑的现状,中小企业融资需求和个人消费金融需求很难得到满足,P2P 网贷适时弥补社会需求,不失为正规金融的一种有益补充。并且,因为个人对个人的直接融资,或者中小企业的融资需要,金额不大,风险可控,因此金融监管部门对典型的 P2P 网贷模式可以暂缓行动,观察一段时间再说。

但是,这是从行政监管层面来说,从刑法角度来说,则对于非法集资有一定的追诉标准,符合条件的,就可能构成了应追究刑罚的犯罪活动。按照最高人民法院发布的《非法集资的司法解释2010年》第 3 条规定,非法吸收公众存款,具有下列情形之一的,应当依法追究刑事责任:(1) 个人非法吸收或者变相吸收公众存款,数额在 20 万元以上的,单位非法吸收或者变相吸收公众存款,数额在 100 万元以上;(2) 个人非法吸收或者变相吸收公众存款对象 30 人以上的,单位非法吸收或者变相吸收公众存款对象 150 人以上的……。尽管这一追诉标准还有商榷余地,但作为目前生效的追诉标准,在确定是否构成非法集资犯罪方面具有重要意义。超过上述金额或者上述出借人数量而吸收存款的,就应当被追究非法集资的刑事责任。

借款人构成非法集资,虽然看起来没有 P2P 网贷平台什么事,特别是在典型 P2P 网贷模式中,平台并不直接经手资金。但按照最高人民法院、最高人民检察院和公安部 2014 年联合下发的《关于办理非法集资刑事案件适用法律若干问题的意见》(以下简称《非法集资司法解释2014年》)的规定,"为他人向社会公众非法吸收资金提供帮助,从中收取代理费、好处费、返点费、佣金、提成等费用,构成非法集资共同犯罪的,应当依法追究刑事责任"。网贷平台如果对于借款人的借款金额和出借人数不加控制,就可能成为借款人非法集资犯罪的工具。并且,典型P2P网贷模式中,平台的盈利来源于撮合借款成功后从中收取的手续费,一般为借款金额的一定百分比,这很可能使得网贷平台被认定为借款人非法集资的共犯。

因此,对于网贷平台来说,应当在交易结构设计上安排一定的限制,以避免借款人直接构成非法集资犯罪,具体包括:单一自然人借款的金额应当限制在20万元以下,可以投标该借款的投资者应当有人数上限——不超过30人;单一单位借款人的金额应当限制在100万元以下,可以投标该借款的投资者人数限制为不超过150人。

虽然这种安排并不能保证借款人不构成非法集资犯罪,甚至在行政监管层面上,借款人还是可能满足非法集资的界定条件,但至少说明网贷平台对借款人的非法集资活动做到了一定的防范,并非故意或者放任非法集资犯罪活动的发生,从而因为不具有共同犯意而避免被认定为非法集资的共犯。

当然,按照监管机构的说法,"一些P2P网络借贷平台经营者没有尽到借款人身份真实性的核查义务,未能及时发现甚至默许借款人在平台上以多个虚假借款人的名义发布大量虚假借款信息,又称为借款标,向不特定多数人募集资金,用于投资房地产、股票、债券、期货等,有的直接将非法募集的资金高利贷出赚取利差",[1]这种情况下,则借款人以虚假借款人名义借款,直接构成欺诈,其非法性更为明显,当集资者具有非法占有目的时,甚至可能构成集资诈骗罪。

2. 网贷平台自融资金,直接成为集资者

监管机构说:"个别P2P网络借贷平台经营者,发布虚假的高利借款标的募集资金,采取借新还旧的庞氏骗局模式,短期内募集大量资金,有

---

[1] 史进峰、张烁:《三类P2P平台涉非法集资资金池业务首当其冲》,载《21世纪经济报道》2014年4月22日。

的用于自身生产经营,有的甚至卷款潜逃"。[1] 这是说的网贷平台自融资金的情况。

在我国的实践中,非法集资活动一直受到严厉打击,而 P2P 网贷则因为是新生事物,监管机构并未对其设置任何准入门槛和监管措施,一度还作为互联网金融的创新而受到宣传,因此,很多缺少资金的人干脆就自己设立 P2P 网贷平台,作为自己融资的工具。设立者通过在自己的网贷平台上发布虚假的借款信息,获取投资者的资金,但主要用于自身的生产经营,这被称为 P2P 网贷的自融模式。这种模式下,P2P 网贷平台只是非法集资者的工具,主要功能是将原来赤裸裸的非法集资活动伪装成所谓的互联网金融创新,非法集资的性质并没有发生任何改变。

3. 网贷平台成为吸收公众资金的金融中介

网贷平台还可能构成另一种典型的非法集资类型,就是网贷平台自己归集资金用于投资,成为一种准金融中介。此类的网贷平台可能有多种安排,但最多的是两类:一类是网贷平台自身或者通过第三方为投资者提供了本金和收益担保,这样就进行了信用转换,本来是分散的借款人的信用风险转换为单一的网贷平台或者少数担保公司的风险,出借人不再关注借款人而是关注担保方。还有一些网贷平台不但提供信用转换,还通过将债权拆分为不同期限和不同金额而提供了期限转换,有的还通过随时回购的安排,提供了流动性转换。在这些安排下,担保方和网贷平台都更像是一种影子银行,符合非法吸收公众存款的特征。

另一类是网贷平台不承担投资风险,但是汇集投资者的资金进行投资,由投资者承担投资风险,网贷平台在这里起到的是公募投资基金的功能。公募投资基金因为从公众吸收资金进行投资,法律上不但对其设立有严格的准入要求,而且对其投资范围也有严格限定,按照《证券投资基金法》的规定,公募投资基金只能投资于上市交易的股票、债券,因为只有这些证券才具有流动性和易估值的特征。如果投资于不具有流动性的项目,诸如未上市公司的股权,各国都只限于私募型的投资基金或者许可设立的金融机构。而我国目前很多 P2P 网贷平台发布的理财产品,就具有这一性质。

另外,也有相当数量的地下钱庄等非法经营机构可能借助于 P2P 网

---

[1] 史进峰、张烁:《三类 P2P 平台涉非法集资资金池业务首当其冲》,载《21 世纪经济报道》2014 年 4 月 22 日。

贷平台来获取资金,以及本来不允许获取公众资金的小贷公司、典当行等专业放贷公司通过 P2P 网贷平台来获取公众资金。这些都突破了金融监管的底线。比较典型的是已经受到中国银监会批评的信托 100 网站。

至于中国银监会官员所说的资金池模式,"搞资金池,即一些 P2P 网络借贷平台通过将借款需求设计成理财产品出售给放贷人,或者先归集资金、再寻找借款对象等方式,使放贷人资金进入平台账户,产生资金池"[1],只是上面所说的非法金融中介的一种表现形式,认定非法金融中介并不仅仅是看先有借款对象还是先归结资金,而主要看资金稀缺方和资金提供方之间的沟通是通过网站直接进行,还是通过某种起到金融中介功能的机构来完成。

三、合法的 P2P 网贷

在中国现行法下,在中国银监会的《网络借贷信息中介机构业务活动管理暂行办法》实施之前,只有两种 P2P 网贷是合法的:

一种是私募性质的 P2P 网贷。在这种网贷模式下,网贷平台需要对投资者身份进行审查,确定其符合合格投资者的标准。严格来说,这种网贷模式不属于 P2P 网贷,而是属于私募模式,因为资金提供方不来自社会公众,而是来自合格投资者。合格投资者能够自己保护自己,不需要法律为其提供特别保护,因此本模式不涉及非法集资问题。

另一种是提供小微金融服务的 P2P 网贷。如将典型的 P2P 网贷模式限制于小微金融的范畴,只为个人和中小企业提供小额借款服务,这样做虽然形式上不合法,但具有社会合理性,可以为金融监管者所容忍。在现阶段,按照最高法和最高检对于非法集资犯罪追诉标准的要求,网贷平台应当限制借款人的金额和每笔借款的投资者人数,以免构成非法集资犯罪。具体要求是:单一自然人借款的金额应当限制在 20 万元以下,投标该借款的投资者人数上限为 30 人;单一单位借款人的金额应当限制在 100 万元以下,投标该借款的投资者人数限制为不超过 150 人。

不过从理论角度来看,这一标准不太具有合理性。首先,在公司设立极度简单的今天,区分个人借款还是单位借款而适用不同标准,意义不大;其次,在借款金额限制的情况下,限制投资者人数只会起到相反的作

---

[1] 史进峰、张烁:《三类 P2P 平台涉非法集资资金池业务首当其冲》,载《21 世纪经济报道》2014 年 4 月 22 日。

用,不是减少而是增大了单个投资者的风险。因此,在未来应当修改我国关于公开集资的相关法律规定,设定小额豁免和众筹豁免的概念。

在小额豁免下,集资者的集资金额在一定金额以下时,应当准许其在公开募集时采取较为简易的程序,对于信息披露要求和许可条件,都应当大幅度减化,以减少筹资成本。

在众筹豁免下,对于集资者的集资金额可以限制,但同时还要限制投资者的投资总额,例如投资者每年投资于P2P网贷的总金额不能超过其年收入或者财产总额的一定比例,以减少每个投资者承担的风险程度。这一思路来源于乞丐乞讨。乞丐乞讨之所以能够成功,不仅仅是因其成功激发了陌生人的怜悯心,还在于每个人付出的金额并不多,即使是上当受骗,其损失也在每个人能够承受的风险范围内。目前一些网站发展出强制或者激励投资者分散投资的手段,也是众筹豁免可能考虑的思路。

第三节 P2P网贷监管办法的解读

2016年8月24日,在P2P野蛮生长风险频发之时,中国银监会终于联合工信部、公安部等四部委正式发布了《网络借贷信息中介机构业务活动管理暂行办法》(以下简称《P2P办法》)。

应该说,《P2P办法》的出台经历了广泛的讨论,建立在监管部门、业界和学界的基本共识之上。这个共识有两点:

一、赋予P2P网贷以合法身份

按照现行法律要求,从公众处募集资金,需要取得特别许可。未经批准向公众募集资金,均构成非法集资,严重的甚至构成犯罪。P2P网贷是通过网络平台实现的直接融资,提供资金方为社会公众,本质而言,P2P网贷完全符合非法集资的要件。但一方面,随着大数据等互联网技术的发展,有可能出现一些新的信用风险控制手段,在传统的金融中介机构和直接融资监管要求之外,可能提供了新的直接融资方式,能够更好地解决融资难的问题;另一方面,中国面临严重的金融压抑,中小企业和消费个人融资相比发达国家更为困难。传统金融机构虽然很努力,但在解决小微企业融资方面仍然进展缓慢,不能适应中国现实的经济发展需求。因此,在风险可控的情况下,监管者允许适当的金融创新是迫切的社会需求。

在这种情况下，监管者默许了 P2P 网贷在中国的野蛮生长。短短几年时间，P2P 网贷在中国经历了爆发性的增长。按照中国银监会的不完全统计，截至 2016 年 6 月底，全国正常运营的网贷机构有 2349 家，借贷余额 6212.61 亿元，遥遥领先于全世界。但在野蛮生长过程中，也出现了很多乱象，爆发了一些风险，发生了很多 P2P 平台跑路现象，迫使国务院于 2016 年开始整治互联网金融的秩序。

在这一片混乱之中，P2P 网贷机构迫切需要规范指引。此前，虽然《指导意见》中将 P2P 网贷认定为互联网金融的一种类型，但并未有具体的规范，P2P 网贷机构"妾身未明"，行走在刀锋之上，随时有被认定为非法集资的危险。因此，《P2P 办法》出台，最核心的问题就是解决了 P2P 网贷机构的合法性问题。

按照《P2P 办法》规定，从事 P2P 网贷业务的机构，应当在办理工商注册之后及时在地方金融监管部门办理备案登记，获得电信业务经营许可之后才能开展业务。对于备案登记，《P2P 办法》未设任何前置条件要求。

但为啥 P2P 网贷机构能够获得合法身份？大数据等风控技术虽然提供了一种未来可能，但目前来看并不成熟，立法显然不能以一项不成熟的技术作为取消监管的依据。否则，众多机构都可以宣称自己具有相应技术要求设立银行或者自行向社会融资了。因此，《P2P 办法》在征求意见之后，采取了金额限制的风险控制手段：《P2P 办法》第 17 条规定，个人借款人在同一平台的借款余额上限不能超过 20 万元，单位不能超过 100 万元；个人借款人在不同平台的借款总余额不超过 100 万元，单位不超过 500 万元。

对于金额限制，业界有很多抱怨。但设置金额限制有三个理由：

（1）这是给予 P2P 网贷平台合法身份的唯一理由。就像前面说的，凭啥 P2P 平台能够获得合法身份，没有前置门槛备案登记就行，为啥我宣称自己有超牛的互联网技术，就不能开一家互联网银行呢？目前来看，虽然互联网技术提供了风险控制的可能，但还不成熟，不能直接成为立法的基础。因此，能够为 P2P 网贷平台合法化提供依据的，只能是小额豁免。小额豁免这个概念，在中国法上此前并不存在，但这是各国比较成熟的经验，在理论上，这也是基于成本收益考量而自然产生的最合理豁免要求（如果我只融资 20 万，而融资监管成本要达到 50 万，显然不如不监管)。《P2P办法》对借款人金额的限制,可以作为在中国小额豁免实践的突破性进展。

同时,赋予P2P网贷平台合法身份的一个重要理由是其作为正规金融的有益补充,有助于解决小微企业和个人融资难的问题。既然将P2P网贷的功能定位在普惠金融,显然金额限制就是必不可少的要求。

(2) 这是风险控制的要求。小额豁免除了成本收益考量之外,也是风险控制的现实要求。对于在性质类似非法集资的P2P网贷,监管者允许其合法设立和经营的唯一理由,必须是风险可控。借款人的金额限制,是控制风险、防范风险传递的重要基础。

(3) 同时,这也是现行的法律规定。按照最高人民法院发布的关于非法集资的司法解释,个人非法集资金额在20万元以上的,单位非法集资金额在100万元以上的,需要依法追究刑事责任。如果《P2P办法》没有金额限制,又不设置备案门槛,可以想象:大量实际从事非法集资活动的机构都会从线下转为线上,披上一件P2P网贷的外衣,就可以从事表面合法的非法集资活动了。实际上,已经爆发出来的E租宝等案例就是典型。

另外,从监管权限上来说,中国银监会等部门也只能从金融监管角度,对行政违法行为给予一定的豁免,对于可能构成刑事犯罪的违法行为,中国银监会等部委也无权合法化。因此,《P2P办法》只能在未构成刑事犯罪的界限内,在风险可控的情况下,对于涉嫌非法集资的P2P网贷有一定的豁免权限,授予其合法身份。

实际上,从立法逻辑和理论来看,要实现小额分散的监管目标,仅仅有对借款人的金额限制是不够的,还应当有对出借人的金额限制。但基于规章制定的权限和认识限制,这一突破还有待于未来发展。

二、P2P平台的信息中介定位

第二个共识是P2P网贷平台应当是信息中介而不能成为信用中介。《P2P办法》规范的主体是网络信贷信息中介机构,主要是为通过网络的直接借贷活动提供信息搜集、信息公布、资信评估、信息交互、借贷撮合等服务。

这一定性也受到了很多批评,主要是与中国现实不符。在P2P网贷进入中国野蛮生长期间,为了扩展业务、吸引更多出借方加入,很多网贷平台采取了提供担保、拆分期限等手段。这些手段虽然有效地扩展了

P2P网贷的规模,但也使得P2P网贷平台的性质发生了转换,从传统的信息中介机构变成了信用中介机构。对于信息中介机构,监管要求只是保证信息的准确性,但对于信用中介机构,由于其担负了借贷风险,监管显然有更多风险控制的要求。以银行为例,作为典型的信用中介机构,监管以审慎要求为主,采取了资本充足率等各种监管手段来控制风险。如果采用类似的手段监管P2P网贷平台,显然成本太高,更不切合实际。但在现有金融监管体制之外,发展出大规模、不受监管的信用中介机构,隐含了巨大的金融风险,显然不是监管者乐于见到的。

同时,大量P2P平台从事信用中介业务,先不管其是否有能力控制风险,这些平台存在本身就形成了劣币驱逐良币的现象,一些规规矩矩从事信息中介的平台面临着巨大的竞争,甚至可能会被排挤出市场。因此,监管机构出面划清平台的业务边界,有利于P2P行业的长期发展,只有规范发展,才有可持续的未来。

当然,P2P平台信息中介的定位本身并非《P2P办法》的创造,2015年十部委发布的《指导意见》就已经规定的非常清楚:"个体网络借贷机构要明确信息中介性质,主要为借贷双方的直接借贷提供信息服务",《P2P办法》只是落实《指导意见》已经明确的方向而已。

既然P2P平台定位为信息中介,显然不得提供增信服务和形成资金池,所以,《P2P办法》第10条对平台禁止行为的规定,很多也就可以理解了。不过,中国从银监会发布的《答记者问》来看,虽然《P2P办法》明确禁止平台直接或变相向出借人提供担保或者承诺保本保息,但政策安排上,仍然允许平台引入第三方机构进行担保或者与保险公司开展相关业务合作,也算是对现实的一种妥协,网开一面。

作为信息中介,平台的核心功能是提供借贷信息,撮合借贷双方。平台的核心竞争力因此表现为:对信息真实性的审查和对借款人资信的评估。这两个方面将是未来平台在竞争中胜出的主要能力。

三、《P2P办法》还有待配套落实和实践检验

尽管经过千呼万唤,《P2P办法》才姗姗出台,但《P2P办法》只是构建了对P2P网贷监管的基本框架,还需要一些具体的配套制度,才能落地运行。同时,《P2P办法》中的一些制度是原则性和创新性规定,还需要通过实践的不断检验。

从配套制度来说,《P2P办法》明确规定平台的备案登记、评估分类、

信息披露等具体细则另行制定。除此之外,关于技术标准、数据隐私保护等,都可能需要特别的配套规则。举例来说,《P2P办法》简单规定了地方金融监管部门负责对P2P平台办理备案登记,并规定其有权对备案登记后的平台进行评估分类并公布。那地方金融监管部门对于所有前来的平台是否都必须办理备案登记?地方金融监管部门能否基于本地的风险监管要求,提出一定的备案要求,形成不同地方监管的差异化竞争?

《P2P办法》宣称在我国首次建立了行为监管和机构监管的金融监管分工制度。按照《P2P办法》规定:中国银监会及其派出机构负责制定P2P平台的市场活动监管制度,并实施行为监管,各省级人民政府负责对平台的机构监管。这种区分机构监管和行为监管的金融监管分工安排,在实践中如何运行,如何避免监管重复和监管真空,能否实现有效监管,还有待实践检验。例如,某地方的P2P平台违规提供了担保,或者从事了其他违法业务,这是行为监管的范围还是机构监管范围?地方银监局和地方金融办,谁来负责查处?看起来《P2P办法》第40条将处罚权交给了地方金融监管部门,那如何体现中国银监会的行为监管?是否地方银监局可以在地方金融监管部门基于地方保护主义不作为的时候积极介入或者构成后补的监管力量?

目前来看,《P2P办法》建立在各界共识之上,但《P2P办法》能否成功,还要看能否满足商业的需求。平台的核心功能是撮合借贷双方,是一个典型的双边市场。双边市场的成功,既要看借款人的质量,更要看出借人的数量。如何成功吸引借贷双方,是平台竞争的核心,也是一个商业竞争问题。《P2P办法》只是划定P2P平台的竞争底线,设定游戏规则,让大家进行更为公平与合理的竞争,避免风险外溢社会。

可以想见,在《P2P办法》划定游戏规则之后,P2P平台的野蛮生长趋势将会受到遏制,网贷行业将面临一场大洗牌。先发展后规范,是中国改革开放以来的成功经验。随着《P2P办法》及其配套规则的相继颁布,中国的网贷行业将告别野蛮时代,进入规范发展的新阶段。

第四节　P2P网贷监管模式研究

P2P网贷已经被纳入监管范围。2016年8月24日,中国银监会联合工信部、公安部等四部委发布的《P2P办法》,确立了对P2P网贷监管的具体规则。上一章对此略有讨论。

不过，这些监管原则和导向确立的理论基础是什么，是否符合中国P2P网贷发展实际状况，则颇有可争议之处。例如，有人就认为P2P网贷平台更应该定位为一个放贷公司，而不是一个简单中介。实际上，从中国P2P的实践来看，真正从事纯粹信息中介的P2P网贷平台只有极少数几家，多数P2P网贷平台为了扩大业务，都通过自身、关联公司或者第三方提供担保，进行了信用转换，演化为了信用中介。《P2P办法》采取一刀切的方式，将绝大多数的P2P网贷模式划为非法。绝大多数的P2P网贷公司因此都必须立即整改以合规。

但是否还有其他监管思路？

本节基于中国现实，提出对P2P网贷的监管模式设想，供未来参考。

一、底线监管和分类监管——中国P2P网贷监管的思路

P2P网贷在中国的变型，完全是由中国特定的金融压抑和征信体系落后的环境所决定的。决定P2P作为一种商业模式能够成立的三个要素——去中心化的交易结构、互联网技术、数字化审贷机制中，中国因为征信体系建设严重落后，在数字化审贷技术上存在严重缺失。在这种情况下，各个P2P网贷公司不得不花费大量的人力和财力组建线下的风控队伍，形成所谓的线上和线下相结合的主流模式（online to offline，简称O2O）；而且在征信体系落后的情况下，投资人风险厌恶程度高和风险承受能力低，P2P公司为了吸引足够的投资人，不得不推出投资者保障计划乃至本息担保承诺。

从性质来看，P2P网贷尽管在本质上有非法集资的嫌疑，但在中国金融压抑的环境下，其是正规金融机构金融服务不足的有益补充。因此，监管模式的建立，应当主要是兴利除弊，保持和发挥P2P网贷现有的对正规金融机构的补充作用，打击和防范P2P网贷中可能存在的非法集资、欺诈、投资者和消费者保护不足等现象。对此，可以采取底线监管、分类监管的思路。

1. 底线监管

P2P网贷在本质上是借款人通过P2P网贷平台向社会公众以还本付息的方式募集资金，性质上是向社会公众集资。各国对此都有严格的监管要求。中国习惯上将此类违法行为统称为非法集资，在金融监管层面可能构成非法吸收或者变相公众存款、擅自公开发行证券、基金等行

为,在刑法上则构成了非法吸收或者变相吸收公众存款罪、集资诈骗罪。此类行为也相应可能构成行政违法和犯罪。不过,鉴于 P2P 网贷在某种程度上构成了对正规金融的有益补充,金融监管机构应当在风险可控的情况下,通过监管给予 P2P 网贷适当的生存空间。

P2P 网贷的这一生存空间应当以不构成犯罪为底线,因此,刑法上对于非法集资定罪的底线应当成为 P2P 网贷的生存上限。目前,《P2P 办法》对借款金额的限制,就是以最高人民法院的司法解释为基础确立的。也具有小额豁免的雏形。

不过,基于 P2P 网贷的特性,金额限制也存在一些问题。首先,多人小额应该是分散风险的更好途径,换句话说,借款金额的上限有其必要性,但出借人数的限制则在小额的特性下显得不合时宜——因为对于出借人来说,分散投资是降低风险的有效手段。例如同样是一笔 100 万元的借款损失,出借人有 10 人和 1000 人所引发的社会危害是远远不同的:前者每人损失 10 万元,对每个人来说都是一笔不小的损失;后者每人不过损失 1000 元,对其生活不会造成重大影响,相应的社会危害也就较小。《P2P 办法》在这方面抛弃了司法解释中对人数的上限要求,是明智之举。

其次,由于出借方为公众,对于借款方的风险分析能力和风险承受能力都严重不足,监管者还应当考虑对于出借方在 P2P 网贷中的总投资额度加以限制,而不仅仅限制借款方的借款金额。这和股权众筹中的投资金额限制概念是一样的——P2P 网贷本来就是众筹的一种,即借贷型众筹。

除了具体的金额和人数限制,对于一些典型的非法集资样态,监管机构也应当明令禁止。其实,在设置了金额限制后,P2P 网贷可能只有三种典型的非法集资样态了,一种是网贷公司设置虚假的借款信息,其实是自融资金;另一种是网贷公司通过提供担保、进行期限切分和金额切分,实现了信用转换、期限转换,这就基本上演化为了一个影子银行,风险极大,应当予以禁止;最后一种是 P2P 网贷平台演化为一个公募基金,汇集公众的小额资金用于投资,即监管机构所谓的资金池。但需要注意的是,网贷平台作为一个公募基金的样态,并不取决于是先有项目再汇集资金还是先汇集资金再找项目这个所谓的时间标准,而是看交易的性质本身。

2. 分类监管

经过几年的发展,P2P 网贷已经在中国异常繁荣,就规模而言,无论是机构数量、参与人数还是借款总金额，都已经远远超过了发达国家。

P2P网贷在中国的繁荣，离不开这些网贷平台公司为了适应中国的现实环境，对P2P网贷经典模式的各种改造。这种改造形成了P2P网贷多种多样的商业模式，仅仅用信息中介并不能完全概括。因此，P2P网贷监管模式，也不能削足适履，简单套用国外P2P网贷的信息中介监管模式。

P2P网贷在中国的各种变型导致了P2P网贷模式的根本变化，基于其功能和服务对象的不同，需要至少对P2P网贷做两次不同的区分，才能设计符合中国实际需求的监管模式。

首先，需要区分P2P网贷的功能，是仅仅作为信息中介，还是也提供了信用中介的功能？这主要涉及P2P网贷中的担保问题。典型的P2P网贷不提供担保，借款人的信用风险完全由出借人承担，网贷平台根据自己的标准，审查借款人，筛选借款信息，并给出自己的风险标示和基础定价，在某种程度上起到了信用分析的功能，但并不承担信用风险，因此此种功能更类似投资咨询和建议。

但基于中国的信用环境，出借人的风险识别能力和风险承受能力都很差，中国绝大多数的P2P网贷公司都通过提供担保的方式来减轻出借人所面临的信用风险。当然，提供担保的方式多种多样，包括网贷平台自行提供担保、通过设立风险准备金来提供担保、由第三方小贷公司提供担保、由第三方融资担保公司提供担保等几大类。目前比较明确的是网贷平台不能自行提供担保，或者通过其关联公司来提供担保，因为这样网贷平台本身就承担了所有借款人的信用风险，而其资金又是来自社会公众，而不是像小贷公司一样来自自有资金。但对于网贷平台通过第三方来提供担保，目前来看似乎还很难一概禁止。这是因为金融压抑的现状使得一种特别的信用中介机构——融资性担保机构在中国异常繁荣，而融资性担保机构在目前的金融监管体制下是一种合法的准金融机构，受到一定程度的监管。由其来提供担保，在中国目前尚是合法的做法，并且基于P2P行业的现状，如果完全禁止，也将对行业造成重大打击。

在不能禁止第三方担保的情况下，监管重点应当放到集中了信用风险的担保机构身上，此种模式中，P2P网贷平台和第三方担保机构一起构成了信用中介，应当面临和信息中介不同的监管方式。并且，因为在此时提供信用担保的机构所面对的是社会公众出借人，一旦爆发风险，将导致公共性事件，甚至因为其可能同时在银行融资和P2P网贷中担任担保人角色,而引发局部的系统性风险,因此,在风险管理上与现有的对融资性担保机构监管方式应当有所不同。

其次,在信用中介模式中,还需要区分个人借款和中小微企业借款两种不同模式。表面来看,这两种不同模式的区别只在于借款人的身份不同,但从法律角度来看,其实主要的区别在于这两种借款的用途不同,在法律上的待遇有相当大差异。中小微企业借款,本质上是商业贷款,虽然基于种种政策考量,需要对其给予一定的特殊待遇,但在法律上基本还是商业借款,和一般的商业借款没什么区别。但个人借款则与此不同,个人借款的主要目的是用于消费,借款的性质是消费信贷,借款人在法律上则往往被视为是金融消费者,需要获得法律的特别保护。虽然中国目前在立法上尚无专门的金融消费者权益保护法,专家们对于金融消费者的范围尚争议不休,但消费信贷的借款人作为接受银行服务的消费者,好像争议并不大。此时应当适用《消费者权益保护法》中的种种特别保护制度。发达国家对于消费信贷往往有专门立法,对于消费信贷的借款人提供各种特别保护。随着中国一行三会纷纷建立消费者保护的专门机构,可以想象这种立法在中国也为期不远了。目前 P2P 网贷监管制度的设计上,也应当对此有专门的考虑。

二、中国 P2P 网贷监管模式的具体设计

在底线监管和分类监管的思路下,具体设计中国 P2P 网贷监管的模式,应当是一个渐进的监管模式。首先应当是负面清单,列明所有 P2P 网贷平台不能从事的活动,防范非法集资风险;其次是分层次的监管要求,对于纯粹的信息中介,应当适用最低的监管要求,其目的应当是保障信息的安全和投资人的利益;如果 P2P 网贷平台还提供了担保服务,则在上述最低要求之上,还应当区分个人借款和中小微企业借款,而设计不同的监管,引导 P2P 网贷平台区分自己的专业领域。

1. 负面清单

负面清单是所谓底线监管的具体体现,其目的是防范 P2P 网贷演化为非法集资。具体要求就是在不触犯刑律的情况下开展 P2P 网贷业务,其内容主要包括两个方面:一方面是上述的金额限制。金额限制,目前规定是个人 20 万元和单位 100 万元。单位的金额适用于中小微企业,我觉得 100 万元是较为合适的金额上限。个人消费贷款 20 万元是否偏低,也许调整为 30 万元更为合适?

上文已经讨论过,金额限制不应当仅仅限制借款金额,还应当限制出借方参与 P2P 网贷活动的总金额,以便限制公众投资者所承受的风险水平。这和股权众筹中的投资金额限制概念是一样的——P2P 网贷本来就是众筹的一种,借贷型众筹。因此,建议在监管要求上考虑和股权众筹一样,设计出借方每年投资 P2P 网贷的总金额,与其年收入和家庭净资产挂钩,例如每年收入不足 20 万人民币的,限制每年投资 P2P 网贷的总金额为年收入或者净资产的 20% 左右(可高于股权众筹金额,因为 P2P 网贷相对股权众筹来说风险较低)。

上文也讨论过,分散投资的风险要大大小于集中投资,并且在金额限制的情况下,出借人人数众多并不会构成非法集资的涉众风险,因此,监管要求应当对鼓励出借人分散投资,废除对每笔借款的出借人人数上限限制,甚至可以考虑设置每笔借款的出借人人数下限,强制分散投资。

除了金额限制,在业务模式上还应当明令限制:(1) P2P 网贷平台自身或者通过关联公司提供担保;(2) P2P 网贷平台自融资金;(3) P2P 网贷平台扮演公募基金的角色(俗称的资金池业务)。

2. 信息中介

信息中介本来是 P2P 网贷平台的典型定位,在这种模式中 P2P 网贷平台只扮演信息发布和交流的平台角色,本身不承担信用风险,因此对其监管也应当是最少的。具体而言,作为一个信息中介,P2P 网贷平台应当遵守的监管要求包括这几个方面:

(1) 监管者为了获取相关信息,并且履行一定的监管职能,应当要求 P2P 网贷平台备案。

(2) P2P 网贷平台应定期向监管机构提供报告,以便监管者及时掌握情况。英国法规定,平台应当定期向监管机构提交概括性的总结报告,内容包括有:财务状况、持有客户资金状况、投诉与控告情况以及每季度贷款安排的详细信息。除此以外,当贷款资金总额变动在 25% 以上时,平台还负有通知义务。

(3) P2P 网贷平台应对借款人履行适当的审查职能,避免虚假借款信息。

(4) P2P 网贷平台应当具备一定的技术条件,保证网络信息交流的通畅和安全;基于这一要求,监管者甚至可以要求 P2P 网贷平台应当具备一定的资本金要求。

(5) 建立客户资金独立存管制度,要求 P2P 网贷平台应当将客户资金交予独立第三方存管；P2P 平台应当履行对第三方尽职调查的职责。实际上，英国立法明确规定该第三方机构应当为银行，中国也可以适当考虑作此规定。

（6）完备信息披露和风险揭示制度，平台不但应当对利息、期限、各项收费有明确的信息披露，还应当向出借人提示风险，包括：借款人可能违约的信用风险，该笔出借资金不属于存款，不受保障的风险等。

（7）在平台倒闭或者出现问题时，某些借款人的借款可能还没有到期，而出借人可能并不知道或者未掌握借款人的信息，因此，平台应当对此时如何保护出借人的权利作出事先安排，即所谓的"生前遗嘱"。

3. 针对个人借款的信用中介

上文已经讨论过，针对个人借款的信用中介之所以特殊，是因为其中个人借款人的身份特殊——作为消费信贷中的消费者，其享有《消费者权益保护法》的特别保护。不过，本来在 P2P 的典型模式中，个人对个人借贷，消费者保护问题并不突出，因为消费信贷的提供者也可能是消费者，并非职业的放贷人或者机构，能否使用消法保护，存在颇大争议。但由于在信用中介模式中，网贷平台提供了第三方的担保安排，使得信用风险转移至担保机构，出借人自身不再承担信用风险，这一切都意味着网贷平台和第三方担保机构才是消费信贷服务的提供者，尽管资金来自出借人。在这种情况下，个人借款人作为消费者的权利应当受到《消费者权益保护法》的保护应该是没有问题的。

2014 年生效的修订的《消费者权益保护法》中明确规定了消费者权利和经营者的义务，其中在 P2P 网贷中特别重要的，包括以下几项：

（1）明码标价：网贷平台应当向借款人明确各项借款条件和收费标准，包括利息、担保费、平台收费等各项收费标准。

（2）消费者个人信息的收集和使用：《消费者权益保护法》第 29 条明确规定："经营者收集、使用消费者个人信息，应当遵循合法、正当、必要的原则，明示收集、使用信息的目的、方式和范围，并经被收集者同意。经营者收集、使用消费者个人信息，应当公开其收集、使用规则，不得违反法律、法规的规定和双方的约定收集、使用信息。经营者及其工作人员对收集的消费者个人信息必须严格保密，不得泄露、篡改、毁损，不得出售或者非法向他人提供。经营者应当采取技术措施和其他必要措施，确保信息安全，防止消费者个人信息泄露、毁损、丢失。在发生或者可能发生信息泄露、毁损、丢失的情况时，应当立即采取补救措施。经营者未经消费者同意或者请求，或者消费者明确表示拒绝的，不得向其发送商业性信息。"

在该条规定下，P2P网贷平台要收集借款人的个人信息，需要经过借款人的同意，对收集的信息应当严格保密。换句话说，在个人借贷的情况下，平台不应当将借款人的个人信息传递给出借方。实际上，在信用中介的模式下，因为信用风险由担保机构承担，这一信息传递本来就没有必要。

4. 针对中小微企业借款的信用中介

中小微企业本来不是P2P网贷的主要服务对象，但在中国金融压抑的环境下，P2P网贷却可能成为中小微企业获得贷款服务的重要来源。中小微企业因为其借款金额不高（相对于银行商业贷款来说，对于我们上面所讨论的个人借款则金额偏高）、信息披露不完备、经营失败风险大，其融资难一直是世界难题。在P2P网贷环境下，通过第三方担保，中小微企业实现了向社会公众的直接集资，其中蕴含的风险极其巨大，监管不得不特别慎重。

在P2P网贷的中小微企业借款信用中介模式中，核心是提供担保的第三方机构。理论上，按照监管要求，提供此种担保的机构应当是融资性担保公司。我国2010年颁布有《融资性担保公司管理暂行办法》，将融资性担保公司纳入了监管范围。但与设想中的一般担保公司不同，在P2P网贷模式下，融资性担保公司成为沟通中小微企业和社会公众出资人的关键点，也是风险集中之处，对其监管具有一定的特殊性，应当重于一般性的融资性担保公司。具体包括：

（1）监管权应当上收至银监会。融资性担保公司目前由省一级政府实施属地管辖，由省政府确定的监管部门负责本辖区融资性担保公司的准入、退出、日常监管和风险处置。然而因为在P2P网贷中，担保公司所面对的是社会公众出资人，并且基于网络特性，出资人可能分布在全国各地，一旦风险爆发，将祸及全国，因此，建议将对P2P网贷中的融资性担保公司的监管权限上收为中国银监会。具体可由中国银监会在现有的融资性担保公司中确定优质担保公司具有服务P2P网贷资质的办法来监管。

（2）财务监管比例调整。目前监管办法中对于融资性担保公司有一系列的财务指标监管要求，包括：融资性担保公司对单个被担保人提供的融资性担保责任余额不得超过净资产的10%；担保责任余额不得超过其净资产的10倍；融资性担保公司应当按照当年担保费收入的50%提取未到期责任准备金,并按不低于当年年末担保责任余额 1‰ 的比例提取担保赔偿准备金等。这些财务比例监管要求是针对一般性的融资担保公司而设置的,在 P2P 网贷的环境下,对其中担保公司的财务监管指标是否应当有更高要求,需要监管者仔细考量。

(3) 基于公平和防范风险传递的要求,应要求担保公司专业化。一般性融资担保公司的主要业务是为银行贷款提供担保,当其从事 P2P 网贷业务时,则面向社会公众。银行作为债权人,风险控制能力和处置能力更强,因此,当担保公司出现问题时,债权人银行显然比社会公众更具有要求担保公司优先清偿的能力。如何公平对待这两类不同的债权人,是个问题。同时,当一家担保公司同时服务银行等债权人和 P2P 网贷时,可能具有风险传递的效果。本来在金额、人数等的控制下,P2P 网贷即使出问题也不会演化为系统性风险,但担保公司通过担保行为将风险集中于一身,使得所谓的金额人数限制都丧失了意义,而如果其还同时为银行提供担保,则使得风险很可能传递,最终演化为系统性风险。因此,要求为 P2P 网贷提供担保的机构采取专业化的经营方式,可能是值得考虑的一个方向。

三、结论

P2P 网贷在中国的异常繁荣,既是因为迎合了中国金融压抑的现实需求,也是网贷平台适应中国环境调整经营模式的结果。P2P 网贷中国化改造的结果,是绝大多数 P2P 网贷平台通过提供担保转移了信用风险。在这种情况下,《P2P 办法》用信息中介来定性 P2P 网贷,沿用西方发达国家的监管思路来监管中国的 P2P 网贷,不免有些缘木求鱼的味道。

本书因此提出采用底线监管和分类监管的思路来设计中国的 P2P 网贷监管模式,具体包括:(1) 通过负面清单排除非法集资风险,对借款金额和出借人参与 P2P 网贷的总金额都进行限制。同时,可以对每笔借款中的出借人数作出下限限制,以强制帮助投资者分散风险。(2) 对纯粹从事信用中介的 P2P 网贷公司提出监管要求,这些要求应成为所有 P2P 网贷公司的基本监管要求。(3) 对从事个人借款的 P2P 网贷公司(信用中介型),注重对个人借款人的消费者权益保护。(4) 对从事中小微企业借款的 P2P 网贷公司(信用中介型),则注重对担保机构的监管,并因为其面向社会公众出借人提供担保,而要采取比一般性融资担保公司更高的监管要求。

第五节 互联网金融风险整治观察

一、老文件新公布之谜

2016年10月13日,以国务院办公厅为首,十几个部委附随,一口气公布了7个文件,宣布对互联网金融风险开展专项整治工作。

这7个文件,以国务院办公厅发布的《互联网金融风险专项整治工作实施方案》(以下简称《实施方案》)领头,然后细分领域,包括了第三方支付、互联网资产管理、P2P网贷、股权众筹、互联网保险和互联网金融广告。

其实这也不是新文件。看各文件的签署日期,基本上都是2016年4月份签发的。例如领头的《实施方案》,按照国务院办公厅《关于印发互联网金融风险专项整治工作实施方案的通知》,实际签发日期是2016年4月12日。《P2P网贷借贷风险专项整治工作实施方案》的印发通知,则是4月13日,其他几个文件的印发日期也都在这前后几天。按照中国政府文件流程,相关文件应该早就已经传达到了各省和相关部委。实际上,4、5月份的时候网上也曾经流传过《实施方案》的全文,只是一直真假未辨。

零壹财经对比了现在公布的文件与网上流传的文件,发现基本相同,只是在第4条"加强组织协调,落实主体责任"中增加了对中国人民银行的职责规定。据说新增的内容为:"部门统筹。成立由人民银行负责同志担任组长,有关部门负责同志参加的整治工作领导小组,总体推进整治工作,做好工作总结,汇总提出长效机制建议。"[1]看来中国人民银行在互联网金融风险整治中地位明显上升。

这里先说说为什么老文件新发。

看《实施方案》第5条,"稳步推进各项整治工作",整个整治工作被划分为四步,并且有严格的时间表:首先开展摸底排查工作;在2016年7月底完成;然后实施清理整顿工作,应当在11月底完成;领导小组对此进行督查和评估,也应当同步在11月底完成;最后是验收和总结,验收应当在

---

[1] 参见零壹财经:《互金整治方案密集公布背后的玄机》,http://www.01caijing.com/article/11390.htm,最后访问日期2016年12月30日。

2017年1月底完成,然后领导小组汇总形成整体报告和建立监管长效机制的建议,报国务院,这个应当在2017年3月底完成。

对比一下文件公布的时间——2016年10月初,如果扣除国庆长假,其实基本上相当于9月底。据说,摸底排查工作比想象中的困难,所以比计划中多花了两个月时间。也就是说,公布的这个时机,正好是摸底排查结束,准备实施清理整顿的时间节点。

这个时间节点意味深长。

摸底排查,只是收集信息、掌握情况、了解风险,并不触动谁的奶酪,但马上就要实施的清理整顿工作,则涉及要求并监督违规情节较轻的从业机构整改,对于拒不整改或违规情节较重的,则"依法依规坚决予以关闭或取缔",涉嫌犯罪的,还要移送相关司法机关,这就会导致很多从业机构将面临行政命令或者行政处罚。

按照依法治国的基本原则,要求人们遵守的法律,必须为人们所知晓。"刑不可知,则威不可测"已经是过时的理念了,现在的法治精神要求有"透明度"。用来处理互联网金融的非法集资早就有相关法律了,文件也说,"专项整治不改变、不替代非法集资和非法交易场所的现行处置制度安排",那这次公布的文件中是否有些新的禁止性规定呢?

有的,而且不少,主要表现在《实施方案》的第2条和第3条。

《实施方案》第2条是"重点整治问题和工作要求",分领域讨论了P2P网贷、股权众筹、互联网资产管理业务、第三方支付业务和互联网金融广告,几乎在每一项业务中,文件都提出了新要求。本书简单列举如下:

(1) P2P网贷:对网贷平台的各项行为禁止,包括不得从事线下营销、不得发放贷款、不得从事资产管理、证券市场配资等业务。这些禁令都体现在了2016年8月份发布的《网贷信息中介机构监督管理暂行办法》里面。这是最有法律依据的。

(2) 股权众筹:股权众筹平台不得"明股实债"、不得从事资产管理业务、债权或者股权转让业务等内容,都是新规定。因为中国证监会迄今为止还没有颁布过关于股权众筹的具体规则,没有这次国务院办公厅文件的颁发,这些禁令几乎就无人知晓。至于禁止股权众筹平台发布虚假标的、自筹,不得虚假陈述和误导性宣传等要求,则即使不明确规定,也是题中应有之意。

(3) 禁止未取得相关金融业务资质的房地产开发企业、房地产中介机构和互联网金融从业机构,利用P2P平台或者股权众筹平台从事房地产金融业务。这是新规定。同时提出要规范"众筹买房",严禁"首付贷"业务。

(4) 对互联网资产管理业务,要采取"穿透式"监管方法。什么是穿透式监管,我理解应该是实质重于形式。在我国目前金融分业监管体制下,人为划分不同的机构监管领域,严格遵守形式要求,就会导致存在监管真空和套利机会。穿透式监管就是要刺破表面看实质。

(5) 互联网企业集团内部取得多项金融资质的,应当在集团内部建立"防火墙"制度,防止风险交叉传染。

(6) 第三方支付:人民银行或者商业银行不得向第三方支付机构备付金账户计付利息;第三方支付机构不得变相开展跨行清算业务。

(7) 互联网金融广告:未取得金融业务资质的从业机构,不得对金融业务或公司形象进行宣传。

(8) 非金融机构在注册名称和经营范围中原则上不得使用"交易所""交易中心""金融""资产管理""理财""基金""基金管理""投资管理""财富管理""股权投资基金""网贷""网络借贷""P2P""股权众筹""互联网保险""支付"等字样。凡在名称和经营范围中选择使用上述字样的企业(包括存量企业),工商部门将注册信息及时告知金融管理部门,金融管理部门、工商部门予以持续关注,并列入重点监管对象。

(9) 规范不正当竞争行为:明确互联网金融从业机构不得以显性或隐性方式,通过自有资金补贴、交叉补贴或使用其他客户资金向客户提供高回报金融产品。高度关注互联网金融产品承诺或实际收益水平显著高于项目回报率或行业水平相关情况。

上面这些限制性规定,是清理整顿行动的依据。此时公之于众,除了要符合法治要求、公开化和透明化目的外,还有另一层含义,这就是要安抚公众和教育投资者。

互联网金融风险的整治活动,并不是要打压互联网金融,而是要规范发展,并且要建立长效监管机制。但因为前几年互联网金融的野蛮和盲目生长,不少从业机构偏离了业务方向,带来了巨大风险,有些风险已经爆发,有些风险还在隐藏。此次整治活动就是要消除隐藏风险,这对于经济处于下行期的中国社会,是一次必要的风险隐患提前排除。但考虑到违规机构比较多,整治活动可能涉及的范围会比较大,如果不公布整治的规则,可能会引起不必要的恐慌,甚至会进一步引发地区性或者系统性风险。公开整治的具体标准,有助于人们认清整治的目的和范围,也有助于相关从业机构及时整改。

同时,公布整治规则,对于投资者来说,也是一次投资风险教育活动。公众投资者依据整治文件的要求,可以明确投资方向,把握投资中所面临的风险。

这也许就是这些老文件现在重新公布的原因吧?

二、股权众筹风险整治的逻辑

这次国务院部署的互联网金融风险整治活动,细分了 6 个领域,除了广告是所有互联网金融都涉及的一般性问题外,具体将互联网金融划分为了第三方支付、互联网资产管理、P2P 网贷、股权众筹和互联网保险 5 个分支。

实践中,发展规模最大的应当是第三方支付和 P2P 网贷,发展规模最小的估计是股权众筹。第三方支付发展最早,规模庞大,按照中国人民银行公布的数据,2016 年第二季度,第三方支付机构处理网络支付业务 377 亿笔,金额 23.35 亿元。P2P 网贷,按照零壹财经的统计,2016 年上半年总成交超过 8000 亿元,全年有望超过 2 万亿元。对于股权众筹,零壹财经则估算 2016 年上半年约为 35—40 亿元,2015 年全年成功筹资额也不过 50—55 亿元。

不过,如果从整治的逻辑来看,则股权众筹的风险整治逻辑最为清晰和简单。所以,我们对互联网金融各领域的风险整治观察,先易后难,从股权众筹开始。

1. 中国目前没有合法的股权众筹

说股权众筹的整治逻辑最简单,是因为其实只要一句话就能说明白:**在中国目前,没有合法的股权众筹。**

换句话说,如果你在网上看到某平台宣称自己是做股权众筹的,那只有两种可能:一种是该平台涉及非法公开发行证券,另一种就是该平台在做虚假宣传。

为什么会如此呢?这是因为股权众筹有明确的定义,那就是在 2015 年十部委联合发布的《指导意见》中说的:"股权众筹融资主要是指通过互联网形式进行公开小额股权融资的活动"。对股权众筹为什么这样定义,我们不得而知,但看起来是有个转变过程。

至少在 2014 年年底时,股权众筹的定义还不是像现在这样只包括公募。当时,在中国证监会创新业务监管部支持下,中国证券业协会起草公布了《私募股权众筹融资管理办法(试行)(征求意见稿)》。在2014年12月26日的新闻发布会上,中国证监会新闻发言人说:以是否采取公开发行方式为划分标准,股权众筹可以分为面向合格投资者的私募股权众筹和面向普通大众投资者的公募股权众筹。证券业协会发布的办法,是专门针对私募股权众筹平台的自律管理规则。中国证监会正在抓紧制定股权众筹融资的相关监管规则,以公开发行方式开展股权众筹融资的相关政策也正在研究中。

但等到《指导意见》发布,对股权众筹采用了公开小额的定义后,中国证监会就改变了态度。在2015年7月24日的新闻发布会上,中国证监会发言人明确宣布:股权众筹融资具有"公开、小额、大众"的特征,目前一些机构开展的冠以"股权众筹"名义的活动,是通过互联网方式进行的私募股权融资活动,不属于《指导意见》规定的股权众筹。

2015年8月7日,中国证监会向各省级人民政府印发了《关于商请规范通过互联网开展股权融资活动的函》,称:股权众筹具有"公开、小额、大众"的特征,目前一些市场机构开展的冠以"股权众筹"名义的活动,是通过互联网形式进行的非公开股权融资或私募股权投资基金募集行为,不属于《指导意见》规定的股权众筹融资范围。将非公开股权融资或私募股权投资基金募集行为称为"股权众筹",易引起市场和社会公众对股权众筹概念的混淆。

2015年8月10日,中国证券业协会发布《关于调整〈场外证券业务备案管理办法〉个别条款的通知》,宣布将《场外证券业务备案管理办法》第20条第(10)项"私募股权众筹"修改为"互联网非公开股权融资"。

看到没?自此以后,官方就没有"私募股权众筹"这个概念了,只能叫"互联网非公开股权融资"了。

所以,这次发布的《股权众筹风险专项整治工作实施方案》(以下简称《众筹整治方案》)中,第一句话就说,"股权众筹融资具有公开、小额、大众的特征,涉及社会公共利益和经济金融安全,必须依法监管"。

按照目前的官方定义,股权众筹具有公开、小额、大众的特征。(1)公开是指通过互联网开展融资活动的方式。互联网平台是开放的,如果没有特别制度安排,融资信息可被所有浏览平台网站的人获得。这是融资方式的公开。(2)小额是指融资的额度,这可能是融资者的上限,例如规定每个融资的项目不超过100万元或者300万元的额度上限;也可能是投资者的投资限额,例如为了保护投资者,限制其承担的投资风险,要求每个投资者在股权众筹中的投资额度不超过其年度收入或者家庭净资产的一定比例,如10%或者5%。(3)大众则是指投资者的范围,即投资者来自社会公众,为不特定对象。

然而,按照我国《证券法》,所有公开发行证券的行为,都必须符合法定条件,经过中国证监会核准,未经依法核准,任何单位和个人不得公开发行证券。什么是公开发行呢?向不特定对象发行的,是公开发行;向特定对象发行累计超过200人的,也是公开发行。而且非公开发行证券,不得采用公开劝诱和变相公开方式。

也就是说,在我国现行证券法下,所有涉及大众的证券发行,都是公开发行证券;无论额度多小,都没有豁免;而通过互联网的发行,如果没有特别制度安排,则一定是采取了公开发行的方式。因此,具有"公开、小额、大众"特征的股权众筹融资活动,在中国现行证券法下根本就没有合法性。

我国现行证券法,对于公开发行的例外,只有私募豁免,所以通过互联网的股权融资,只有针对特定对象的,才属合法。即使这种方式,如果在网站信息浏览上没有采取一定的限制措施,让所有人都能看到融资信息,也可能构成变相公开(属于公开宣传)。

但按照中国证监会的说法,将这种非公开股权融资或私募股权投资基金募集行为称为"股权众筹",易引起市场和社会公众对股权众筹概念的混淆。所以那些互联网平台从事非公开股权融资或者私募股权投资基金募集的,只能叫"互联网非公开股权融资"。

2. 整治的重点

股权众筹的整治重点很明确:在中国目前,没有合法的股权众筹平台。若一个平台宣传自己在做股权众筹业务,如果是真的,那就是在非法公开发行证券或者非法集资,如果只是这么宣传,其实是在做非公开股权融资或者私募股权投资基金募集,则业务是合法的,但这么宣传是不规范的,需要整改。

这次发布的《众筹整治方案》中最重要的是其中关于六类活动的明确禁止,我们具体分析一下:

(1)擅自公开发行股票:所有面向公众的股票发行,或者向特定对象发行累计超过200人的,都是公开发行,必须经过证监会核准,否则都构成擅自公开发行。也就是说,所有真正从事公开、小额、大众的股权众筹业务的,都是擅自公开发行股票。

但什么叫特定对象呢？诸如实名注册用户,是否构成特定对象？现在证监会还是没有明确。尽管法院有相关判决支持说实名注册用户构成特定对象,但这是很难成立的。因为从理论上来说,特定对象说的是投资者的资质要求,实名注册并不能保证投资者的风险识别能力和风险承受能力。证监会最近发布《证券期货投资者适当性管理办法》,将投资者区分为普通投资者和专业投资者,其中专业投资者(包括转化后的普通投资者)大概符合特定对象的要求。

(2) 变相公开发行股票:主要有两种情况:一种是非公开发行不能采用公开方式。所以,所有通过网络、手机等通讯方式,通过微信公众号、手机 APP、微信群等社交媒体,不加限制地向公众宣传和推广融资的,都构成了变相发行。另一种是股权不得非公开转让。虽然我国《证券法》没有明确规定,但国务院已经通过文件严禁任何股东自行或者委托他人以公开方式向社会公众转让股票。所以,开设公开的私募股权转让二级市场,或者对参与这种转让市场的投资者没有资质限制的,都可能构成变相公开发行股票。即使转让是私下进行的,是特定对象之间的,转让后公司的股东也不能超过 200 人。

(3) 非法开展私募基金管理业务。通过私下募集资金帮助别人投资股权或证券,构成了私募基金管理业务。注意:这里私募基金管理业务中的私募,是指资金募集的方式,不是投资标的。按照现在的监管要求,必须备案。同时,私募基金管理人不得向合格投资者之外的人募集资金,也不得向合格投资者之外的人宣传推介(私募基金管理办法中对合格投资者有严格界定)。私募基金的份额拆分转让后,投资者数量也不得超过 200 人。

(4) 非法经营证券业务。证券业务是特许经营业务,从事证券业务必须经过中国证监会批准。但对于什么是证券业务,我国《证券法》并没有明确规定。目前国务院只明确了三类业务属于证券业务:股票承销、经纪(代理买卖)和证券投资咨询。智能投顾既然是投资顾问,很可能属于投资咨询业务,需要获得相关资质许可。但什么是承销、什么是经纪,目前还缺乏明确定义。

(5) 虚假广告宣传。这个很简单,就不分析了。

(6) 挪用或者占用投资者资金。客户资金第三方存管制度是必需的。虽然目前还没有明确谁可以作为第三方存管机构,但参考 P2P 网贷的要求,估计以银行作为资金存管机构也是迟早的事(参考十部委的《指导意见》)。

除了这六项明确禁止的行为之外,文件还要求对证券公司、基金公司和期货公司等持牌机构与互联网企业合作开展业务的情况进行排查。持牌金融机构不得与未取得相应业务资质的互联网金融从业机构开展合作,持牌金融机构与互联网企业合作开展业务不得违反相关法律法规规定,不得通过互联网跨界开展金融活动进行监管套利。

对于排查结果,有三种处理方式:(1)有违规的,例如乱用"股权众筹"名义,但业务本身还是合法的,其实是非公开股权融资或者私募股权投资基金的,要求其改正规范;(2)有违法的,予以处置,非法集资按照非法集资处置,非法发行股票或者非法从事证券业务的,按照非法证券活动查处;(3)构成犯罪的,追究刑事责任。

3. 一点意见

这次对股权众筹的整治活动,在文件中虽然没有明说,但赤裸裸的事实就是:在中国现行法下,中国证监会青睐的具有"公开、小额、大众"特征的股权众筹,根本就不合法。所以本书一直强调:股权众筹的整治逻辑最为简单,在中国所有宣传自己是"股权众筹"的平台,都有问题,要不是虚假宣传,要不是擅自公开发行证券或者非法集资。

很简单,很粗暴,但也明确、有效,不过也有些悲哀。

实际上,在 2015 年 4 月提交全国人大常委会第一次审议的《证券法修订草案》中,增加了第 13 条关于股权众筹豁免的条款,为股权众筹在中国的合法化提供了法律依据。但因为股灾等原因,《证券法》的修改进程推进缓慢。

股权众筹作为一种随着技术进步而出现的创新融资模式,为降低融资成本、解决中小企业融资难题提供了一种新的可能性。股权众筹能否有效解决这些问题,目前还并不明确。但没有试验,如何知道答案?以美国为首的各国立法者,都纷纷修改法律,允许在风险可控的情况下,开展股权众筹活动。从各国股权众筹立法的经验来看,通过限制融资额度和投资额度并强调众筹平台的监管职责,达致投资者保护和企业融资便利之间的平衡,是控制风险的主要手段。

与发达国家相比,中国面临更为严重的中小企业融资困难,对于股权众筹这种新的可能性,应当在风险可控的基础上允许其适当发展。因此,我们呼吁各方加快《证券法》修改进程,尽快为股权众筹的合法化提供法律依据。

三、P2P 风险整治的逻辑思路和制度安排

在互联网金融各领域发展中，P2P 网贷应该是其中发展最为火爆，也是风险爆发最多的领域。按照中国银监会在《答记者问》中提供的数据，截至 2016 年 6 月底，全国正常运营的网贷机构共 2349 家，借贷余额 6212.61 亿元。相比更早发展 P2P 的英国和美国，中国 P2P 网贷行业的业务总额早已远远超过他们。中国最大的几家 P2P 网贷公司，宜信和陆金所，也都成为全球最大的 P2P 网贷公司。这也是当年互联网金融概念火爆时，鼓吹者认为"互联网金融将颠覆银行，互联网金融将是中国弯道超车机会"的底气所在。

其实，P2P 网贷在中国的快速生长，得益于当时中国缺乏对相关业务的监管规范。利用监管缺位的机会，P2P 网贷行业迅速发展起来，但泥沙俱下，其中也积聚了巨大风险。2015 年 E 租宝和中晋系事件相继爆发，涉及资金都在几百亿元人民币规模，受害投资者数量上万，甚至引发了一些不稳定因素。也许，整个互联网金融风险整治活动的开展，就是由 P2P 网贷的风险事件所引发。按照中国银监会在《答记者问》中提供的数据，据不完全统计，截至 2016 年 6 月底，全国累计问题平台有 1700 余家，约占全国机构总数的 43.1%。因此，说对 P2P 网贷的风险整治，是这次整个互联网金融风险整治专项工作的重心，应该并不为过。

所以，对 P2P 网贷风险整治的观察，有助于揭示整个整治工作的逻辑思路和制度安排。

1. 风险整治活动的逻辑思路

风险整治，当然要先明确风险。此次 P2P 网贷风险整治活动大体划分为三个阶段进行，基础是风险排查。

(1) 摸底排查阶段

第一个阶段是摸底排查阶段。按照《P2P 网贷风险专项整治工作实施方案》(以下简称《整治方案》) 的规定，排查的目的是准确掌握网贷机构相关数据，摸清行业底数，建立较为完整的行业基本数据统计体系。

排查方法是多方数据汇总。中国银监会先会同工信部、公安部、工商总局、国家网信办，以及第三方统计机构、行业自律组织，利用行业信息库、大数据检索、工商注册信息、接受举报等方式，汇总形成网贷机构基本数据统计。然后，将这些数据发送给各省政府。各省政府再以此为基础，综合采用公告确认、电话联系、现场勘查、高管约谈等方式,对统计的内容逐一核实,并要求机构法定代表人或高级管理人员等对核实后的信息进行签字确认,做到对"一户一档"。

换句话说,只要企业在工商登记那注册为网贷机构的,都会在排查摸底范围内;即使某些企业没有注册为网贷机构,但以网贷名义开展经营活动的,也会被纳入排查范围。

排查的内容很广泛,包括网贷机构的各种基本信息和各类产品及业务运营情况,同时要查实网贷机构在运营中可能存在的各种问题,包括是否设立资金池、是否存在自融、是否提供担保等。《整治方案》还要求对于那些近年业务扩张过快、在媒体过度宣传、承诺高额回报、涉及房地产配资或校园贷等业务的网贷机构进行重点排查。

这项工作显然会比较复杂,因为需要收集网贷机构的运营信息,并且要作出是否合规的判断。现有平台 4000 家左右,但在地域分布上并不平衡,上海、浙江、广东和北京的网贷机构数量较多,地方金融办的工作压力应该比较大。

从《整治方案》公布到现在,排查工作已经基本完成。

(2) 分类处置阶段

排查工作完成之后就进入了第二个阶段:分类处置。按照《整治方案》的要求,网贷机构将按照排查结果分为三类:合规类、整改类和取缔类。可见,排查中收集的信息很重要,将直接决定网贷机构所面临的不同处理手段。

不管排查的数据和信息能否全面,在确定分类处置时,分类标准必须明确。P2P 网贷监管工作在这点上做得比较规范。

前面说过,P2P 网贷在中国的野蛮生长,与当时没有相应的监管规范有密切关系。在野蛮生长过程中,因为没有规范,或者放任不管,逐利的网贷机构当然是怎么赚钱怎么来,甚至在市场竞争压力下,被迫采取短视的策略,顾不上经营模式能否持续。但伴随着这次整治工作的开展,银监会在 2016 年 8 月底发布了《网络借贷信息中介机构业务活动管理暂行办法》(以下简称《管理办法》),为 P2P 网贷提供了业务规范,也为分类处置提供了制度依据。

因此,与股权众筹整治活动的逻辑不同,在 P2P 网贷的整治工作中,必须将《整治方案》与《管理办法》合并考虑。在对 P2P 网贷机构进行分类处置时,虽然未像股权众筹整治活动那样详细列出 6 类违规行为,但应当遵守《管理办法》的要求予以处理。

在《整治方案》出台的时候(2016年4月),《管理办法》还只是一个征求意见稿,并未正式推出。所以,《整治方案》只是笼统强调了网贷机构要满足信息中介的定性,不得触及业务"红线",资金要第三方存管以及信息披露要规范等要求。但现在《管理办法》已经颁布,其中对于P2P网贷机构的业务规范有明确规定,不但列出了13项业务禁令,而且对借款限额作出了明确规定(个人20万元,单位100万元)。这些都应该成为处置的依据。不能因为《整治方案》中没有提到借款限额就以为不需要遵守。需要注意的是,尽管《整治方案》公开在《管理办法》之后,但实际上《管理办法》是更新的要求,更应该被遵守。

《整治方案》则将网贷机构分为三类采取不同的处置办法:合规类、整改类和取缔类。其中合规类和取缔类不用说了,对于需要整改类的网贷机构,《管理办法》还限定了整改期——必须在2017年8月之前完成整改。

(3) 验收和总结阶段

按照《整治方案》的要求,银监会将对各地专项整治工作进行督导,各省政府应当对检察、查处和整改情况进行总结,形成报告报送银监会,银监会则据此形成总体报告,报送领导小组。

可以看到,整治工作的逻辑很清晰:先摸底收集信息,据此判断是否合规和违法,然后分类处置,最后还要总结经验。整个工作由各省政府具体负责,估计金融办是主力,上面还有银监会不断督导、检查和验收。

上面分析过了,将近4000家的网贷机构,平均下来每省也有100余家,而由于地域分布不均,一些省市的网贷机构数量可能更多,例如上海、广东、浙江和北京等地,网贷机构的数量可能远远超过百家,地方金融办是否有能力从事信息收集和分类处置的工作,颇有疑问。

也许这正好是一个契机,有助于建立地方金融监管机制。我国自20世纪90年代将金融监管权上收中央以来,金融资源和金融监管都属于中央权限,地方金融基本处于萎靡状态。在我们这样一个大国,地区差异很大,金融权限统一收归中央,导致的结果就是"全国一盘棋",某些地区的金融资源被从本地抽走,用于经济发达地区建设,不利于发动地方金融的自主性,也有不公平之嫌。

这些年来,随着一些准金融机构的监管权限被下放到地方,例如小贷公司、融资性担保公司等都由地方监管,地方金融监管机构也有所发展。

各地政府都建立了金融办,但在资源配置和职权分配上,都还没有得到足够的重视。除了少数几个要立志建设金融中心的地方政府外,各地金融办往往面临人员紧张、职权有限的困境。也许借助此次整治工作,各地金融办可以扩充一下职权和人员,重新思考一下未来地方金融的定位?

2. 互联网金融治理的长效制度安排

综观 P2P 网贷风险的专项整治工作,可以发现 P2P 网贷的发展历程具有典型的中国特色:先发展,后规范;先纵容你野蛮生长,再对你治理整顿。这是中国"摸着石头过河"的传统改革思维,也许在面临金融创新的局面时,更是不可避免。

但这种发展逻辑显然也带来了巨大成本:不仅仅是网贷机构资金链断裂后跑路给投资者带来了巨大损失,也包括创业者在没有规范指引下放纵自己最终身陷囹圄的损失——**这些人甘冒风险创业创新,本来可能是熊彼特所谓的"企业家",是一个社会最宝贵的人力财富,却因为没有外部规范约束,被迫在刀尖上行走。**这会扼杀整个社会的创业创新热忱。因此,如何设置一个既鼓励金融创新又能控制和防范风险的监管机制,是整个社会都必须思索的事情。

P2P 网贷的风险整治工作具体而微,显然无法考虑那么长远,但仍然需要做的是如何建立对 P2P 网贷的长效监管机制。从这个角度来看,《整治方案》有以下几个方面值得注意:

(1) 网贷行业业务规范的建立。

整治的目的是规范。一方面,通过整治要消除风险隐患,另一方面,也是要通过整治,扶优抑劣,改善劣币驱逐良币的市场环境,规范行业发展。因此,中国银监会出台的《管理办法》就显得尤为重要,其为整个 P2P 网贷行业的健康发展和持续审慎监管奠定了制度基础,同时,也是整治工作的政策依据和制度保障。

不过,《管理办法》的一些规定还比较原则,还有待进一步的细化。银监会在《答记者问》中就指出:中国银监会正在积极研究制定客户资金第三方存管、机构备案及信息披露等配套制度。预计不久就会出台这三个配套性规则。

同时,也可以看到,整治工作也为《管理办法》的实施厘清了市场环境。当《管理办法》颁布时,因为其中未设置准入门槛,很多人担心其中的规范不会落实,因为会有网贷公司不去注册,或者直接改名不叫 P2P 网贷以逃避监管。但从《整治方案》来看,通过早期的摸底排查,这些网贷机构早就已经落在名单之中。仅仅改个名、"换个马甲"估计是逃不过的。不过,整治工作只是目前的一项活动,在这个活动结束之后,未来新设立的P2P网贷机构,如果不去备案,也不叫P2P网贷机构,如何纳入监管范围?这恐怕就需要地方金融监管部门考虑如何建立持续的监管机制。

(2) "双负责制"如何落实?

《管理办法》设立了中央和地方的双层监管体系,中国银监会负责行为监管、地方省政府负责机构监管的区分,一度让人诧异,不明白两者到底如何分工协调。此次《整治方案》对双方在整治活动中的职责分工作出了明确规定,也许有助于我们想象未来网贷机构的双层监管体系如何运作。

按照《整治方案》的要求,在中央层面,设立多个部委组成的网贷风险专项整治工作领导小组,中国银监会为组长单位,小组办公室设在银监会。中国银监会作为风险整治工作统筹部门,负责:① 规定规则,即制定网贷行业监管制度和第三方存管等配套制度;② 培训部署;③ 划清界限,即明确网贷业务负面清单,划清"红线";④ 督导汇总;⑤ 在省政府统一领导下,省金融办与地方银监局共同牵头负责本地区分领域整治工作。

在地方层面,各省级政府负责本地区的具体整治工作。由省金融办和银监会省级派出机构共同负责设立网贷风险专项整治联合工作办公室,联合其他地方部门,具体组织实施专项整治工作,建立风险事件应急制度和处置预案,做好本地区的维稳工作等。

从《整治方案》对中央和地方的职责分工可以看出,未来对P2P网贷机构的监管体制,还是由省级政府负责具体的监管工作。在省政府的统一领导下,省金融办和地方银监局合作,对本地区备案的P2P网贷机构进行具体的业务和行为监管。在中央层面,中国银监会则可能只是会同相关机构制定监管规则和行业规范,在出现跨省风险时,可能会出面统一协调。

不过,这次整治活动结束之后,在中央层面设立的领导小组和地方层面设立的各省联合工作办公室,是否仍然会保留,现在还不清楚。省级的联合工作办公室应当保留,可以作为今后地方负责P2P网贷监管的工作机构,其在专业能力和职权上,应该比地方金融办的内设机构更为合适。

(3) 行业风险预警机制。

现在大家都说政府大数据,要监管野蛮生长的P2P网贷行业,掌握网贷机构的数据和信息也相当重要,这是有效监管的制度基础。此次风险整治工作,通过前期的摸底排查,政府对全国的网贷机构基本情况应当都有了基本掌握。通过排查,各省级政府都建立了本地网贷机构的信息档案,实现了一户一档,基本上解决了网贷行业长期缺乏全面、准确数据和信息的问题。

因此,中国银监会在《答记者问》中宣布:下一步,中央和地方相关监管部门,将"通过大数据采集、分析等数据应用模型及检测机制,建立风险检测预警机制,及时发现并处置行业风险,打击非法金融业务活动,同时加快推进和协调相关工作,加强行业的风险防控和预警"。

预测这可能是此次风险整治工作遗留下来的最大工作成果。

总之,此次 P2P 网贷行业的风险整治工作,其目的不是限制和打压网贷行业的正常发展,而是为了促进网贷机构及整个行业正常健康可持续发展。尽管这种行动来得晚了一点,如果及早开始,也不用搞得如此规模浩大,但仍然有其必要性。这是一个好的开始。

结　语　股权众筹的法律与商业逻辑[1]

---

[1] 这是2015年7月19日下午,作者在"深圳法治论坛第8期"的一个演讲,地点为深圳罗湖法律文化书院。这里发表的演讲稿经过了作者本人的修改。

结语　股权众筹的法律与商业逻辑　　**303**

大家下午好！

今天我主要从法律角度分析股权众筹。

目前股权众筹的实践在中国有不少，但主要局限在私募众筹领域。关于私募众筹，中国证券业协会去年（2014年）年底发布了一份关于私募众筹管理的征求意见稿，迄今还没有正式颁布，其原因是现行法律框架下的私募众筹还存在一些问题，我们今天会讲到。

今天我们会分四部分来讲：首先，股权众筹的逻辑是什么；然后分别讨论私募型股权众筹和公募型股权众筹，结论部分会谈一下我对股权众筹未来发展趋势的一些想法——这个想法是我最近形成的，和以前相比有一些变化：原来我一直支持公募型众筹，但是经过反复思考，觉得公募型众筹还是有欠稳妥，因此现在转为支持私募型众筹。

一、股权众筹的逻辑

1. 众筹的概念

先说什么是众筹。从概念上来讲，众筹是通过互联网平台从大量的个人或者组织处获得较少的资金来满足项目、企业或个人资金需求的活动。其核心重点有二：

第一，筹资方式：向多人筹集小额资金。这事儿其实不新鲜，自古就有。例如大家都很熟悉的一种业态：某些职业人士在城市的某个角落守候，以其悲惨的外表吸引小额资金，收入非常丰富——职业乞丐挣的钱比我们大多数人都多。这就是一种典型的众筹。

这个自古以来就存在的业态为什么以前我们没有关注过？或者说没有把它当做一种特别的商业模式来关注？因为在过去，接触多人并从其处募集小额资金的成本很高——既要把融资需求发送给成千上万的人，还要取得他们的信任，让他们愿意把小额资金给你。这件事成本很高，做起来很困难。所以，往往都是由一些特殊的专业机构或者职业人士来做这件事，比如红十字会，也比如职业乞丐。对大多数人来说，如果把时间都花在小额筹资上就没法创业了。

但是在现代，这种业态发生了变化，这个变化集中体现在现代众筹概念中的第二个重要因素：互联网。互联网技术的出现，使得"触及成千上万人"这件事变得非常简单，每个人都能很容易地把融资需求发送给成千上万的人，而且成本非常非常低。这一点本身倒也不是非常大的进步，因为在互联网时代到来之前，人们通过广播、电视也能达到类似的广告和传播效果。

互联网带来的大变化，是使得小额支付成本变得非常低。我们日常在电视上经常看到某红十字会之类的筹资广告，但即使你愿意支付，成本也很高：为了汇100块钱还要跑一趟银行，太麻烦了，很多人因此就放弃了。但是现在这件事变得非常简单，拿起手机用支付宝或者微信一点就发出去了。所以互联网在两个方面大大降低了资金支付成本，即把融资需求发送给成千上万的人以及成千上万的人进行小额支付的简单化操作。

但是需要注意，其实最核心的概念是建立信任：并不是所有的人向你发出融资需求，只要这个需求在你的承受范围内，你就会愿意支付的，你支付的前提是一定要信任他。这一点互联网能不能解决呢？这关系到这个商业模式在核心上能否成立，我们马上讨论。

2. 众筹的类型

讨论之前我们再来看看众筹的种类。实践中，众筹模式兴起于2000年到2010年之间，最早出现的是两大类：其一是捐赠型众筹。这个大家很好理解，像职业乞丐和红十字会就属于此类，因为出资者不求回报，出资的目的就是捐赠。

第二类是回报型众筹，比较典型的是 Kickstarter，国内有起点时间，它们是一个创意型众筹平台，你有一些创意，比如想拍一个微电影，或者做一个好玩的东西，需要资金支持，资金要求也不是太多，就把创意发到这个网站上，向大家筹集资金，所给付的回报是非金钱型的，譬如电影拍好之后送投资者一个 DVD，或者捐款比较多的可以在电影末尾写到致谢名单里。这叫回报型众筹。再发展下来，比较典型的是预售型。比如我要生产一个产品，你们喜欢这个产品，可以现在向我付钱，我生产出来之后把产品给你，价格比正式市场发售会低一些。

实践中，从捐赠型、回报型到预售型，这几种众筹发展得很多、很快，因为这些在现行法律层面没有什么障碍。比如捐赠型，专门有《慈善法》规范公募慈善。回报型和预售型则直接适用合同法和消费者权益保护法，不存在其他法律障碍，也不需要事前批准等。

比较麻烦的是后面两种：其一是大家很熟悉的债权型众筹，即所谓的P2P（网上借贷）。前几种众筹在法律上虽然没有障碍，但是在商业模式上还是会受到限制。譬如：捐赠要依靠付钱一方对你的同情，而回报和预售型要依赖消费者对你产品的喜爱，愿意事先付钱来支持你的事业。所以这些众筹模式的商业范围都很窄。而后面这两种是以投资回报来吸引投资人：债权型是给投资人固定的利息收益，股权型是以未来利润分享的形式来诱惑投资者。从商业模式和前景来看，后两者对投资者没有限制，理论上投资者可以无限多。但不管是中国还是外国，对于面向公众、以投资诱惑方式来获取资金都有严格的限制。我国《证券法》对公开发行的限制就规范的是这一点，不管债权还是股权，在理论上都称为证券，都属于证券发行的范畴。

中国的实践有其环境的特殊性——中国是一个金融压抑型的社会，正规的金融体系没有办法满足小微企业的融资需求。在这种情况下，政府不得不在风险可控的情况下，允许超出法定范围的公众融资活动发生。所以，当债权型众筹和股权型众筹在中国出现的时候，政府在某种程度上保持了沉默。这个沉默导致的结果是债权型众筹在中国得到蓬勃发展，规模有多大呢？统计数据表明，去年（2014年）P2P贷款余额大约3000亿元，我估计今年翻一番应该没有问题。发展到这个规模是因为债权型众筹在中国有很多变形，比如通过提供担保来保证投资者的收益，让投资者的收益相对稳定，因此会发展得非常非常快。

跟国外的同期数据相比，2013年中国P2P规模达到1000亿，与最早兴起的美国、英国等已经完全不是一个数量级——最大的美国同期P2P规模也只有100亿元人民币左右。所以，2014年的时候，中国的宜信、陆金所都已经是全球排名前三的P2P公司了。这一块我们今天不谈，我认为它某种程度上与影子银行类似，所以把它划归中国银监会监管是很有道理的。

3. 股权众筹的法律逻辑

今天不谈债权型众筹，我们重点讲股权型众筹。

股权型众筹的核心是什么？向公众募集资金、多人、小额，通过互联网的方式。这种模式其实就是所谓的直接融资。资金在人类社会的每一个时点上分布都是不均匀的，有人资金富余，有人资金短缺。因此理论上讲资金会从富余方、闲置方流动到短缺方，只要短缺方愿意给一定回报，这就是直接融资，也是我们金融制度产生的最根本原因。但是这件事发生起来比我们想象的要复杂。大家嘴上说起来很简单：你有闲置资金，他有资金短缺，他能更好地利用资金，给你更好的回报，你为什么不把钱给他？讲起来很容易，实际上很困难，根本原因就是信息的不对称。换句话说，资金富余方把钱给了短缺方，短缺方很有可能不还钱，很有可能拿了

富余方的钱就跑路了。经济学上说这会产生两个问题:

（1）在融资发生之前,市场有逆向选择。如果资金的富余方能够很好地挑选、识别风险,能对融资方、资金短缺方给出一个准确的风险定价,这个交易就能够发生。但是实际上很多人不具有风险识别能力,所以大部分资金富余方会以社会平均风险程度来要求风险溢价,导致的结果就是逆向选择:只有风险最高的人才会来借钱,比社会平均风险溢价低的人就会离开这个市场,他们会找能够识别他、给他更准确定价的人。结果就是逆向选择,这会导致市场上融资者的风险程度越来越高。

（2）在融资之后会发生的是道德风险,也就是短缺方拿了富余方的钱后到底有没有按照许诺的那样使用资金,这需要富余方去监控。但是问题是大部分人也做不到,没有人有这样的时间和监控能力。因此,对融资方来说,在没有监控的情况下,最好的选择是不干活,拿了投资方的钱要么跑路,要么去澳门赌一把,赌赢了大家都高兴。赌输了只承担有限责任,可以不还钱。

资金从富余方到短缺方的大规模流动在很多国家很难发生。放眼全球,真正建立起一个强大有效的资本市场,也就是所谓直接融资市场的国家其实很少,除了英美,大部分国家都没有成功发展出强大的直接融资市场,只能采用间接融资市场——也就是商业银行这类金融中介机构来解决这个问题。

直接融资由两部法律进行规范,一部是《证券法》,其规定了强制信息披露制度,要求融资者必须披露充分信息。这看起来解决了信息不对称问题,实际上并没有。为什么呢？核心问题在于投资者（资金富余方）并没有风险识别能力,也就是看不懂融资方提供的种种信息。中国证监会前主席肖钢曾有一次讲话提到:据统计,中国股票市场上只有2%的投资者能看懂上市公司披露的财务信息,也就是大部分人看不懂。所以《证券法》没有完全解决这个问题,证券市场依然需要一些中介机构来阅读这些信息,然后给投资者一个简单的答案,是买股票还是卖股票,应该买这个还是买那个,等等。

另一部法律是《公司法》,解决的是监控问题:通过规定公司高管的信义义务,让他们拿了钱后全心全意为全体股东创造利润。这一点《公司法》也没有做好,目前信义义务仍然处于发展过程中。这两部法律尝试解决直接融资的法律问题,但其效果目前来看都不完善。这就是为什么很多国家都没有发展出一个强有力的直接融资市场,而只能依赖于间接融资的原因。

回到股权众筹,在刚才讲的框架下,《证券法》对于所有的公开发行行为都有一套强制信息披露制度。整部《证券法》拆开来看是三套制度,一套是强制信息披露,一套是反欺诈,另一套是证券中介机构监管,三套制度里比较核心的是强制信息披露。但是强制信息披露制度给发行人带来了巨大成本,因为发行人要披露很多信息,而且要保证这些信息真实准确完整,所以要雇佣很多专业人士来验证它,这个成本非常大。在这种情况下,《证券法》不得不创设出一些豁免,即对不涉及公众利益的发行豁免其强制信息披露要求,其中比较典型的就是我们熟悉的私募豁免。而中国法中没有、国外法中有的是小额豁免,即发行额度不大的公开发行也可豁免强制信息披露,因为募集额度太小,要求履行强制信息披露义务的话成本收益不匹配。证券法上一般有三类典型豁免:私募豁免、小额豁免和区域发行豁免。

我们今天讲的股权众筹也是一种发行豁免。这种豁免是 2012 年美国《JOBS 法》中增加的新豁免类型,为什么要加入这个类型?很多争议,现在也还有很多人反对,然而也在被很多国家学习,我国也正在学习。我认为,主要有四个原因导致《JOBS 法》增加这类豁免:

第一个理由,小微企业融资空白。一家企业的生长历程中,草创初期往往用的是自有资金或者亲友资金;成长到一定阶段后,会有天使投资等相对比较成熟的机构或个人提供资金支持;再往上就会有风险投资等,到这个阶段的时候企业大概会有一个比较稳定的商业模式,甚至还会有一些现金流,就可以去银行等间接金融机构获得支持。

现实中,从草创初期到能够获得天使投资这段时间里有一个巨大的落差。美英等国有过测算:商业天使投资的规模大概在 10—50 万美元左右,而亲友资金大概在 5 万美元左右,其中的融资差非常明显。这期间创业者刚刚创业,还没有稳定的现金流,花完了自己和亲友的资金支持,又拿不到天使投资——特别是在美国,最近几年有人统计,全美天使投资人的起点投资额度越来越高,对于企业的成熟度要求也越来越高——所以,创业企业在自有资金和亲友资金等外部资金来源均告枯竭的这段时间非常容易死亡。这里有巨大的融资需求。

第二个理由是投资者的发财梦。特别是从 2000 年以来,科技企业迅猛发展,产生了很多财富神话,很多人当初投资一些当初微不足道的草创企业,例如 Facebook,等后者忽然成长壮大之后就发了财,这些人的故事鼓舞了很多人去仿效。

这导致的结果就是第三个因素：要求金融民主化。在我们刚才讲的豁免类型里，最大的豁免是私募豁免。私募豁免对投资者资质有要求，必须是富人，有钱人才能做投资。我们前面说的成功发财案例中，例如Facebook，大部分的早期投资者都是私募投资人。所以有很多中产阶级抱怨："他们本来就比我有钱，然后你们还把发财机会给了他，导致他们越来越富，我们丧失了发财机会，我们也要发财！"这就是所谓的金融民主化的呼声。

第四个因素就是对技术进步的崇拜，大家认为技术进步（特别是互联网技术）能够解决刚才讲的直接融资信息不对称问题。

这四个因素结合在一起导致了2012年《JOBS法》的通过，创设了股权众筹豁免。中国面临着类似的环境：小微企业资金需求比美国融资者更饥渴，对互联网的崇拜也比美国更甚，连国务院都要求全行业、全国"互联网＋"。在这种情况下，我们可以想象，最近正在修改的《证券法》，一定会加入股权众筹豁免，虽然最后通过的具体版本如何我们尚不知道。

为什么股权众筹能够豁免？互联网技术到底能够解决信息不对称问题吗？互联网的确便利了资金稀缺方和富余方的对接，这没有人会质疑。但核心仍然是信息不对称。投资方并不是看到有融资需求就会愿意投资，还要看投资项目是否靠谱以及融资者是否可信，只有这两方面都能成立的时候，投资者才会愿意投资。但是在互联网上，你知道你投资的对象是谁吗？你根本就不认识他。

第一，有人认为存在群体的智慧。关于这个话题有一本书《群体的智慧》(*The Wisdom of Crowds*)，是2004年美国纽约时报畅销书，也是美国人讨论股权众筹必定要提的书，但不知道为什么在中国很少人谈。

这本书讲到在一定的条件下，公众是有智慧的，我们所担心的没有风险识别能力、读不懂披露信息都不重要。只要有足够多的人对一件事进行判断，整个群体最后做的决定就是最正确的结论。这些条件包括：群体来源多样化；每个人独立做判断；分散决策；然后把信息汇集在一起。这个理论运用到股权众筹上，就是众筹的时候每一个投资者对项目可能都知之甚少，但是如果让他们独立做判断，然后把这些判断通过某种方式汇集起来，就会得到一个最好的结果。这和股票市场有时候的反应一样，有时候某个公司的股票价格在某重大信息公开之前就发生了相应的变动，有人说这都是内幕消息，但其实不一定是，而是群体智慧的结果。

第二,互联网社交媒体。社交媒体使得信息得以充分交流,从而使得欺诈更容易被发现,比如我们都熟悉的人肉搜索。在股权众筹状态下,如果使用社交媒体,也许就会更容易发现发行人可能存在的欺诈。

第三,大数据技术的运用,可能会使得信息的收集和分析变得更为准确。尽管公众投资者没有风险分析能力,但众筹平台采用大数据对发行人分析后,也许能够提供准确的风险评估数据,帮助投资者决策。此外,众筹平台也会采取一些尽职调查等手段,来减少信息不对称。

这三个因素加起来,有人说能够减少信息不对称,能够便利信任的建立。但这些只是理论上可行,实践中还没有得到完全证实,例如大数据技术就很不成熟。在中国能不能实现?还不知道,还没有很好的数据支持。

二、私募型股权众筹

股权众筹如向公众筹资,在《证券法》修改之前,不管在美国还是中国都一样要受到法律限制。2012年《JOBS法》第三章"众筹豁免"明确规定如欲适用众筹豁免必须等待美国证监会颁布详细规则。而美国证监会拖到2013年颁布了一个征求意见稿,将近两年过去了还没有颁布最后的规则。[1] 所以到目前为止,美国的公募型股权众筹也是不合法的,只能做私募。

现实中目前做的股权众筹,不管美国还是中国,都是私募型的。私募型众筹核心概念来自私募豁免,不管中国法还是美国法,都有一个私募豁免的规则。

中国法下的私募豁免,也是中国《证券法》的最核心条款:第10条,我在北大讲证券法课大概要用整个课程的1/3课时讲这一条款。

第10条的核心内容是什么呢?第1款,公开发行证券必须经法定程序由法定机构以法定条件予以核准。这一款是核心,即所有公开发行都必须经过核准。第2款和第3款讲的就是豁免。这个豁免体现了什么呢?其他国家是反向表述,说"非公开发行应该得到豁免",但是我国《证券法》讲的是"公开发行应该得到核准",换句话说,不是公开发行就不需要经过核准。所以这里说的是私募豁免,体现在第2款,即对公开发行的界定上,向不特定对象发行证券就叫公开,或者向特定对象发行累计超过

---

[1] 2015年10月30日,美国SEC通过并正式发布了《众筹条例》,2016年5月16日全部生效。

200人就叫公开，或者其他法定行为类型。

第3款说非公开发行证券不能采用广告、公开劝诱和变相公开方式。换句话说，如果采用广告、公开劝诱、变相公开方式就是公开发行。

第2款和第3款界定了私募豁免，私募的核心是非公开发行证券。非公开表现在两个层面：其一是手段，即第3款规定的不能采用广告公开劝诱等方式；其二是发行对象，即第2款规定的特定对象（不能超过200人）。这就是中国法上的私募豁免。

私募豁免在美国法上则有一个重大突破，《JOBS法》第二章突破了禁止公开劝诱的限制。为什么呢？其实这有道理。我们为什么要禁止公开劝诱呢？是担心会损害公众投资者的利益，避免虚假宣传。但问题是我们要保护的是谁呢？是最终的购买人，投资者只有真正购买了融资者的证券时才会需要保护，而只要我们能保证投资者购买的时候是"合格投资者"，就不必担心之前的公开宣传是否会影响到公众投资者。

《JOBS法》强调：虽然私募发行可以允许公开劝诱，但最终购买人都必须是"合格投资者"。"合格投资者"概念的理论前提是投资者能够自我保护，不需法律保护。因此"一般性劝诱或广告的禁止"才能取消。

实际上，对公开劝诱的禁止带来了很大成本：假设我们定了一个合格投资者的标准，比如美国法定标准是净资产100万美元，或者前两年年收入平均20万美元以上，并且预期未来一年还会保持这个收入。这个人群在美国2008年测算大概有800万人。实际上私募活动真正实施的时候，在原来禁止公开劝诱的情况下，融资者根本接触不到800万人，因为不允许做公开宣传，只能局限于已有的联系人或者融资者委托的券商、投资银行的已有客户，导致融资成本非常高。《JOBS法》取消了此项禁止，并在第二章创设了一个全新的"私募股权众筹"，其中一个大变化就是取消了对发行方式的限制，可以公开宣传，但是购买时发行人必须确认购买者是合格投资者。

什么是"合格投资者"？这个概念有很大变化。

中国《证券法》、美国证券法都规定非公开发行是可以豁免的，但问题是什么叫"非公开发行"。1956年，美国最高法院通过一个判例为"合格投资者"定下了标准，即发行对象是那些自己能够保护自己的人，所以不需要证券法特别保护，用合同法就能够保护自己。这个原则确定下来，就形成了非公开发行豁免的要求，也就是私募对象必须是那些能够辨识风险、保护自己的人。

在这个基础上发展出"成熟投资者"的概念。一般认为有三类人可以自己保护自己：第一类，跟发行人有特殊关系，比如是发行人的高管或者是高管的直系亲属，拥有特殊渠道、能够获得充分信息或者有特殊方式能够保护自己（我经常举的例子是发行人董事长的丈母娘，即使大字不识，也没有任何金融投资经验，但是看起来也能够保护自己），所以不需要证券法特别保护。第二类，是拥有丰富投资经验的人，比如巴菲特、李嘉诚这样的人，他完全可以保护自己。这两类是我们讲"成熟投资者"提得最多的。第三类是有足够多财富的人。为什么他能够保护自己呢？这个在理论上不太能成立。有钱人可能是富一代，财富是经过他的投资、创业挣来的，所以有钱能够证明他有投资经验。但问题是还有很多人是富二代，财富是继承来的，不一定有投资经验。但是为什么要这么界定呢？我马上要讲到。

实践中可以用以上三个标准界定什么是非公开发行。其中，前面两条理论上都能成立，道理也很充足，但是在实践中一用大家就发现不行，用不了，为什么？因为它们不够客观、不能标准化。比如，到底怎样的特殊关系才足以保护自己？同样是丈母娘，上海和北京的丈母娘对女婿的控制力完全不一样，所以只能在个案中讨论，这个"丈母娘"控制力强，能够保护自己；那个"丈母娘"控制力不行，"女儿"都快离婚了，不能保护自己，你要向她充分信息披露，算公开发行。然而，这样做对发行人、投资者、监管人而言成本都很高。第二个标准"投资经验"也是一样的问题：如何客观界定一个人有怎样的经历就意味着他有足够的投资经验、足以保护自己？很难标准化、客观化。巴菲特、李嘉诚没有问题，但是世界上没有这么多李嘉诚、巴菲特。

前两个标准理论上都能成立，实践中用不了。发行人不愿意，筹资者也不愿意。因为这样一来，发行人就没有办法在筹资的时候就确定地说这个项目是非公开发行，如果做不到这一点，发行人就时刻面临风险：万一哪天收益不好，投资者就会去告，说我是公众投资者，那发行人就倒霉了，本来这个项目说是非公开发行，结果最后被认定为是公开发行，就被定性成非法集资了。

唯一能够客观化的是第三个标准：财富标准。虽然无法解释为什么一个人有钱就能够自我保护，但是实践结果就是只能用这个唯一的标准了。

特定对象在美国发展到最后就是"获许投资者"概念（相当于我们常

说的"合格投资者"），也就是完全的财富标准——净资产100万美元以上，不包括住房或者连续两年年收入20万美元以上，或者着夫妻收入30万美元并且能确信下一年还可以保持这个收入水平的，就是获许投资者，也就是合格投资者。

各国私募领域用得最多的就是这类财富标准。

我国新三板对合格投资者的要求，也主要是财富标准，要求投资者的金融类资产必须在500万元以上。私募投资基金也有类似的标准，数额相对低一点：必须持有金融资产300万元以上，最近三年平均收入不低于50万元。最低财富值、金融净资产数额和投资经验这三个标准必须同时满足。

中国证券业协会在2014年年底发布的《私募股权众筹融资管理办法（征求意见稿）》，也界定了"合格投资者"概念，其实就是从私募投资基金领域移植过去的，只是稍微放松了一些，即三项标准任择其一就可以满足财富标准了。

这份《管理办法》规定：必须私募发行、必须通过股权众筹平台（所以对于众筹平台有一套监管要求）、融资者必须是中小微企业，以及投资者必须是合格投资者。

对于这份《管理办法（征求意见稿）》我们有两大意见：第一，我们认为在现行法律框架下，私募股权众筹其实不是唯一出路，中国现行法上并没有不可逾越的障碍阻碍监管者构建公募股权众筹；第二，这份文件是在用公募股权众筹规则管理私募股权众筹。私募豁免的核心是投资者能够自我保护，因此在法律上除了身份之外就不会再有特别要求。比如信息披露的形式和内容等，都是投融资双方之间的事，法律上不再特别监管。但是这份《管理办法》用的规则都是我们后面要讲到的公募股权众筹的要求，比如发行人信息披露以及股权众筹平台作为证券中介的职责等等。这里没有时间展开，就不细说了。

三、公募型股权众筹

美国《JOBS法》第三章讲的股权众筹豁免是公募股权众筹，核心是公开发行证券。走到这一步的原因有很多，但是从法律上讲，它的重大变化是理论上的，也就是刚才讨论的私募概念的进一步扩展。

刚刚我们讲到，私募的对象原来是"成熟投资者"，即能够自己保护自己的人，但是这个概念在实践中用不了，其中特殊关系、投资经验这两个标准都无法客观化规定,所以只能用财富标准。但是财富标准在理论上无法自洽。因此后来开始提出一个解释来支持财富标准:即有钱人虽然不一定有投资经验,不一定有风险识别能力,也不一定有特殊关系,但是有风险承担能力。前面讲的特殊关系、投资经验其实都是风险识别能力,即投资者可以事先识别风险、对项目风险等级进行划分并进行差别定价。而这个理论说,有钱人即使不具备投资经验,但可以找人帮他识别风险。更重要的是,这种情况下投资人如果失败了,投资拿不回来了,他不会去跳楼。不像公众投资者一旦失败了就会闹事,变成政治性事件。

这个理论发展使得我们发现:风险识别能力不是所有人都具有的,也不需要投资者都具备,投资者只要有风险承受能力就可以。

在这个基础上,大家进一步发现,如果投资额度受到限制,那么穷人也会有风险承受能力。我经常举的例子就是刚才提到的乞丐。我们在地铁上看到一个要饭的,很多情况下我都知道他是一个职业乞丐,他其实比我还有钱,但是我还是会给他一两块元,为什么呢?仅仅是满足一下恻隐之心而已,对我也没有什么损失。我能承受这个风险,尽管他骗了我,我也不在乎。换句话说,如果对公众投资额度进行限制,公众也会因此具有风险承受能力。昨天看到一个数据:中国中产阶级月收入 4.7 万(我们多数人都没有达到)。对这些人来说,每年投资两三万元,即使拿不回来也不会对其生活造成很大的影响。

这个概念发展到后来,就是对众筹发行人的发行额度进行限制(这是小额豁免)再加上对投资者的额度限制(风险承受能力),两者相加就形成了我们现在看到的公募股权众筹的豁免概念。

公募股权众筹的法律架构核心,其一是发行人筹资限额,即发行额度不能太高。其二是购买人的投资限额,以保证购买人的风险承受能力。在这个基础上,公募股权众筹豁免为了保护公众投资者,又加上了两条:第一,信息披露有一定要求。但是大大简化,不能强制要求披露太多,否则会增加发行成本。第二,强制要求集资平台作为证券中介要履行一定义务。

《JOBS 法》第三章是股权众筹发行豁免。第一,要求一年内筹资者筹资额累计不超过 100 万美元。第二,投资者限额,如果年收入或者净资产少于 10 万美元,限额是 2000 美元或者 5%;则如果超过 10 万美元,限额是 10%,最多不超过 10 万美元。这使得投资最多不超过收入的 10%。即使全部损失了,投资人也不会有太大损失。

同时，《JOBS法》对筹资网站有很强的要求，把筹资网站变成新型的证券中介，要求必须在SEC注册，并且加入证券业协会，进行自律监管等。还要求筹资网站对发行人信息进行初步尽职调查，对发行人筹资信息要进行初步核实，而且确保前面提到的筹资限额和投资限额。同时也有很多限制，例如不能有利益冲突，不能购买自己网站上的项目，内部人员也不能拥有相关证券，也不能因为推广而收取相关报酬等。

对发行人则简化披露要求，《JOBS法》分成三个档次：

（1）10万美元以下：只提供前一年纳税收入证明以及财务报表，但不需要审计；

（2）10万—50万美元：提供外部会计出具的财务报表；

（3）50万—100万：提供经审计的财务报表。

其他对发行人的要求包括众筹证券自购买日起一年内不能转让（有例外）等。

四、股权众筹的商业逻辑

由于SEC（美国证监会）的拖延，公募型股权众筹迟迟不能落地。关于这一点有很多批评和争议，很多人认为SEC没有尽职，也有很多人认为公募股权众筹没有前途，甚至有很多学者建议SEC应该出台一个规则，加大公募股权众筹的融资成本，让它自然消亡。

我们来讲为什么：先说中国目前的现状，我国《证券法》正在修改，修改草案里加了三项豁免，跟众筹相关的是小额豁免和众筹豁免（私募豁免原法就有），还有一个是职工持股计划豁免。看起来这份修正案应该会通过，而且众筹豁免肯定会得到保留，因为国务院的"互联网＋"政策导向。[1]

公募型股权众筹是一个好主意吗？很难讲。传统理论在讨论股权众筹豁免（尤其是公募股权众筹豁免）的时候都担心欺诈，因为投资者对融资者没有初步审核，只要求简化披露，很可能导致骗子盛行。但是社交媒体和互联网公开运用理论上可能会减少欺诈。不过，从我个人角度来看，我觉得欺诈不一定是一个主要问题。核心问题是什么呢？是创业企业的

---

[1] 演讲前，2015年4月《证券法修订草案》提交全国人大常委会进行第一次审阅，这里提到的就是一审稿的内容。但2015年下半年，中国发生股灾，《证券法》修订工作就此拖延了下来。至2017年1月本书定稿时，《证券法修订草案》尚未提交二审。

失败率很高,公募股权众筹很可能吸引到的都是会失败的项目,成功率会非常非常低,所以从长期来看,公募股权众筹在商业上是失败的,不具有商业的吸引力。

这里以天使投资做类比。相比而言,天使投资的成熟度比公募股权众筹还要高一点,但仍然失败率很高。以美国为例,天使投资者的投资回报率是1.6倍,年化收益率为27%,是公开股票市场投资收益的2—3倍。(长期测算美国公开股票市场80年来的投资回报率大概10%左右)。天使投资看起来回报率比较高,但是细分析这个数据会发现,其实这个收益非常不平衡——10%的天使投资人产生了75%的收益,只有少数投资人是成功的。这些项目里52%失败,48%成功。尽管61%的投资者挣钱,但是这61%投资者中其实主要是10%的人挣钱。不是所有的天使投资都能够获益,能够获益的只有少数。而这个获益的关键因素统计起来有四个:丰富的产业经验、投资前大量的尽职调查、分散投资和积极参与企业经营。这四个条件都满足的话,成功概率才会大大增加。

我们回过头来看,公募股权众筹状况下,公募投资者没有这些能力,四个条件中他们基本上只具备第三个条件:分散投资——在互联网上把投资分散化是比较简单的事。而从社会心理学角度来说,当人面临一个风险比较大的选择时,他倾向于把所有赌注都押在一个项目上。风险越高,越不愿意分散风险,人在这个时候反而赌性增大,他将是一个风险追求者,而不是一个风险厌恶者。

公募股权众筹中,公众投资者没有能力挑选项目。即使项目成功,众筹投资者的股权未来也会面临被稀释的风险。因为初创型企业成长后一定会接受更多外部融资,比如天使轮融资、风险A/B轮融资,一直到上市。众筹的股权在这个过程中会不断被稀释,最后就会变得微不足道,众筹投资人拿不回收益或收益会非常非常少。在公募众筹中,稀释风险其实是很难得到充分保护的。

从发行人也就是筹资者角度也一样,筹资者会发现私募股权众筹是一个更好的选择。从财富资源来讲二者是差不多的。美国统计数据显示:2%的人持有全社会大概60%以上的财富。因此,公募和私募面临的投资者群体拥有的财富规模相差不大。但不同的投资者数量对于维护股东关系和投资者关系的成本非常不一样。创始企业更愿意接受未来能够给他帮助的投资者。私募股权状况下,投资者是成熟投资者,他们更有经验,更有可能给创业者提供帮助。因此,对筹资者来讲,只要放开公开广告劝诱的禁止,其必然更愿意选择私募众筹。

所以我们会看到,在市场自然选择下,能够获得天使投资或者风险投资、成熟投资者的企业都跑到私募股权众筹领域去了。那仍然选择公募股权众筹的是谁呢？就是被风险投资淘汰之后的、不会有很高收益的、风险最高的项目。而公募投资者又没有能力辨别风险。即使融资者不是骗子,但是如果大家面临的都是失败项目,可以想象,这个市场几年之后就会被自然淘汰。

从商业逻辑来看,公募股权众筹商业前景也不是那么好。我们认为可能有一些特殊类型的企业适合选择公募众筹融资。这主要是消费类、服务类企业,而不是那些高科技企业,因为高科技企业更容易吸引到天使投资、风险投资。消费类、服务类企业的收益不可能有大幅度的突然升高,所以风险投资、天使投资对它们不感兴趣,因为没有暴富机会。而这些消费型服务型企业,通过公募众筹可以事先锁定消费者,使消费者同时变成股东,会使这类企业在产品生产之前就通过公募股权众筹扩展了市场,并且能够测算未来的消费市场有多大,同时通过公募众筹解决了资金问题。这在未来可能会是一个比较好的选择。所以我们认为未来的公募股权众筹市场可能这样的融资项目会更多一些。

五、结论

简单说下结论:股权众筹在法律上可以分为私募型股权众筹和公募型股权众筹两种。私募型股权众筹依赖于证券法对公开劝诱禁止的放开。公募型股权众筹则是证券法在近年来发展出来的一个新的发行豁免。

不过,尽管公募型股权众筹在证券法理念上确实带来一些革命性的想法——主要是对投资者资质的要求从风险识别能力转向了风险承受能力,但从商业模式上来看,私募型股权众筹更有前途,在未来也可能更有商业价值。公募型股权众筹可能只能适用于一些消费类和服务类的企业和项目,例如电影众筹等。

谢谢大家！

国际金融法论丛近期书目

证券法的权力分配　　　　　　　沈朝晖著　2016 年出版

中国证券法律实施机制研究　　　缪因知著　2017 年出版

投资型众筹的法律逻辑　　　　　彭　冰著　2017 年出版

金融监管独立性研究　　　　　　洪艳蓉著　2017 年出版